ノーベル文学賞が消えた日

スウェーデンの#MeToo運動、女性たちの闘い

マティルダ・ヴォス・グスタヴソン 羽根由 訳

平凡社

目次

本書の主なできごと 年表

一七八六年	スウェーデン・アカデミーがグスタフ三世によって設立される。
一九〇一年	ノーベル文学賞創設。スウェーデン・アカデミーが授賞者選考を担当。
一九四六年八月一五日	ジャン＝クロード・アルノー誕生。
一九五三年三月五日	カタリーナ・フロステンソン誕生。
一九六八年	アルノーがフランスからスウェーデンに移住。
一九七〇年	アルノー、一七歳のフロステンソンと交際を始める。
一九八五年	サンナがアルノーから被害を受ける。
一九八七年二月一八日	マティルダ・ヴォス・グスタヴソン誕生
一九八九年	フォーラムがオープン。
一九九一年冬	フォーラムでカタリーナ・ノルリングの「ドム」の展示会。作品が盗難に遭う。
一九九二年	エンマがアルノーから被害を受ける。
一九九二年秋	フロステンソンが新作『ドムからの物語』を発表。
一九九二年一二月	フロステンソンがスウェーデン・アカデミー会員になる
一九九四年	ビールンドがアルノーから被害を受ける。

一九九〇年代前半	モナがアルノーから被害を受ける。
二〇〇〇年	クリスティーンがアルノーから被害を受ける。
二〇一一年	リディアがアルノーから被害を受ける。
二〇一五年	スウェーデン政府、アルノーに北極星勲章の「第一級騎士」を授与（二〇一九年五月に撤回）。
二〇一七年一〇月五日	ハーヴェイ・ワインスタインの性暴力告発記事がニューヨーク・タイムズに掲載され、のちに世界的な運動となる #MeToo 運動の端緒となる。
二〇一七年一一月二一日	本書のもととなったマティルダ・ヴォス・グスタヴソンの調査記事が公開される。「一八人の女性の証言。《文化人》の性的暴行」
二〇一七年一一月二三日	サラ・ダニウスが記者会見で、スウェーデン・アカデミーはフォーラムとの関係を断ち、法律事務所の調査を受けると発表。
二〇一八年二月	法律事務所による調査報告。経済犯罪と情報漏洩（ノーベル受賞予定者の情報漏洩七件）。
二〇一八年三月一四日	フォーラムが閉鎖される。
二〇一八年四月六日	クラース・オステルグレン、シェル・エスプマルク、ペーテル・エングルンドがスウェーデン・アカデミーの活動に今後参加しない旨を表明。
二〇一八年四月一〇日	ホーラス・エングダールがエクスプレッセン紙上でサラ・ダニウスを批判する。

二〇一八年四月一二日	サラ・ダニウスがアカデミー事務局長の職を追われる。
二〇一八年四月一三日	#backasara（サラを応援しよう）キャンペーンがソーシャルメディア上で広がる。
二〇一八年四月一八日	スウェーデン国王がアカデミーの規約を改正し、会員の退会を可能にすると発表。
二〇一八年四月二八日	サラ・ストリッズベリがアカデミーを退会すると発表。
二〇一八年五月四日	アカデミーが二〇一八年のノーベル文学賞の発表を中止すると発表。
二〇一八年一〇月一日	アルノーが地方裁判所でレイプ罪で有罪判決。拘禁二年。
二〇一八年一二月三日	アルノーが高等裁判所でレイプ罪で有罪判決。拘禁二・五年。
二〇一九年一月一八日	アカデミーがフロステンソンの退会を発表。数日後、経済犯罪対策庁がフォーラムに対する捜査を打ち切ると発表。
二〇一九年二月二六日	サラ・ダニウスがアカデミーから退会。
二〇一九年五月七日	最高裁判所がアルノーの上告を棄却。アルノーの刑が確定。
二〇一九年五月二三日	フロステンソンが怨嗟に満ちた詩集『K』を出版。
二〇一九年一〇月一二日	サラ・ダニウスがんのため死去。
二〇一九年一一月二〇日	本書の原著が刊行。原題は Klubben（英題 The Club）。

活動不参加または 退会の意志表明	退会	備考
	2018年５月７日	以前からアカデミーの活動に不参加
		事務局長（1986-99年）
2018年４月６日		2019年１月10日、復帰を表明
	2019年10月17日（死去）	
	2019年１月18日	
		事務局長（1999-2009年）
2018年４月６日		事務局長（2009-15年） 2019年１月10日、復帰を表明
	2020年５月９日（死去）	
		事務局長（2018年７月１日-2019年）
	2018年５月７日	以前からアカデミーの活動に不参加
2018年４月12日	2019年２月26日	事務局長（2015-18年） 退会後に死去（2019年10月12日）
2018年４月６日	2018年５月７日	
2018年４月28日	2018年５月７日	
	2018年11月７日	前任者は2017年３月に死去 選任は2017年９月

2017年11月～2018年４月ごろのスウェーデン・アカデミー会員

氏名	職業	生年	2017年の満年齢	入会
シャスティン・エークマン	作家	1933	84	1978
ストゥーレ・アレン	言語学者	1928	89	1980
シェル・エスプマルク	作家、文学研究者	1930	87	1981
ヨーラン・マルムクヴィスト	中国学者	1924	93	1985
カタリーナ・フロステンソン	詩人	1953	64	1992
ペール・ヴェストベリ	作家	1933	84	1997
ホーラス・エングダール	文芸評論家、作家	1948	69	1997
ボー・ラルフ	言語学者	1945	72	1999
ペーテル・エングルンド	歴史学者、作家	1957	60	2002
イェスペル・スヴェンブルー	古代史研究者	1944	73	2006
クリスティーナ・ルグン	詩人	1948	69	2006
アンデシュ・オルソン	作家、文学研究者	1949	68	2008
ロッタ・ロータス	作家	1964	53	2009
トーマス・リアド	言語学者	1959	58	2011
サラ・ダニウス	作家、文学教授	1962	55	2013
クラース・オステルグレン	作家	1955	62	2014
サラ・ストリッズベリ	作家	1972	45	2016
ジェイン・スヴェヌングソン	神学者	1973	44	2017

（薄い網掛け）ホーラス・エングダール派（守旧派）

（濃い網掛け）サラ・ダニウス派（改革派）

本書には、性的虐待の表現が含まれています。

1

ダーゲンス・ニューヘーテルの編集部を歩き、黒いコーヒー・マシンへと向かっていると、携帯電話が震えた。ニューヨーク・タイムズからの速報で、アメリカの映画プロデューサーがセクシャルハラスメントと性的暴行の容疑で起訴されたという。

私は見出しに目をやった。初めて見る男性の名前だ。二〇一七年十月五日のことだった。

この新聞社で代替要員として働きはじめる前は、他の人たちと同じように、編集部はあの鋼色《はがねいろ》の高層ビルの中にあると信じていた。そう、夜になるとダーゲンス・ニューヘーテル〔朝刊紙〕とエクスプレッセン〔夕刊紙〕のネオンサインが交互に現れる、あの建物の中に。

多くの島が橋でつながれている水の都ストックホルムでは、その高層ビルは何十キロ離れていても目にすることができる。そのニックネームが〝摩天楼〟だということは、市内に高層建築が少ないことを意味している。教会の塔より目立つものと言えば、三つの金の王冠をいただく市庁舎、カクネス・タワー、すすけたターコイズの丸屋根を持つストックホルム地方裁判所くらいだ。

毎朝、地下鉄がトラーネベリ橋にさしかかると、ストックホルムの建物群が一望できる。小さな街に見えることもあれば、巨大で近づきがたい都市に見えることもある。

現在、ダーゲンス・ニューヘーテルの編集部があるのはその高層ビルではなく、それに隣接する低層建築だ。編集部へたどり着くにはいくつものセキュリティドアを通過するが、最後のドアが開くと、広くて雑然とした空間が姿を現す。いくつものスクリーンには最新ニュースが次々に映り、点在するソファでは、フォントの種類から世紀のスクープに至るまで熱心な議論が交わされている。

二〇一七年秋、私はそこで文化面および週末特別版の担当記者として働いていた。

その数年前、私は、詩人でスウェーデン・アカデミーの会員であるクリスティーナ・ルグン〔一九四八―二〇二〇〕のインタビュー記事を発表した。その評判がよかったので、それ以後、私の職務はもっぱらカメラマンを連れて有名人に会ってポートレートを書くことになった。丁寧かつしつこくお願いして、彼らの別荘に連れて行ってもらう。あるいはバックステージで粘り強く待ち、思いがけない写真を撮る。彼らの内面がふと言葉になった瞬間をキャッチする。

私が存在することさえ知らなかった部屋の中で、ある人物の姿が浮かび上がっていく。私は仕事から得られるこの感覚に魅せられていた。役割を持たない者にドアを開けない世界はいくつもある。そんなとき、「ジャーナリスト」は魔法のパスワードになった。

それまで私はハーヴェイ・ワインスタインの名前を聞いたことがなかったが、このニューヨーク・タイムズの報道は嫌でも目に入るようになった。スマホのタイムラインには、この映画プロデューサーが当時の有名な若手女優と一緒にレッドカーペットを笑いながら歩く写真が何十年分も次々に現れた。

それは男たちのパワーをあからさまに見せつける滑稽な写真の特集だった。美貌と才能に恵まれ、絶妙のタイミングでカメラに視線を送る女性たちの腰に、彼の手が置かれている。まるでカゲロウが飛び回るように、彼を取り巻く女性たちは目まぐるしく変わる。彼自身は、自分の加齢をまったく意識していないようだ。何十年ものあいだ皺だらけのシャツを着て、背筋を伸ばして立っている。

このセンセーショナルなニュースは、一般紙の紙面をも独占した。この種のニュースが大きく扱われるなんて、私はそれまで経験したことがなかった。唯一の例外は、二〇一五年、雑誌「ニューヨーク・マガジン」がさまざまな年齢の三五人の女性がずらりと並ぶ衝撃的な表紙を採用したことだ——コメディアンのビル・コスビーに薬を飲まされ性的暴行にあったと証言し、「不本意なシスターシップ」を結成した女性たち。私が覚えている限り、今日《こんにち》「セクシャルハラスメントおよび性的暴行」と呼ばれる体験は、ずっと女性の問題として扱われてきた。さもなくば、職場の厄介な問題、またはプライベートな問題として。有名な男性に対する告発は、エンタメ欄やゴシップ誌で注目を集めてきた。たいていは短い記事で、被害に遭ったと主張する女性がグラス片手にパーティーで踊っている、ぼやけた写真が付いていた。

週が変わり、ハーヴェイ・ワインスタインの報道をフォローしはじめると、止められなくなってしまった。女優を連れて歩くワインスタインの写真の裏には無数の真実があり、彼女たちの証言にはその破片が詰まっている。有名な女優たちの声は、同じ業界に入った無名の女性たちの声と重なり、性的暴行が彼女たちのキャリアを阻んだことについて語っている。そして、人間なら当然持っている、自分の身体のことは自分で決定する権利が侵害されたことについても。

女性たちが語るプライベートな体験は、それまで隠されてきた映画界の闇にフラッシュライトを当てた。面会をホテルの部屋に設定するエージェントたち。女性の怒りをなだめようとするアシスタントたち。秘密保持契約を作成する弁護士たち。世界最大のエンターテインメント業界における権力の意味について、私は初めて具体的に理解することができた。

私は次第にメディアのパラドックスにも関心を抱くようになった。記者たちが暴露しようと何ヶ月も取材してきたのは、映画界では一般に知られていることだったのだ。それでも、ハリウッドはショックを受けた。

レッドカーペットの上を歩くコートニー・ラヴをインタビューした二〇〇五年の動画がある。映画界を目指す若い女性にアドバイスがありますかとレポーターに尋ねられた彼女は、「こんなこと言ったら名誉棄損で訴えられるかもしれないけど」と口ごもった。私は、コートニー・ラヴが不安げに声をひそめるのを初めて見た。

「ハーヴェイ・ワインスタインがフォーシーズンズホテルでやってるプライベート・パーティーに招待されても——絶対に行っちゃ駄目よ」

二〇一三年のアカデミー賞授賞式では、助演女優賞にノミネートされた女優たちに向かって、司会者がこう言った。

「おめでとう。これでもうみなさんは、ハーヴェイ・ワインスタインに惹かれているふりをしなくてすみますね」

シンプルなジョークだったが、観客席は突然、爆笑に包まれた。口外禁止であると同時に誰もが知っている秘密に直面し、笑いが抑えられなかったのだろう。ハーヴェイ・ワインスタインは映画界で最も重要な人物の一人だ。この影響力あるプロデューサーの暴力については何十年間も語られてきた。ひそひそ声で伝えられる噂は、彼の周りに一種の緊張をつくりだしていた。そしてこのとき、ぼんやりとしていた被害者の輪郭が、具体的な顔と体を持ちはじめた。何よりも、人々が反応しはじめた。ニュースが以前のように素通りしなくなった。

今こそスウェーデン文化界で注目を集める大きなルポを発表する時じゃない？ 私と二人の同僚女性はチャットでそう話し合った。私たちの話題は、暴行の噂がある何人かの公的人物に及んだ。けれども私は、彼らを取材することには消極的だった。そもそも、彼らがそれほどの権力や影響力を保持しているようには見えなかった。ワインスタイン事件のようなスクープ記事はスウェーデンでは不可能だ、と私はチャットに書いた。大金が動くわけでもないし、どの業界も小さくて、お互いをよく知っている。長期的に性的暴行を繰り返し、それを隠蔽するシステムがスウェーデンにあるとは考えられなかった。ハリウッドの重鎮並みのネットワークを持つ人物なんて、スウェーデンの文化界には存在しない。あれほど豪華で重厚な業界構造に守ってもらうなんて、ここでは不可能だ。

三日後――つまり、私の頭にジャン＝クロード・アルノーの名前が浮かぶ前日――文化部の朝のミーティングに集まった記者たちはソファに座り、「このアメリカのスクープ記事に、私たち独自の視点で切り込めないだろうか」と議論した。スウェーデンの公的部門について話しはじめた私たちは、そこでも性的暴行は起こっているという意見で一致した。だが、五人の男性記者たちは実例を聞いたことがないと言う。加害者として告発された人物の名前を挙げることもできなかった。私の驚きは徐々に大きくなっていった。この男性記者たちは、理屈の上では問題を理解しているはず。それなのに、現実の知識が欠けているのだ。具体的に説明できる事例が何もないなんて。私たちと同じ通りを歩き、同じ編集部の中にいても、彼らの視界には限界があったのだ。私たちがチャットで話した内容は、彼らにとっては別世界の出来事だったのだ。

ついに私ともう二人の女性記者が、具体的な名前を挙げようとした。すぐには出てこなかったが、ミーティングが終わりかけたとき、私たちは二、三の男性のフルネームを言うことができた。ハッシュタグ #MeToo はまだ始まっていなかった。私たちは現実とのバランスを取りたかったので、もう何人かの名前を挙げた。このとき私は自分が汚れたようにも、完全に目覚めたようにも感じた。

2

私が初めてジャン＝クロード・アルノーと「フォーラム」の名前を聞いたのは二〇〇九年六月のことだった。場所はマルメ〔スウェーデン南部に位置する、国内第三の都市〕のメッレヴォング広場。レストラン・ニューハヴンの日当たりのよいテラス席で、私の正面に座ったラスムスから。彼は、一緒に学生新聞を書いていたころからの友人だ。

彼は一〇代で古典文学をすべて読みおえており、私にはそれがうらやましかった。私が学業を中断したのと時を同じくして、彼は文学の修士号を取るためにストックホルムに引っ越した。そしてこのときはマルメを一時的に訪問していた。

ニューハヴンのテラス席で陽光を浴びながら、彼は大学について、ヴォールベリという郊外の町について、そしてフォーラムについて語った。

聞いたことがあるかと問われ、私は首を振った。彼の話では、ストックホルム随一のカルチャーシーンは地下貯蔵庫を改装したサロンで繰り広げられており、名声を誇る詩人のカタリーナ・フロステンソンとそのフランス人の夫ジャン＝クロード・アルノーが運営しているらしい。ラスムスはそこで半年前から働いているそうだ。

彼は珍しく大真面目な表情で話しはじめた。ストックホルムに住みはじめたころ、彼の気分は沈んでいた。あてもなく地下鉄に乗って時間をつぶすことが多かった。オーデンプランとかいう駅で降りた彼は、エスカレーター上で自分を担当する教授の一人に出くわす。ラスムスはその男性教授に挨拶し、自分はこの都会に越して来たばかりなんですと話した。すると教授は、それなら自分の友人のジャン＝クロード・アルノーに紹介すると提案してくれた。フォーラムは若い人にとって本当に素晴らしい場所だからね。そしてすぐにラスムスはその店で無報酬で働くことになった。イベント後に地下サロンを掃除するのだ。

ほぼ一〇年後の二〇一八年春に私がラスムスとの会話を思い出したとき、話の大部分は忘れていた。

私が覚えていたのは、サングラスを持ってこなかったので強い日差しに目を細めていたこと。そのころ、私はちょうどうつ状態から脱したところで、やっとアパートから出られるようになっていた。ふたたび現実を味わおうとしていたところだったので、自分が何かをはっきりと感じられることがものすごく嬉しかった。このときの会話で目覚めた自分の感情を、今でもよく覚えている——でも、ラスムスは具体的に何を語ったのだろう？　彼は今でも覚えているだろうか？　私はスカイプで彼に尋ねることにした。私たちは数年間、連絡を取り合っていなかったが、まだ友人だった。彼はアメリカで博士課程に在籍していた。

フォーラムは僕の夢そのものだったよ。偉大な作家や知識人がその地下サロンを歩きまわっているんだ。僕が中学生のころから憧れていた人たちが。階段を下りて有名な知識人の顔ぶれを見るだけでも「大いなる体験」だった。自分が読んだ書籍から少しずつ集めて一枚の写真を作るみたいに。一九〇〇年前後の小説では、登場人物が首都に引っ越し、新しい世界に投げ込まれ、そうして物語が発展していく。彼らは次々にショックを受ける。初めて舞踏会に行った『ボヴァリー夫人』のエマは、裕福な人たちの振る舞いや言葉遣いに目を見張る。彼らの美しさは、若さとはまったく関係がない。そんな状況が彼女の感覚を研ぎ澄ます。そして僕も、あの地下サロンで文化大臣がサラ・ダニウスとの会話を終えてホーラス・エングダールに向きなおった五秒間が今でも忘れられない。フォーラムは、文学を感じられる場所だった。ものすごく重要な体験ができるので、誰でも一冊はそれについて書けるかもね。

僕は、掃除が終わったらヴァーサホフに来てもいいと言われていた。関係者やサークルのコアメンバーが一日を終える高級レストランだ。ジャン＝クロードや、ホーラス・エングダールなどのスウェーデン・アカデミーの会員がよく来ていた。音楽家や舞台俳優がいることもあった。ときにはカタリーナ・フロステンソンも。僕は、ジャン＝クロードの女性アシスタントたちの近くに座った。彼女たちは「ガールズ」と呼ばれていたね。僕が感じたのは、ジャン＝クロードは遠慮なくオープンに彼女らに触りまくることができるんだな、ってこと。でも、具体的なシチュエーションはもう覚えていない。実際にその現場を目にしたことがなかったのかって？　ジャン＝クロードはマルキ・ド・サドみたいに振る舞ってなかったかって？　僕の胸に言葉にできない不快感が湧いてきたかって？　どうだったかな。

ジャン＝クロードの下で働いていた男性は僕一人だった。僕がホモセクシャルの若い男性に見えたから、同席を許されたんだろうね。彼は僕の消極性をよく話題にしていた。「もし君が成功するとしたら、それは僕とこのサークルのおかげだろうね」って言われたよ。彼は、フォーラムは家族のようなもので、誰もそれを見捨てられないと表現していた。

ヴァーサホフで夜を過ごすと、閉塞感を感じたことを覚えている。でも、そのあと地下鉄に乗って郊外に帰るときには、突然誰かに電話して話したい衝動に駆られるんだ。ついさっき、カタリーナ・フロステンソンと同じテーブルを囲んでワインを飲んだところなんだよって。

フォーラムでの仕事を始めてしばらく経ったころ、ある若い女性がクラシックコンサートによく来るようになった。いつも一人で来ていたね。ものすごい美人だったよ。そして、僕と同じくらいシャイだった。僕はすぐに彼女のことが心配になった。

ジャン＝クロードと一緒にいた時間が長かったから、僕も彼の視点でものを見るようになったんだろうね。だから、彼女が何回かイベントに参加したあとには、ジャン＝クロードが休憩時間に彼女に声をかけるだろうということは容易に察しがついたよ。彼女に近寄って、耳元で何かをささやいたんだ。彼女は驚いたようだったね。彼がもう一度ささやくと、彼女は立ち上がり、彼と一緒に事務室へ行った。休憩が終わり、次の演目が始まるころに彼は戻ってきた。でも、彼女を見かけることは二度となかった。

君とマルメで会ったとき、この話はしたかもしれないね。それとも、ジャン＝クロードはいつも女の子たちに囲まれているとしか言わなかったかな？　あのとき、フォーラムについてちょっと君に話しすぎたかなと心配になったよ。でもね、僕もあのサークルの一員だったことは理解してほしい。

二〇〇九年六月の夜、ラスムスと私がマルメで別れたとき、外の気温は下がりはじめていた。私は彼の話の随所で笑い、「成功した人たちがみんなあんたの友だちだと思っているなんて、何かのパロディーみたいね」と言ったのは覚えている。彼の描写には確かにそう感じさせるものがあったので、そこは私の手に届かない文化エリートの世界なのだという印象を強く受けた。ストックホルム中心部にある豪華なアパートに住む人たちがつくる世界。そのアパートの共同階段は、教会の内部のように広くひんやりとしていることだろう。

私はラスムスの話を聞きながら、一〇代のころはそんな場所へ行きたいと憧れていたことを思い出した。私が育ったキリスト教区は信仰上の大問答を繰り返していた。彼らは永遠の命を信じていたので、その時間の観点から、クリスチャンの私は選ばれていると感じることができた――現在だけに生きているのではないという、安堵と解放感。だが、私が宗教に対して疑いを持つようになると、次には文化が救いを与えてくれるものに思えた。私が去ろうとしているもの（宗教）に、おそらく唯一匹敵するものとして。

私が発見したのは、小説と音楽もまた、社会における例外だということだ。あらゆる暗闇や禁じられた思想が存在を許される空間。自分の体験を芸術に変えられる人もまた、護られていると――自分たちより大きなものに属していると――感じているに違いない。だが、何よりも私は、作家や文化の世界をロマンチックなものと見なした。足を踏み入れることを許された人たちにとって、そこは理想郷なのだと考えた。

だから私は、ある記事の中で、スウェーデンの演劇界における飲酒とセクシャルハラスメントに関する主張にはうんざりすると書いたことがある。ストックホルムの大物俳優たちは、自分たちは「自転車の荷台にチャイルドシートを取り付けた、ごく普通の親」なのだから、他の人たちと同じように五時には家路につきたい、混乱状態は避けたいと希望していた。しかし文化の世界は異質であってほしかった私にとって、彼らが自分たちを「普通の人」と呼ぶのは受け入れがたかった。

二〇〇九年の夏、私にはまだ不安が大きすぎて、思うように書くことができなかった。そんなときに聞いたラスムスの話は、私の中にあった憧れを目覚めさせた――そしてフラストレーションも。

メッレヴォング広場を横切ったとき、私は突然、ストックホルムの地下サロンのルポを書きたくなった。

このテーマに取り組めば、通常ではけっして近づくことのできない世界を垣間見られるのではないか。そしてその記事は学生新聞で公表するか、あるいは南スウェーデン新聞に売り込むことができるかもしれない。私はそんなことを考えた。

そのとき私たちが話していた内容が、セクシャルハラスメントだとは思ってもみなかった。そんな用語は脳裏をかすめもしなかった。その物語にあったのは、不思議な倦怠感だけだった。ラスムスが描写する退廃的な地下サロンに大きな魅力を感じた私は、その場面をありありと想像することができた。

私は携帯のメモアプリにアイデアを書き留めたが、それは強烈であると同時に漠然としていたので、結局、実現には至らなかった。それでも、私の頭から離れることはなかった。

3

ベルリンの壁が崩壊した一九八九年の秋、当時やや寂れていたヴァーサスタン地区の真ん中にある、大きなスペースが貸し出された。住宅価格は高騰の兆しを見せていたが、一九九〇年前後のこの地区は、まだ昔日の面影を保っていた。通りに面した高い壁面《ファサード》は美しいが、傷んでいたりすり減っていたりして、ボヘミアン的でもあった。

二〇〇七年にフォーラムの一八周年を記念して出版された、一〇〇〇ページ近い書籍『地下サロンの出来事』で、カタリーナ・フロステンソンは、この会場を初めて見に行く前に、ジャン＝クロード・アルノーとカフェ・リトルノで落ち合ったと書いている。

カタリーナ・フロステンソンは、一九八〇年代に最も革新的な詩人としての地位を確立していた。そして伝統的な型を破った戯曲も書きはじめていた。彼女が試した断片的な形式を、ジャン＝クロード・アルノーは「叙情詩的な一人芝居」と呼んだ。アーティストのカップルとして、彼らはコラボレーションとしての演劇を強調した。一九八九年の秋、ジャン＝クロードは、カタリーナの初めての一人芝居『セバストポール』を監督したいと考えていた。

上演場所を探していた二人にとって、シグトゥーナ通りの老朽化した地下倉庫は完璧な物件だった。天井に走るケーブル、コンクリートが剝げた壁。まるで洞窟か火山の噴火口にいるようだ。それとも、灰色の月面だろうか。

カタリーナ・フロステンソンの暗示的な劇では、若い女性が、パリを分断するセバストポール大通りをさまよい歩く。交通量が多いので、沿道のカフェは店外にテーブルを出さない。特徴がないのと同時に限界もないような通りだ。

女性は、その場所が姿を現しますようにと呪文を唱える。通りに向かって、話し方を教えてくださいとお願いする。七日目に突然、アスファルトが割れ、隠されたパリが地中から姿を現す。現在と過去が彼女に語りかける。彼女はその声に促され、都会に開いた秘密の割れ目に足を踏み入れる。

八〇年代前半、ジャン＝クロード・アルノーとカタリーナ・フロステンソンはパリに住んでいた。彼は独自のオペラ・アンサンブルを設立しようとしていた。彼女はにぎやかなセバストポール大通りを行ったり来たりして、戯曲の構想を練っていた。

批評家は『セバストポール』を、詩人の召命についての独自の物語だと解釈している。

ヴァーサスタンの地下スペースの床は汚れ、荒れていた。いたるところに以前ここで起こったことの痕跡が見え隠れしていた。ジャン＝クロード・アルノーとカタリーナ・フロステンソンにとって、『セバストポール』の上演はほんの始まりであり、除幕式のようなものだった。

階段を下り、廊下をまっすぐ歩くと、いちばん広い部屋であるホールに行くことができる。その中央には四つの角柱と四つの小さな左右対称の天窓があり、薄暗い光しか入ってこなかった。窓の外の中庭はたいそう小さく、ほとんどいつも日陰だったが、太陽の位置が高い夏のあいだだけは、ときおり窓から日光が入り込むことがあり、室内の埃が光の中で舞っていた。

そこがフォーラムの舞台となった。

この四本の角柱のあいだに、何年にもわたって、スウェーデン有数の、ときには世界トップクラスの文化人が登場した。ノーベル賞受賞者や国際的に評価されている音楽家から、スウェーデンの一流振付師《コレオグラファー》まで、あらゆる著名人の顔ぶれがあった。

そのスペースはたいてい、各種のオリエンタル・カーペットと安いラグマットで覆われ、それらが重なり合う様子は、そこがホールの他の場所とは違うことを温かく表現していた。

そこでは、スヴェトラーナ・アレクシエーヴィッチ〔一九四八―。ベラルーシの作家、ノーベル文学賞受賞〕、インゲル・クリステンセン〔一九三五―二〇〇九。デンマークの詩人〕、マーレ・カンドレ〔一九六二―二〇〇五。スウェーデンの作家〕、エリック・ベックマン〔一九三五―九五。スウェーデンの作家〕、トーマス・トランストロンメル〔一九三一―二〇一五。スウェーデンの詩人、ノーベル文学賞受賞〕、ヨーラン・ソンネヴィ〔一九三九―。スウェーデンの詩人〕が自分の作品を読み上げた。

アグネタ・エークマンネル〔一九三八―。スウェーデンの女優〕、スティーナ・エークブラード〔一九五四―。同上〕、レイネ・ブリューノルフソン〔一九五四―。スウェーデンの俳優〕、ビョーン・グラナート〔一九四六―二〇一七。同上〕などの俳優が、詩や戯曲を朗読した。

若きピアニストのルーヴェ・デルヴィンゲル〔一九六六―〕が所有するスタインウェイのグランドピア

ノもそこに置かれた。彼は定期的に公演し、ピアニストのローランド・ペンティネン〔一九六三─〕とともに、フォーラムの高度な音楽プログラムを三〇年近く担当した。出演者のラインナップには、ストックホルムを代表するミュージシャンの他に、ソプラノのバーバラ・ヘンドリックス〔一九四八─。アメリカ出身のオペラ歌手〕やバイオリニストのジャニーヌ・ヤンセン〔一九七八─。オランダ出身〕など、世界的な著名人が数多く含まれていた。

ジャン＝クロード・アルノーとカタリーナ・フロステンソンは、たちまちフォーラムをギャラリーとして確立し、九〇年代には頻繁に展示会を開催した。多くのアーティストが地下の特別な空間に作品の展示を希望した。グニラ・バンドリン〔一九五四─。スウェーデンの造形作家〕はジャガイモを積み上げた山を、カタリーナ・ノルリング〔一九六三─二〇一九。スウェーデンの造形作家〕は未知なる集団『彼ら《ドム》』の焼け跡を、天窓の下に設置した。アンナ＝カーリン・ビールンドは、リネン生地で作ったネズミを捕らえたネズミ捕りの隊列を巧みに並べ、ラグナ・ベルリンは踊るロボットを披露した。

フォーラムでの演目は、基本的に、パフォーマーが光を当てたいと思っているテーマになった。振付師兼ダンサーのマルガレータ・オースベリは、ジャン＝クロード・アルノーとカタリーナ・フロステンソンがアーティストの友人を集め、さまざまな表現が混ざり合う場所をつくりたいと話したときのことを覚えている。その発想は、垣根のない複合芸術に対するロマン派の視点からヒントを得たらしい。音楽は詩に変わる可能性があり、さらには演技になるかもしれない。記憶に関する、または、恨みと許しに関する哲学的考察になるかもしれない。芸術的エクスタシーと宗教的エクスタシーとの類似性を示すかもしれない。

マルガレータ・オースベリは、フォーラムのパフォーマンスでは個々の要素が混じりあって相乗効果を起こし、ずっと大きなものが創造されたと考えている。

「上演した私たちにもわからない、何か。驚きの感覚とともに体験するようなもの。パフォーマンスは終演と同時に消え失せ、二度と再現することができません――たとえ、観客の中で生きつづけるとしても。そして、パフォーマンスに参加するためには、その場にいなければなりません」

やはり初期から関わっている芸術家のヤン・ホーフストレムは、他のカルチャーシーンの目的は、もっぱら世間の注目を集め、セールスを促進することだと言う。

「一方、ジャン＝クロード・アルノーとカタリーナ・フロステンソンの願いは、観客を魅了することでした。誰もがそれについて話さずにはいられない強烈な雰囲気を創りたかったのです。彼は早い段階で、非常に著名なアーティストの参加を実現することができました。同じ会場にいるだけで光栄だと思えるような人たちです。そんな状況なら、誰でもベストを尽くそうと思いますよね。だから、あの地下サロンでの夜の集まりでは、言葉では説明できないようなもの――たとえば、『愛とは何か』とか『創造とはそもそも何か』――に触れたと思える瞬間が何度もありました」

ホールに通じる廊下の左側に小さな扉があり、その部屋は夜の出演者の控室となっていた。作家のヨハンナ・エークストレムは二〇歳のときから、詩の朗読をするためにフォーラムに招待されている。彼女はスウェーデン・アカデミーのメンバー、有名な芸術家、そして他の初出演者に囲まれてデビューを果たした。

「地下サロンには、真剣かつ国際的な雰囲気がありました。セクシーだけど、それを遠慮することのないエリート主義。私はフォーラムの舞台によく登場していたので、そこに入った途端、自分の古巣に戻った気分になりました。しばらく姿を現さない人がいると、どうしているのかしらと話題になりました。

　控室には廊下の音がよく入ってきました。ドアの外で、ジャン＝クロード・アルノーが人々に挨拶するのが聞こえました。開演までの時間、口数少なく待っている人や、ちょっとイライラしている人のあいだを、彼は見事なテンポでまわっていました。プラスチックのコップにワインを注いだり、客の頬にキスしたり、年配の女性客が階段を下りるのに手を貸したり。これから登壇する作家の著作を割引で購入できますよ、と勧めたり。

　舞台がとても低いのは特殊でしたね。そのおかげで、観客とのあいだに親密感が生まれたのですが、同時に登壇者としては晒《さら》されているような気もしました」とエークストレムは回想する。

　マルガレータ・オースベリをはじめ多くの人は、フォーラムの観客はユニークだと感じていた。異様なほどアーティストの近くに座っているので、それがパフォーマンスの質を向上させたのだと。

「あれほど注目され、熱心に聞かれていると思うと、他のステージではありえないほど集中することができました」

　フォーラムの開業前に、壁は塗装された。色あせたアスファルト色の床を除いて、その地下サロンはすべて白くなった。それ以外の部分は何も変わらず、改装されなかった。それはさながら、フォーラムの自己イメージ――アンダーグラウンド――そのものだった。

フォーラムの最初のアシスタントになったのはアリーヌ・ゴーギャン。有名なフランス人画家ポール・ゴーギャンの曾孫で、スウェーデンに移住したのは五歳のとき。一九九〇年代前半、彼女は「文化に関心のあるオフィスワーカー」であり、大学では経済学を専攻したが、家族の歴史に近づくために美術の勉強を始めていた。ギャラリーの仕事も掛け持ちしていたため、ある絵画展のオープニング・パーティーでジャン＝クロード・アルノーと出会った。アルノーに姓を教えると、次に親戚について尋ねられた。彼女はアルノーを感じのよい人だと思った。数週間後、偶然同じバーで出会うと、アルノーからフォーラムの仕事を依頼された。彼女は喜んで引き受けた。

最初の数年間、アリーヌ・ゴーギャン、カタリーナ・フロステンソン、ジャン＝クロード・アルノーは、実務的な作業を次々に片付けた。でこぼこの床に黒いプラスチックの椅子を並べ、できるだけしっかりと固定した。切手をなめ、郵便物を投函した。地下のどこかの部屋でパーティーがおこなわれると、そのあとでタバコの吸い殻を集めて捨てた。

階段を下りて直進せずに左に曲がると、また別のホールに入る。やがてそこは、美術品の展示場になった。そのホールには窓がなく、まったく光が入ってこないので、壁が壁だとは感じられなかった。まるで、山の内部を爆破して造った空間のようだった。ホールでは、パフォーマンスのあとにワインが振る舞われた。

フォーラムが始まったとき、ストックホルムにはカルチャースポットがほとんどなかったので、最初の一〇年間、パーティーは夜明けまで続くことがあった。

アリーヌ・ゴーギャンは、地下室がタキシードを着た若者でいっぱいだったことを覚えている。

「ときには混雑がひどすぎて、階段にまでワインやタバコを手にした人が溢《あふ》れていましたね。暑いと感じると、私は少しのあいだ、外に出て、歩道の冷たい空気を吸いました。そうすると、また戻りたくなるのです。フォーラムは、私の人生で最も楽しい時期の一つでした」

階下ではアルノーが、伝統的な文化サロンの女主人のように動きまわっていた。適切な雰囲気をつくり出すことで、街で最もエキサイティングな名前を惹きつけることができた上流階級の女性。アルノーが深い会話をすることはめったになかったが、人々を互いに紹介し、主要ゲストに羽のように軽くて心地よい注意を向けさせる能力を持っていた。

フロステンソンは正反対の役割を果たした。まるで背景の一部のように静かにたたずんでいることが多かった。多くの人が、この夫婦の持つソーシャル・ダイナミクス（社会力学）に魅了された。つまり、彼女はアクセスできないような深遠さを、彼はきらびやかな面を象徴していたのだ。

アルノー自身はかつて、芸術家として認められることを夢見ていた。それゆえ他の創造的な人に注目するようになったのだと多くの人は信じていた。だから彼には、これから伸びそうな人物がわかるのだと。新たな評判を耳にし、それをフロステンソンに伝えるのが彼の役目だった。

フォーラムの近くにいた人たちは次のように語る。独創的な美術展や文学プログラムについては、あの二人は協力して計画していた。ただし、夜のイベントの意味はそれぞれ違っていたようだ。ジャン＝クロード・アルノーにとってフォーラムでのイベントとは、「今を楽しむ」とか「新たなブームをつくった」という感覚を得るためのものだったのではないか。パフォーマンスのさまざまな要素が一つになった瞬間や、彼のおかげで互いに知り合えた著名人たちのことが、彼にとっては重要だったのだ。

フロステンソンにとって、芸術的体験をすることは、作家としての創作活動のためだった。インタビューの中で、彼女は自分の執筆を「現像」に例え、このプロセスは地下サロンで他の作品と出会ったときに始まることが多いと述べている。自分の詩集のいくつかは、フォーラムなしではけっして生まれなかっただろうとも。

そのような経験をしたのは彼女だけではない。

一九九〇年三月、初期の大きな複合展示会の一つが開催された。芸術家、作家、学者たちによる、哲学者エマニュエル・レヴィナス〔一九〇六─一九九五。フランスの哲学者〕の「顔」の解釈だった。このテーマは、他者の顔を見ることも対面することもけっしてやめてはいけないというレヴィナスの哲学的課題に触発されたものだ。自分自身の顔を思い出させるが、同時にどこか異質で予測不能なものが含まれている、他人の顔を。

アン・イェーデルルンド〔一九五五—。スウェーデンの作家〕、ホーラス・エングダール〔一九四八—。スウェーデンの作家、一九九七年からスウェーデン・アカデミーの会員〕、カタリーナ・フロステンソン、スティーグ・ラーション〔一九五五—。スウェーデンの作家〕、ヨーラン・ソンネヴィなどによる文章が壁に釘で打ち付けられた。作家のビルギッタ・トロツィグ〔一九二九—二〇一一。スウェーデンの作家、一九九三年から死去するまでスウェーデン・アカデミーの会員〕は、愛する人たちを完全に理解したい、そして彼らを所有し管理したいという私たちの願望について次のように書いている。「その魂は狩りに出かけた。一つの顔を見つけた。そしてそれを食べた」

　このテーマは、アンデシュ・オルソン〔一九四九—。スウェーデンの作家、二〇〇八年からスウェーデン・アカデミーの会員〕の詩集『太陽の声』に影響を与えた。

　その広い部屋を支える何本かの柱の間に細い金属製の棒が一本立っていて、その上で白い球体がバランスを取っていた。それは彫刻家のエヴァ・レーヴダールによる地球儀で、地下室のザラザラした床の上方に浮かんでいるさまは、まるで穏やかな惑星のようだった。芸術家のホーカン・レーンベリの黄色いペイントが壁に掛けられ、また別の壁にはヤン・ホーフストレムの署名が入った三つの箱がくっついていた。それぞれの箱の中には、引き裂かれ、色を染み込ませたボロ切れで作られた、動物の頭蓋骨のようなフォルムが入っていた。

　ホーカン・レーンベリの黄色い絵は、フロステンソンの詩のいくつかにインスピレーションを与えた。ヤン・ホーフストレムの箱もそうだった。

　舞踏家のマルガレータ・オースベリが「顔」を訪れたとき、ビョルネル・トーションのシエナの聖カタリナについての詩の前で立ち止まった。彼女はその詩から、ダンス・パフォーマンス『変異した楽園』のアイデアを得た。マルガレータ・オースベリによると、彼女のプロジェクトの多くは、地下サロンで他の作品と出会ったおかげで生まれたそうだ。フォーラムはインスピレーションを与える大きなネットワークであり、何人もの偉大な文化人がそのことを認めていると、彼女は語る。この地下サロンは、芸術を生み出す場所だったのだ。

4

私と二人の同僚が、性的暴行の噂がある男性数名の名前を朝の会議で挙げた翌日、私はスマホに「ジャン＝クロード」とメモを書いた。ワインスタインの調査記事が出てから一週間後、ソーシャルメディアで #MeToo キャンペーンが爆発する三日前のことだった。すると突然、何かが起こった。目の前のスクリーンにあるこの名前が、具体的な質問をしてきたのだ。

「噂やほのめかしの向こう側に、本当に性的暴行が存在するのだろうか？」

＊＊＊

文学界に私の知っている人はいるだろうか？　文学界に知り合いのいる知り合いは？　私は最初から、この調査は知人を得ることから始まると覚悟していた。私は自分の連絡先をざっと調べてみた。あとから振り返ると、私はその秋、このテーマにまさにふさわしい状況にいたと思う。私は、ダーゲンス・ニューヘーテル紙文化部の正社員になったばかりだった。文化部にはスウェーデンで最も影響力のある批評家や編集者がいて、いつでも彼らと会話することができた。とはいえ私はただの記者で、ハイカルチャー・ソサエティに近づいたことはなかった。クリスティーナ・ルグンにインタビューしたことはあるが、その他のスウェーデン・アカデミーの会員に面会したことはなかった。

私はふと想像した。もし私が彼らと同じパーティーに出席して、彼らの注目や賞賛を受けたとしたら、何か変化が起こるのだろうか？　重要な質問を臆せずにぶつけることができるのだろうか？それとも、そんな質問は、高揚した雰囲気と複雑な感情の中で溺れてしまうのだろうか？　真の権力やカリスマを持つ人々の近くで生じる、ある種の自発的な謙遜によって、質問はどれくらい影響を受けるのだろう？

私は、調査を始めるように勧めてくれた文化部の編集者オーサ・ベックマンと、数名の同僚に話をした。二、三の知人にメールも書いた。

「フォーラムの芸術監督《アーティスティック・ディレクター》に関する噂が、真実に基づいているのかどうか調査したいのですが」

二四時間以内に二人の人物を紹介してもらった。一人目の女性は、ストックホルムのレストランでのディナーについて語った。ジャン＝クロード・アルノーが彼女の太ももに手を置き、裸になって僕の家に来ないかと言ったそうだ。

「テーブルの周りに座っていた人はみんな、このときのことを見ていたはずです。ホーラス・エングダール、カタリーナ・フロステンソン、そして、ある美術館の館長。私が驚いたのは、ジャン＝クロードの厄介な行動ではなく、誰もそれを気にしなかったことです」

二人目の女性は、自分が被害に遭ったのは、北欧で有名な作家養成学校ビスコプス＝アルネー〔ストックホルムの北西六〇キロにある全寮制の学校〕の学生だったときだと語る。彼女とクラスメートは、フォーラムのステージで自作のテキストを読み上げた。その後、彼女は地下サロンに残り、観客二人と話をしていた。

「そのときジャン＝クロードが近づいてきて、私のお尻を触ったんです。そして片手で私の目を覆い、もう一方の手で私の髪を引っ張りました。ものすごく荒々しく。私はひどくびっくりして、反応することもできませんでした。彼は私を抱きしめ、周りの女性たちにこう言ったんです。『この子の額を見てみろよ。こんなにきれいな額を見たことがあるかい？』。私はまるで展示物のようでした」

だが、自分の経験を本名を明かして話してもいいという人はいなかった。アルノーと彼の友人たちが文化の世界で持っている力があまりにも大きいためだ。彼らに公然と歯向かうことは、資金援助が得られなくなることを意味する。重要な場所から締め出され、執筆活動もままならなくなるかもしれない。

その後の数日間、私は時間ができると、さまざまなツテを頼ってみた。公言する人はいなかったが、ほとんどの人は噂があることは知っていた。ジャン＝クロード・アルノーが嫌らしい手つきで誰かに触る様子を直接目にした人たちもいる。「確かにアルノーは『壊れやすそうな』女性を探していたね」という発言があったので、私はそれに疑問符を付けて書き留めた。

彼らの話し方には、諭すような口調もあった。女性はジャン＝クロード・アルノーに近づかないほうがいいという一般的な警告。そして、私が調査することも勧められないと。のちに私の記事に証人として登場する女性は、初期のインタビューで、フォーラムの芸術監督は多くの人を出世させたと語った。

「だから、さまざまな高いポジションに昇りつめた人たちは彼に恩義を感じています。彼は誰にでも連絡が取れるんです。私は他人の人生に口を出そうとは思いませんが、でもあなたは、将来もっと大きなテーマの記事を書きたいと思っているんですよね?」

ハーヴェイ・ワインスタインの調査記事が公開された一〇日後、#MeToo が爆発した――公民権活動家のタラナ・バークが二〇〇六年に始めたキャンペーンに、女優のアリッサ・ミラノがソーシャルメディアでこう呼びかけ、世界中に広まった。「セクハラを受けたすべての女性が『Me too』(私も)と書きこめば、この問題の大きさがわかってもらえるんじゃないかしら」

一〇月一五日、私のタイムラインは一つのハッシュタグで埋め尽くされた。女性運動の勢いを示すスローガン。それはこの時代の特徴として、ドキュメンタリー番組で取り上げられることになるだろう。だが、一九七〇年代の闘争は強烈な横断幕とともに思い出すことができるが、私たちの時代のアクティビズムはどうなのだろう? 私は、数日間しか存在しなかった呼びかけを集めた、きらめくコラージュを想像した。#MeToo 運動が長続きしたり、大きな変化を生みだしたりするなんて考えられなかった。それまでのソーシャルメディア上のキャンペーンを見ていて、なぜいつも女性だけが過去や傷をさらけ出すことを期待されているのだろうと疑問を感じていた。

ツイッターでは #MeToo と書くとピンクの絵文字が自動的に作成されるようになっていて、それとともに女性たちの物語はどんどん拡散されていった。けれども私はこのとき、ジャン＝クロード・アルノーの周辺情報の調査に夢中になっていて、シェアされはじめた物語には表面的にしか注目していなかった。

二〇一七年の秋、性暴力はいたるところで話題になっていた。朝のトークショー番組とSNSのタイムラインは、確固たる証言、職場環境に関する議論、説明を求めるインタビューであふれかえった。専門家や活動家が発言し、被害届が次々に出され、訴訟手続きが始まった。その数ヶ月間、どの友人に出会っても、大小さまざまな出来事について会話することになる。外見についての侮蔑的なコメントについて。いかに醜いかということをネチネチ説明した長いメールについて。突然、股間に手を入れられたことについて。誰かに体を押しつけられたことについて。

会話は辛いものでもあった。なぜなら、彼女たちの多くはまだその体験を「あいつは豚野郎だ」というような、一般的な表現に還元できずにいたからだ。それに私たちは、お互いの沈黙に関与していた。

各種の性暴力に社会が注意を向けはじめると、脳裏に沈んでいた記憶が表面に浮上してきた。多くの場合、何の前触れもなしに画像がフラッシュバックしてくる。誰かの家でのパーティーで眠ってしまい、気づくと、私とセックスしようとしていた男の当惑した視線に出会ったこと。ショックで青ざめた友人を病院には連れていったけれど、警察に行こうとはけっして言い出さなかったこと。そんなことは考えてもみなかったし、彼女が遭った被害を正しい用語で表現することもできなかった。

男性も性暴力の犠牲者になりうる。けれど #MeToo 運動が高まったとき、証言するのは圧倒的に女性だった。そのような体験があまりにも一般的だったため、ほとんどすべての女性が団結したように思えた。年齢や社会階級を超えて。

スウェーデンでは次々に別の流派が生まれた。最初に、ハッシュタグ #tystnadtagning（沈黙の撮影）の下《もと》に四〇〇人の女優が集まり、仕事関係で受けたハラスメントや性暴力を告発し、被害者に沈黙を強いる文化を非難した。

次に、弁護士、教師、考古学者、建築労働者、麻薬中毒者や路上生活者たちが続いた。さらには女子生徒、警官、飲食店従業員たちも。売春経験者たちは #intedinhora（あんたの娼婦じゃない）を旗印にした。

この期間中、私は偶然出会った女性に突然、つながりを感じることがあった。年老いたダックスフントを散歩に連れている女性に。駅のホームに立ち、スマホに夢中になっている女性に。

私は教会を去って以来、集団の一員だと感じたことはめったになかった。私は組織化されていないフェミニズムの中で成長した。広い世界の片隅にあるこの小さな国では、基本的な闘いはすでに終了したという感覚を持っていた。

作家のニーナ・ビョークはこう書いている。#MeToo 運動の要求は、「自分の身体のことは自分で決める権利がある」というシンプルなもので、非常に多くの女性たちを団結させることに成功した。社会が公式に平等になる前にも、女性たちはシンプルな権利を要求してきた。最初の解放運動では、投票権と労働権を求めた。そのあとには、「女だからといって男に依存する必要はない」、「女も一〇〇パーセント独立した人間として認められるべき」という要求が続いた。#MeToo運動はその闘いの系譜に連なるだろう。

#MeToo運動は、ある差別構造を取り上げたいという野心から始まった。しかし、それはまた、ある個人を名指しすることで始まった。ハーヴェイ・ワインスタインはその地位から転げ落ちた。地位の高い男性の責任を問えるという事実は、性暴力について話すスペースができたということだけではなく、そこに一定の方向性が作られることも意味した。自分の証言を公表することが、歴史上初めて、告発の対象者に影響を与えることになったのだ。たちまちスウェーデンを含む諸外国の女性たちが、かつてはインターネット上のマナーとされていたものを破り、加害者を本名で指摘するようになった。彼女らは一線を越えた。

旧来のメディアもそれに続いた。告発された男性の顔が印刷され、新聞の見出しとなって全国に流布した。正式な裁判を経ることなく、成功とキャリアが打ち砕かれることになる。

私はその動きの真っただなかに行くことになるのだ。それは多くの点で、未知の領域に踏み出すことだ。一連の出来事には、とてつもない残酷さと強烈な光が宿っているだろう。そして、そのあいだのすべてのニュアンスも。
最初から #MeToo は現実社会における革命だった。それまでの性暴力についてのほのめかしとささやきは、権力を生み出す構造とその現実をおぼろげにしか見えないようにしていた。沈黙は人生の一部を隠した。歴史を通じてハーヴェイ・ワインスタインのような男性は人道上の大きな問題が真剣に議論されるのを阻んできた。

一〇月一七日、同僚の一人が私に、作家のエリース・カールソンのフェイスブックの投稿を見せてくれた。

「もしも私が #MeToo と言えば、あなたたちはフォーラムに行くのをやめますか？ ジャン＝クロードをパーティーに招待するのをやめますか？ 彼の言い訳を聞き入れるのをやめますか？」

そのコメント欄には、作家のガブリエラ・ホーカンソンも被害に遭ったと書き込んでいる。その後すぐに、モスクワのスウェーデン文化評議委員であるステファン・イングヴァションが同様の投稿を公開した。

「僕はもう沈黙に加担することはできない。僕の沈黙は、勇気を出して発言しようとする人の数を減らしてしまった。発言すれば、影響力のある彼の支援者たちが動き出すことになるからだ。だが、もう気にしない。これは、ストックホルムの文学界にとって集合的な恥だ」

これらの投稿を書いた人たちを直接には知らなかったが、フェイスブック上には共通の友だちが何人かいた。そこで、彼らにメッセージを送ってみた。それから数日間、私は何度もメッセンジャー・アプリを開いた。

話をしてもいいという返事をもらえると、私はコンピューターを持って、編集部の一角にある防音室の一つに行った。すりガラスのドアがある小さな立方体。あちこちに電話をかける必要があるときや、締め切りが迫っているとき、私はいつもそこへ籠ることにしていた。

「若いころの僕には勇気があったんだよ。小さな出版社で働いていたときだけどね」とイングヴァション《ヴァション》は振り返る。

「僕らのパーティーでアルノーが客の胸に触ったとき、僕はあいつを外に放り出してやったんだ。するとあいつはこう叫んだ。『僕が誰だか知っているのか？　お前のキャリアなんか台無しにしてやる！』。そんなこともあったのに、自分のキャリアが確立すればするほど、僕は臆病になってしまった。格段に規模の大きい出版社に転職したものの、あいつの交友関係を考えると、以前と同じ行動を取るのは不可能だと感じた。そのあと僕はストックホルム文学祭を担当することになった。スウェーデン・アカデミーに大きく依存しているイベントだよ」

エリース・カールソンは、二〇〇七年にモダニスタ出版社主催のパーティーでアルノーに会った。「彼はこっちへやって来ると、『君は本を出すそうだね』って言ったんです。〝君のために何かをしてあげられる、だから僕に興味があるだろ？〟って言わんばかりの態度で。私が返事をしなかったので、彼は『僕が誰だか知らないの？』と尋ねました。もちろん、私は知っていました。私の頭の中には、彼のせいで嫌な思いをした女性の話がたくさんありましたから。私はすぐに、その場を立ち去りました」

二〇〇九年秋、カールソンは、ユールゴーデン地区のネードレ・マニラ邸で開催されたアルベット・ボニエ社〔スウェーデンの大手出版社〕の大きなパーティーに参加した。彼女がエントランス・ホールで友人を待っていると、お尻を撫でる手を感じた。

「私は固まってしまいました。それから、誰がやっているのかわかりました。『やめてください』『触らないで』と私が言うと、彼はこう返したんです。『やめたら何をしてくれるのかな?』」

この出来事は、カールソンがアルノーの顔に平手打ちをして終わったらしい。このとき近くにいた文芸評論家のアンニーナ・ラーベも、あとからそのとおりと私に語ってくれた。アルノーはすぐにその場を去ったものの、その夜遅く、またカールソンに近づいた。彼女と一緒にいた作家のダニエル・フェリーンは、アルノーは頭に血が上っていたと語る。彼はエリース・カールソンのことを「非常識」だとか「とんま」とか「頭がおかしい」と大声で罵ったらしい。

ガブリエラ・ホーカンソンに電話すると、彼女は一〇年前に別のパーティーで起こったことを教えてくれた。ストックホルムのあるアパートでパーティーがあり、彼女が到着すると、面識のないアルノーが人混みをかきわけ彼女に近づいてきた。

「何かちょっと言ったかと思うと、彼は私の股間をきつくつかんだんです……指を入れて。その前触れは何もありませんでした。私たちはいちゃつくどころか、ボディタッチも全然なかったのですから。ただいきなり、私の下半身に手が入ってきたんです」

彼女の当時の恋人だった作家のトーマス・エングストレムも、この出来事の目撃者だ。

「えげつない出来事だったので、はっきり覚えていますよ」

彼が怒鳴りつけ、ガブリエラが顔をひっぱたいたので、アルノーはその場から姿を消した。周りにいた人たちは首を振り、彼はどうかしているとつぶやいた。しかし、人々はすぐに何事もなかったかのように振る舞いはじめた。数分後、ホーカンソンの体に異常が現れた。心臓が早鐘のように鳴る。アルノーがすぐ後ろにいるのではないかと心配になり、吐き気をもよおした。あの男は、ほかにも何かしてくるかもしれない。彼女は家に帰ったが、その夜は一睡もできなかった。

「それ以来ずっとこの出来事について考えていました。二〇年以上、この業界の女性たちは彼について話してきました。警告ポスターを作って街中に貼りだすべきだとか、スウェーデン・アカデミーの会館の入り口にそれを貼るべきだとか。けれども、何も起こりませんでした」

エリース・カールソンとガブリエラ・ホーカンソンは、名前を出して証言することを了解してくれた。新聞記事の中で、自分たちの経験を語ってもかまわない。そうすれば、自分たちの経験が、大きなパターンの一部だと例証できるのだ。

同時に私は、ある人からフィリッパという女性を紹介され、その日の夕方に彼女と電話で話した。彼女はアルノーの性的暴行の被害にあった経験をいくつも話してくれたが、新聞記事の中でその話をするのは非常に困難だと言う。「彼に嫌らしい手つきで触られたのが一回だけで、その後私がフェミニストになって彼を非難する、そんな話ならよかったのですが……」

私は地下鉄に乗って家路についた。窓の外の空は暗いが、霧が出ているのがわかる。トラーネベリ橋からアールヴィック駅方面を見ると、周辺の大きなホテルの看板も広場を囲む会社の電光ロゴも霧のベールに包まれている。

この数日間聞いた話はどれも非現実的だった。いつもなら、あるストーリーをジャーナリスティックに調査しはじめると、話の要素はゆっくりと溶けていき、それほど劇的ではないものに変わることが多い。大きな影があっても、その影をつくっている元に近づいていくときのように。だがいまや、その影は成長を続け、私には輪郭すらわからなくなってしまった。

ジャン＝クロード・アルノーの被害に遭った女性たちと、これほど早くコンタクトが取れるようになるとは、私はまったく予想していなかった。その数は、いったい何人になるのだろう？

＊＊＊

文化部に臨時雇用として入った新人が、私に話があるという。私たちは文化部内の少し離れた部屋に入った。二人だけになると、彼はこう切り出した。

「あなたがジャン＝クロード・アルノーの調査をしているとお聞きしました。僕の元同僚に、ある女性の友人がいます。どうやら彼女はアルノーの被害者のようなんです。僕には詳しいことはわかりませんが、元同僚を通じて、あなたが話を聞けるように連絡を取ってみます」

数時間後、私は知らせを受けた。彼女に電話をかけてもいいことになったので、私はふたたび小さな白い防音室の一つに閉じこもった。腰を下ろし、何分かスクリーンを見つめる。そこには彼女の名前と、小都市で文化関係の仕事をしていることが書かれている。


知らない人に電話をかけることは、いつでも難しい。内気であることは、意外にも記者としての強みになる。なぜなら相手に警戒心を抱かせないからだ。だが、今はそんなことは考えられない。自分には、こんな質問をする権利はないように思える。セクシャルハラスメントや性的暴行について、どうやって話せばいいのだろう？

彼女が電話に出ても、私はすぐには自己紹介を始められなかった。それから相手の都合を尋ね、私が「#MeToo との関係で」フォーラムの芸術監督を調査しはじめたこと、あなたが「ある種の出来事」を経験したかもしれないと耳にしたことを伝えた。私から電話があることは、彼女は前もって友人から聞いていた。そして、結論を出すまでじっくり考えた。あとから彼女が語ったことによれば、彼女は何年ものあいだ、自分のことを無言の証人と見なしていたそうだ。

「私にとってそれは仕事でした。忘れないことを積極的に選んだのです。私は一人ではないことを知っていましたし、心の準備もできていました。ジャン＝クロードと、彼と共生していた文化の世界を理解するために、私は大量に書き、多くのエネルギーを費やしました。#MeToo が始まったときは可能性を感じました」

話したいのはやまやまなのだが、彼女は自分の名前は出したくなかった。彼女をはじめ、私に話をしてくれた多くの女性たちは、匿名を条件にした――もちろん、アルノーとスウェーデン・アカデミーに近い立場の人たちも。

彼女は自分をクリスティーンと名乗った。私たちの最初の会話は四二分続いた。

クリスティーン

私の社会階級の上昇を、父は一風変わったやり方で励ましてくれました。父親自身は学業を続けた人ですが、多くの労働者階級の親とは違い、「具体的な職業に就くために勉強するべきだ」とは言いませんでした。

私の心に響くもの、私を魅了するものを研究するようにと、父は勧めてくれました。私が文学を専攻していた二〇〇〇年の夏、ドイツ行きのフェリーの上で、私はジャン＝クロードに出会いました。私は二五歳で、執筆したものがさまざまな雑誌に掲載されはじめていました。

その時期、私の気分は塞いでいました。今なら、うつ状態だったと言うでしょうね。一〇代前半から、周期的にそうなっていたんです。でも、そのときはなんて表現したらいいのかわかりませんでした。

私は真っ黒な服を着て、日当たりがよく暖かいデッキに立っていました。すると、年上の男性の視線を感じました。

すぐに、ジャン＝クロードは話し上手で、とても知的な人だとわかりました。会話が始まると早々に、彼はカタリーナ・フロステンソンと結婚していると言いました。カタリーナは当時の私にとって、はるか雲の上にいるような人物。彼は、パリに行く途中なんだそうです。そこで、親友で作家のホーラス・エングダールに会うことになっていると。私はその少し前に読んだ、新聞のインタビュー記事を思い出しました。エングダールは、ライフスタイルのロールモデルとしてジャン＝クロードを称賛していたんです。

振り返ってみると、ジャン＝クロードは私の二重性を早い段階で見抜いていたのでしょう。私は落ち込んでいましたが、同時に何もかも欲しくてたまらなかったのです。もし私がただ自己破壊的だったとしたら……彼にとっては面白くはなかったでしょうね、簡単すぎますから。私は壊れやすいと同時に野心的でした。彼は、その組み合わせに惹かれたのだと思います。

私もまた、その状況をエキサイティングだと感じていました。私は文化に縁のない環境で育ちました。私は部外者で、彼についての噂なんて聞いたこともありませんでした。けれども彼は、私にとって重要なすべての女性作家を知っていたのです。私の胸は高鳴りました。私自身も作家として活動しはじめ、その世界の入り口に立っていたのですから。

この船旅のあいだずっと、私たちは文学と執筆について語り合いました。私にとって、ファーストクラスの客室に座るのは初めてのことでした。

私が受けたそれらの印象は無意識のうちに作用しました。私がドイツで船を降りるとき、パリに来て彼の家に泊まらないかとアルノーから誘われました。またとないチャンスだ、断ったら駄目だと、自分の内からも外からもささやく声が聞こえました。別れ際に、彼はキスまでしました。そんな雰囲気はそれまでまったくなかったので、私はびっくりしました……でも、そのキスで、自分が彼に惹かれていることに気づきました。

ドイツに数日滞在したあとパリに行くことに決めました。私は急ぎました。不安を抑えるために、何かを急いでやることはよくあったのです。

パリへ出発する前に、彼のことを調べました。カタリーナ・フロステンソンと結婚していることは事実だったので、私は安全だと感じました。それから親友にメールを送りました。「万一の場合に備えて。これが彼の電話番号」。こんな安全対策を取るなんて、それこそジャン＝クロードが見た、私の中にある矛盾の現れです。危険かつ華やかな彼の雰囲気に魅了されているのに、自分の品位は落としたくないこと。よいとは思えないことに身を投じたいけれど、同時に自分の人生を心配していること。

私はパリ行きの夜行バスに乗りました。それまでに私はパリに行ったことがありませんでしたし、これからも行くことはないでしょう。そこで性的暴行を受けたからではなく、それが始まった場所だからです。私と数日過ごしただけで、ジャン＝クロードは別人になりはじめました。私を見下すようになったのです。

私が買ったTシャツや私の体について、つまらないことを言うようになりました。私を軽蔑していたんです。とにかく、私と話さなくなりました。ある夜、二人でバーに座っていたら、彼があからさまに私のパンティーに手を突っ込んできたんです。この状況で不快だったことは、彼の指ではなく――私は貞淑ぶるつもりはありません。彼とセックスするつもりでパリに来ていました――彼が一言も言わなかったことです。つまり、私はそのための対象でしかなかったのです。

こうして私は、彼とセックスする、どうでもいい女になりました。こんな経験、それまでにありませんでした。毎回、私の存在は肉体だけに縮小されたのです。しかも、私はそのことを理解していました。彼の態度はあからさまでしたから。

私はそこから去る決心をしました。スウェーデンに帰国すると、パリでクレイジーな体験をしたと周囲に話しましたが、実際には差し障りのない物語に変えていました。けれどもジャン＝クロードのせいで、元から暗かった私の自己イメージがさらに暗くなってしまいました。その秋の精神状態はひどいものでした。彼は何度も電話してきましたが、私はもう関わりたくありませんでした。

彼はしつこかったです。私は体調まで崩し、結局、耐えきれませんでした。私はレストラン・ヴァーサホフで彼に会いました。しばらくすると、ジャン＝クロードは一緒にフォーラムに行こうと言い出しました。地下に下りると、彼がフェラチオしてほしいと言うので、私は応じました。自主的にね。けれどもその直後、彼の行為は暴力的になり、私はショックを受けました。そんなことになるなんて、思ってもいませんでした。パリでさえ「優しい」セックスはほとんどなかったのですが、それとも違っていました。彼は私の頭を押さえつけ、自分の陰茎を私の喉の奥深くまで押し込んだのです。私は息ができませんでした。彼が手をゆるめなかったので、私は万力《まんりき》に挟まれたように感じました。全身の脈が早まり、たった一つのことしか考えられませんでした。「ここは地下なんだ」。なんとか彼の腕を振りほどき、大声で叫びましたが、誰にも聞こえなかったようです。時間に関しては正確なことは覚えていませんが、ずいぶん長く感じました。その後、このシーンが私の頭から離れることはありませんでした。

彼はその後も私に連絡を取りつづけました。ある日突然、電話してきて、私のお気に入りの作家をフォーラムに招待したからぜひとも会うべきだと言ったのです。それで私も決心して、友人を連れてそこへ行くことにしました。私は自分を犠牲者だとは思いたくなかったのです。自分をそんなふうに定義するなんて、できませんでした。そのころから日記にジャン＝クロードについて何かを書いたとしても、性的暴行については一言も触れないようになりました。とにかくフォーラムには一人で行かないようにしました。

朗読が終了し、私と友人が帰ろうとすると、誰かが私のお尻を撫ではじめました。誰だかはわかっていましたが、私は振り向きました。すると驚いたことに、私の後ろにいたのは彼だけでなく、カタリーナ・フロステンソンも一緒だったのです。彼女は見ていたんです、絶対に。だって、彼のすぐそばに立っていたのですから。

まったく理解できない状況でした。私は黙って退出しました。自分の妻がすぐそばにいるのに、なぜ彼はあんなことをしたの？

自分一人ではないのに、あんなことをする彼を目の当たりにして、私の精神状態はますます悪化しました。彼の背後には、私の憧れの知識人たちの世界があるのに、私にはどうしても近づけないのです。

私は、アルノーに知られないように引っ越して電話番号を変えました。それまでアパートをシェアしていた友人には、私の新しい連絡先をけっしてアルノーに教えないように釘を刺しました。あとから聞いたところによると、ジャン＝クロードは何度も電話をかけてきて、友人がいくら「彼女はあんたと関わりたくないそうだ」と説明しても、諦めなかったそうです。インターネットが今ほど普及していなかったので、転居先を突き止められずにすみました。

それ以来、私はあのサークルから距離を置いています。私は文化関係の仕事を続けていますが、あのサークルには近づかないよう、ずっと用心してきました。あんな体験をしたあとでは、私はあの世界の中心になりたいとも、なれるとも思いません。あそこにいる人たちは、最初は視線をそらしますが、やがては黙ってジャン＝クロードの周りに集まってくるのです。そんな状況には耐えられません。

クリスティーンの話を聞くあいだ、私の体は麻痺したかのようだった。私がアルノーを調査しはじめたとき、彼の独特の権力とポジションは、若い女性を闇雇用して搾取するだけでなく、彼女らにセクハラをすることを可能にしたのではないかと思った。だが、クリスティーンの話はもっと深刻だった。

いまや私の録音アプリには、フィリッパ、エリース・カールソン、ガブリエラ・ホーカンソン、その他二人の女性の証言に加え、クリスティーンの話が入っている。ある話を聞いて事実だと思うことと、それをダーゲンス・ニューヘーテル紙上で公開することは、まったく違う。アルノーは法廷で裁かれていないどころか、警察に被害届が出されたことすらないのだ。これらの告発をどうにか公表できるとしても、主人公を匿名にする必要があるので、彼が誰だかわからなくなるだろう。せいぜい「文化界の有名人」と呼ぶのが関の山だ。その場合、この記事は、なによりも告発した女性に影響を与えることになる。詳しい告発内容を読めば、それを話したのが誰なのか、アルノーには手に取るようにわかるだろう。

私が聞いた話が、ここで止まってしまう可能性は充分にある。そう考えると、次に閉所恐怖症の感覚が襲ってきた。私がインタビューした女性たちが長年抱えてきた記憶や感情の束を、これから私一人で抱えるなんて、とても耐えられそうにない。そんなことになったら、文化界を取材しつづける気にならないだろう。高名な作家や知識人にインタビューすることが精神的に堪えられなくなるだろう。

その夜遅くまで、私はハーヴェイ・ワインスタインの調査記事を読んだ。私はそれまで、このような調査ジャーナリズムに関わった経験がなかった。アメリカの調査で重要だったのは、書類《ドキュメント》が存在したことだった。この記事を担当した記者たちは、被害女性たちを長年沈黙させてきた秘密保持契約を探し当てた。この映画プロデューサーに苦情を申し立てた女性たちは、お金と引き換えに、自分たちの経験について沈黙することに同意したのだ。これはアメリカでは一般的だが、スウェーデンでは聞いたことがない。

ジャン＝クロード・アルノーの場合、法的なドキュメントはない。だが、ニューヨーク・タイムズの取材でもう一つ注目すべきことは、被害を受けたと主張する人々の証言を、メールや日記で確認したり、または身近にいた人たちにインタビューしたりすることで、絶えず裏付けようとしていたことだった。

私は尋問官の役割も引き受けなければならない。もしも女性がパリに行ったと言えば、航空券や旅行中の現金引き出しの明細書を見せてもらわなければならない。もしもセクハラの現場に居合わせた人がいるのならば、その人の名前を聞いてインタビューしなければならない。目撃者がいない場合は、暴行について話した人がいるかどうか尋ねる。誰かとチャットしましたか？　日記に書きませんでしたか？　私は、物証がないレイプ裁判についての記録を読み、証言だけで有罪判決が下されるのは原則として不可能だと理解した。だが説得力のある主張が、他の多くの説得力のある証言に裏打ちされれば、裁判官を納得させることができるかもしれない。

5

二〇一七年の秋までの三〇年近く、シグトゥーナ通りの文化シーン〔フォーラムのこと〕は、高い芸術的レベルを維持してきた。だがそこは、グスタフ三世が一八世紀の終わりに設立した「才能と美意識」をモットーとする由緒ある団体〔スウェーデン・アカデミーのこと〕と密接な関係があることから、権力の中心ともなっている。

教育と芸術に関心があった国王が定めた規約によると、スウェーデン・アカデミーは一八名の会員で構成され、毎週木曜日に旧市街の旧証券取引所で会議をおこなうことになっている。彼らの主要任務は、スウェーデン語の「純粋さ、力強さ、高貴さ」のために活動すること。そのビジョンの一環として、スウェーデン語辞典が編纂されることになった。この辞典は膨大になる一方で、今日では三七巻に及び、約五〇万語を収録している。同様の精神で、この団体は毎年約一四〇〇万クローナ〔約一億八二〇〇万円〕の奨学金と賞金を、スウェーデンの作家や知識人に付与している。スウェーデンのような小国で、苦労しながら文学活動を続けている多くの作家にとって、これほど重要で決定的な機関はほかにない。

このため文化界では多くの人がスウェーデン・アカデミーとうまく付き合いたいという暗黙の願

望を持っており、それゆえときおり、ややこしい事態が発生することがある。たとえば、アカデミー会員の本を論評してくれる人を探すときなどだ。

スウェーデン・アカデミーの一八人の会員は終身制だ。新会員は内部での投票で選ばれるが、その後、現在でもこの機関の後援者《パトロン》である国王の承認を得なければならない。長いあいだ、スウェーデン・アカデミーの会員になることは、クオリティの高さの象徴だった。歴史を通して、スウェーデンの偉大な作家や知識人の多くが会員に名を連ねてきた。じつに多くの人々が、スウェーデン・アカデミーが高貴な魔法に包まれていることを望ましく思っている。新会員が選ばれると、メディアの文化欄には喜びの声が溢れ、ニュースはまるでスポーツ大会の優勝者インタビューのようになる。新会員が、任務に伴う権限と責任についてコメントすることはほとんどない。ジャーナリストがする質問と言えば、もっぱら「どんなお気持ちですか?」「予想していましたか?」「その電話がかかってきたとき、あなたは何をしていましたか?」

スウェーデン・アカデミーの年次総会が毎年一二月、一八世紀には証券取引所だったアカデミー会館〔ノーベル博物館として知られているが、本書ではアカデミー会館と表記する〕で厳かに開催されると、スウェーデンにおけるこの組織の特殊な地位が視覚化される。部屋の真ん中には楕円形のテーブルがあり、その周りを金メッキを施された一八の椅子が取り囲んでいる。各人用にろうそくが置かれ、グスタフ三世が執筆した式次第に基づき、一八世紀以来変わらないスケジュールが進行する。ホールには王室や大司教など社会の上層部の人々が集まる。会員が二人一組でゆっくりと各自の椅子に向かって歩いていくと、ゲスト全員が立ち上がって敬意を表す。

スウェーデン・アカデミーの知名度が二〇一七年の秋ほど高まったことはない。その前年、ノーベル文学賞がボブ・ディランに与えられたことは議論を巻き起こし、この予期せぬ選択は賞への関心をさらに高めた。

二〇一六年の年次総会のためアカデミー会館に集まったのは一四人のメンバーだった。出席しなかったのは、作家のトーグニー・リンドグレン〔一九三八―二〇一七〕、作家のロッタ・ロータス〔一九六四―〕、中国学者で文学研究者のヨーラン・マルムクヴィスト〔一九二四―二〇一九〕。作家のシャスティン・エークマン〔一九三三―〕は、イランの最高指導者から死刑を宣告された作家サルマン・ラシュディを擁護しなかったスウェーデン・アカデミーに抗議して一九八九年に退会すると通告したが、それでも会員資格は存続していた。一度スウェーデン・アカデミーの会員に選出された人は、存命中はそこを退会することはできないのだ。

このとき出席したのは以下の顔ぶれ。作家のペール・ヴェストベリ〔一九三三―〕、言語学者のトーマス・リアド〔一九五九―〕、詩人で劇作家のクリスティーナ・ルグン、文芸評論家で作家のホーラス・エングダール、言語学者のストゥーレ・アレン〔一九二八―〕とボー・ラルフ〔一九四五―〕、作家で文学研究者のアンデシュ・オルソン〔一九四九―〕、作家のクラース・オステルグレン〔一九五五―〕、作家で文学研究者のシェル・エスプマルク〔一九三〇―〕、歴史学者で作家のペーテル・エングルンド〔一九五七―〕、詩人のカタリーナ・フロステンソン〔一九五三―〕、古代史研究者で詩人のイェスペル・スヴェンブルー〔一九四四―〕。作家で文学教授のサラ・ダニウス〔一九六二―二〇一九〕は、伝統に則って最前列を歩いた。

ダニウスは女性初のスウェーデン・アカデミー事務局長だ。毎年ノーベル賞授賞式には、文学の歴史を讃えるオートクチュール・ドレスをまとい華やかに参列した。エッセイ集や評論で進歩的な思想を紹介し、二〇一四年の冬のラジオ番組では、がんと共存する人生についてオープンに語った。その病は、二〇一九年に彼女の命を奪ってしまうのだが。

ダニウスは、会員になったばかりの作家サラ・ストリッズベリ〔一九七二―〕を迎えに行った。ストリッズベリは新人会員として、前任者のグンネル・ヴァルクヴィスト〔一九一八―二〇一六〕についてスピーチをした。アカデミー会員で前任者、後任者ともに女性なのはこれが初めてだった。その夜、ダニウスは自分のスピーチで、女性の事務局長が女性会員をアカデミーの椅子に連れて来たのも史上初だと述べた。

一八世紀末、グスタフ三世はアカデミー・フランセーズに触発され、スウェーデン・アカデミーを設立した。当時のフランスは芸術と教育において最先端の国だった。アカデミー・フランセーズは国際的に有名であり、一九世紀を通してその威光はまばゆく輝いていた。ヨーロッパの辺境かつ寒冷地のストックホルムで毎週木曜日に集会を開く、狭い言語圏用のアカデミーは足元にも及ばなかった。

しかし、二〇世紀の変わり目にスウェーデン・アカデミーは、その役割を完全に変える任務を受け入れた。世界で最も権威のある文学賞を選考することになったのだ。

作家にとってノーベル賞を受賞するということは、約八〇〇万クローナ〔約一億円。二〇二〇年からは一〇〇〇万クローナ、約一億三〇〇〇万円〕の賞金だけでなく、不滅の名作を生みだしたというステータスを得ることでもある。スウェーデン・アカデミーの一八人の会員は、この賞の選考者というユニークで華やかな地位を一世紀以上維持してきた。

毎年一〇月に事務局長がアカデミー会館のホールに現れると、カメラの放列を通して、世界中の視線がストックホルムに向けられる。

授賞者の名前が発せられると、世界規模のクリスマス商戦に向かって、その著作はただちに翻訳されるか版を重ねる。同時にその作家は、アルベール・カミュ、セルマ・ラーゲルレーフ、アーネスト・ヘミングウェイ、ウィリアム・フォークナー、ネリー・ザックス、トニ・モリスン、スヴェトラーナ・アレクシエーヴィッチなどの受賞者とともに歴史に名を残す。これらの著者が連なるリストは荘厳でさえある。それゆえ、スウェーデン文化界の多くの人々がアカデミーに注目されることを切望している——その影響力は単なる資金援助以上のものなのだ。

この組織の強みはまた、生涯秘密を保持するという契約を会員と交わしていることだ。秘密は完璧に守られる。スウェーデン・アカデミーの賞や奨学金は、個人や団体が応募して得るものではなく、ただアカデミーが授与するだけなので、アカデミーは授与の理由を公表する必要はない。同様に、長いキャリアがありながら一度もスウェーデン・アカデミーから資金がもらえなかった作家は、その理由を知ることができない。

閉鎖的で外部の目が届かないスウェーデン・アカデミーの体質のせいで、同組織とフォーラムが具体的につながっていることを知っていた人は、ごくわずかだった。アカデミー会員の何人かが定期的にフォーラムを訪れるので、なんとなくつながりがあるのかもしれないと察せられる程度だった。

文化界の人々は、新しく選出された作家や文学研究者たちが、以前は足しげくフォーラムに通っていたことにも注目していた。スウェーデン・アカデミーの椅子を夢見ているなら、とりわけ書いているのが読者層の狭い文学なら、表立っては言わないまでも、フォーラムに顔を出すのは良いことだと考えられていた。アルベット・ボニエ社は、同社の作家がプログラムに登場するたびに、最高二万クローナ〔約二六万円〕をフォーラムに支払っていた。もちろん、他社より優位に立ちたいからだ。これにより、フォーラムの黒いプラスチック椅子に座っているサイレントマジョリティに近づくことができる。文化の世界で必ずしも高い地位にあるとは限らないが、文学には高い関心のある聴衆に。

そして、権力と金にも近づくことができる。

その後、私の調査がかなり進むと、カタリーナ・フロステンソンはフォーラムの文学プログラムを担当しながらも、スウェーデン・アカデミーの新人文学賞委員会の会長を二〇〇〇年代前半から務めていたことがわかった。彼女は、スウェーデン国内の若き作家や詩人の誰が経済的に報われるべきかの決定に関与していたのだ。彼女がこの任務に情熱を注いでいることは、他のアカデミー会員も知っていた。彼女が出版物を丁寧にフォローしていること、そして国内で最も鋭い読者の一人であることも。だから他のアカデミー会員は、彼女の推薦や拒絶にめったに反対しなかった。

二〇一七年、スウェーデン・アカデミーはフォーラムに年間一二万六〇〇〇クローナ〔約一六四万円〕の財政支援をおこない、ジャン＝クロード・アルノーにもいくつかの任務を与えていた。

スウェーデン・アカデミーはパリ六区のスタイリッシュなシェルシュ＝ミディ通りに四部屋のアパートを所有しているが、二〇〇五年以来、アルノーはそこの鍵を預かり、事実上の管理者になっていた。アカデミーの規約によれば、部外者は会員と一緒でなければこのアパートに宿泊できない。けれども長いあいだ、たいていは若い女性と一緒に、このアパートを使用してきたのはアルノーだった。ときには大きなパーティーを開くこともあった。不動産管理の報酬として、この数年アルノーは、旅費だけでなく年間数十万クローナ〔数百万円〕を受け取っていた。

スウェーデン・アカデミーはノーベル賞晩餐会直前にストックホルム市庁舎の地階レストランで「事前の交流会」を開く。そこでのホストとして、アカデミーはアルノーを何度も起用した。アカデミーの予算を使い、アルノーは軽食とシャンパンを購入する。ゲストが次々に到着すると、彼は歩き回って挨拶する。そして男性のアカデミー会員を自分の周りに集め、「私たち」を使って乾杯の音頭を取る。「長い一年が終わろうとしています。さあ、私たちの苦労をねぎらうために杯を空けましょう」

とはいえ、多くのフォーラム訪問者の関心の対象はスウェーデン・アカデミーではなく、フォーラムの活動そのものだった。彼らは熱心に参加した。フォーラムが開催したマルセル・プルースト・マラソンはその典型例だ。このイベントは、著名な作家たちが大作『失われた時を求めて』を読み通すという野心から始まった。第一章の朗読者は、アカデミー会員で本作をスウェーデン語に翻訳したグンネル・ヴァルクヴィスト。彼女がイベントホールの白い柱のあいだの椅子に腰かけた一一年後、作家のボディル・マルムステンが同じ場所で同作品の最終行を読み終えた。一〇年以上もの期間、聴衆は地下会場に集まり、朗読に耳を傾けた。朗読は、まるでミサのように毎週日曜日におこなわれた。一部の聴衆はこの本を熟読していたので、朗読者と一緒に長い文章をつぶやくことができた。

ルーヴェ

一五歳のとき、僕は音楽大学に進学するためにノルシェーピングからストックホルムに引っ越した。一九八六年、ローランド・ペンティネンとバネール通りのアパートに一緒に住みはじめた。彼は二三歳で、すでにコンサート・ピアニストとして身を立てていた。僕は二〇歳で、まだ学業が二年残っていた。そのころレストラン・プリンセンでビールを飲んでいると、ジャン＝クロードをよく見かけたね。当時流行していた長いポニーテールだった。僕たちの友人シアによると、彼は本物のドンファンだそうだ。別の友人で文学に詳しいオッレは、彼は詩人と結婚していると言っていた。一九八九年の秋、僕はパリに旅行したけど、フォーラムの初コンサートの前に帰国した。一九九〇年一月の雪の降る日、ローランドはヴァーサスタンの地下会場で演奏することになっていた。彼のグランドピアノが僕たちのアパートからフォーラムに運ばれ、あとで戻ってくると聞かされた。彼とジャン＝クロードがどうやって知り合ったのかは覚えていない。多分、シアが取り持ったんじゃないかな。それとも、レストラン・プリンセンでどっちかが話しかけたのかも。

とにかく、それは奇妙なことじゃないよ。ストックホルムは小さな街だし、ローランドは脚光を浴びていたし。

コンサートはクールだったね。ぼろぼろのコンクリート壁の地下室で、黒いコスチュームに身を包んだ若い聴衆が、ドビュッシー、スクリャービン、ショパンに耳を傾けていたんだ。どうしてあんなコンサートがストックホルムで実現できたんだろう？　パリかベルリンだけだと思っていたよ。じゃなきゃニューヨークか。まだフォーラムの名前は広まってなかった。僕にとって大きな魅力だったのは空間そのものだった。だから僕もここで演奏できませんかって、ジャン＝クロードに頼んでみた。ちょうどそのころ、僕はブラームスなどの新解釈で注目を集めていたところだったんだ。オーケーだったけど、彼はその前にミーティングをしたいって言うんだ。

僕たちは、王立公園そばのレストラン・ボードヴィルで会うことになった。ジャン＝クロードの態度は尊大で、愚かなことに、僕に尊敬の念を植え付けようとした。彼は、フォーラムのイベントはすべからく「正統派」であるべきだと言い、僕にはバルトークの『アレグロ・バルバロ』

を演奏してほしいと言ったんだ。それって、かなりワイルドな作品だよ。僕も負けずにやり返した。その作品は一二歳のときに演奏したことがあるけれど、今ではまったく別のレパートリーに挑戦しているってね。ジャン＝クロードは嫌そうな顔つきをした。だけど、どういうわけかその問題は僕たちのあいだで解消し、一九九〇年の春、僕はそこでバッハとブラームスを演奏した。ずっとあとになって、僕たちは『アレグロ・バルバロ』のことで冗談を言い合った——もうそろそろ、その曲を弾いてもいいんじゃないかって。でも、それは二〇一七年一〇月下旬まで実現しなかった。皮肉なことに、それは僕のフォーラム最後の公演だったよ。

一九九〇年の秋、ローランドと僕はフォーラムのコンサート責任者になった。別に選挙で選ばれたとか正式に任命されたわけじゃないよ。子どもの遊びみたいに、自然にそうなったんだ。僕たちはプリンセンでミーティングした。ジャン＝クロードが招待し、ローランドと僕が「こんなプログラムはどう?」と思いついたことを口にする。それは僕たちの得意分野で、フォーラムは格好の遊び場になった。コンサートホールや伝統的な音楽の世界を超えた場所。自由に創作できるアンダーグラウンド。僕たちへの支払いはほとんどなかったけど、それは問題じゃなかった。僕たちはステージを持てたんだから。

もちろん、数年後にアカデミーのバックボーンになるような人たちが、最初からフォーラムに来ていた。ビルギッタ・トロツィグ、アンデシュ・オルソン、クリスティーナ・ルグン、グンネル・ヴァルクヴィスト、それからホーラス・エングダール。でも、そこは彼らのクラブではなかった。だから僕たちは演奏できた。そこは、芸術と音楽のための場所だった。観客と出演者のための場所。時間が経つにつれ、事態はどんどん複雑になり、背後で噂がささやかれるようになった。だけど、最初は何もかもが、ずっとシンプルで楽しかった。

ジャン＝クロードには多くの異なる面があった。年を重ねるごとに、暗い面が強くなっていったみたいだね。でも三〇年間を振り返ると、そこにいるのは魅力的でおおらかな人物だよ。彼は社交術に長けていたし、話し上手だった。バランスが取れていたときは、愉快な話し相手であり友人だった。

僕は、早い段階で彼の虚言癖に気づいた。まるで子どもみたいに想像力を膨らませ、誇張し、自慢するんだ。文学の世界ではもちろん、カタリーナ、スティーグ・ラーション、ホーラスの名前を持ち出していた。音楽家たちには、オリヴィエ・メシアン〔一九〇八－九二。フランスの作曲家〕をスウェーデンに紹介したのは自分だと吹聴していた。真っ赤な嘘だけどね。それから、文化に関心のない人たちと一緒のときは、ストックホルムにジーンズの生地やピザを紹介したのは自分だとまで言っていたよ。

彼の承認欲求は底なしだと思うことがあった。それは彼の弱点であり、そうやって自分は傷つきやすい人間だと周囲にアピールしていたんだ。うん、ほとんど誇示するみたいにね。もちろん嫌なことだけど、人間らしいとも言える。

彼には、すぐにカッとなる傾向があったね。ときどき爆発していた。他人をひどく叱りつけることがあった――事務所の従業員はものすごく我慢していただろうね。明らかに、彼は家父長の役割を演じたがっていた。フォーラムでは、僕のような人たちを自分の子どものように見なしていた。本心かどうかはわからないけどね。でも、そんな気持ちは伝わってきたよ。演奏のあと、とびきりうれしそうにしていることがあった。まるで父親のように誇らしげに。彼は歩き回り、賞賛の言葉を投げかけた。そのとき、彼の芸術への愛情は本物なんじゃないかと思ったね、レストランでの自慢話とはまったく関係なくて。このときも、彼の外側に現れたのは子どもだった。ただし自慢話が好きな五歳の子どもではなく、純粋に喜ぶことを知っている子ども。僕は、そんなジャン＝クロードが大好きだったよ。

一九九一年の秋、ノルシェーピングの実家にあったグランドピアノがフォーラムに移った。所有者だった父とジャン＝クロードが同意したんだ。僕の練習用だったグランドピアノが、フォーラムでの実演に使われるようになって、僕はフォーラムに入る鍵を手に入れた。あれはストックホルムで超絶最高の場所だったね。ご近所さんに気をつかわなくていいんだから。僕は好きなように出入りできた。家には幼い息子がいたから、最初の数年間は主に夕方と夜に練習した。いつでも地下に姿を消せるということに、大いなる自由を感じていた。中学校の授業をさぼって教会のパイプオルガンをこっそり弾いていたときみたいに。僕にとって自由でいることは何よりも大切だったんだ。安全よりもね。

6

フィリッパがショートメッセージを送ってきた。私が話を聞けるかもしれない知人がいるという。

「深刻な事件だったので、彼女は被害届を出すことも考えています」

私はフィリッパに電話した。フィリッパの説明によると、彼女の知人は人文科学の博士課程におり、同じ大学の著名な研究者たち数名が――とくに彼女の指導教官が――直接、アルノーを知っているらしい。

その日の夜に彼女の知人リディアの携帯電話番号を教えてもらい、翌朝、私はふたたび防音室へ向かった。その秋のほとんどの時間、私は防音室に座って過ごすことになる。昼も夜も電話で誰かの話を聞くことになる。どこにもたどり着かない会話。楽しい会話。すすり泣きと沈黙が大部分の会話。説明されている出来事を理解したと思った瞬間に、それを複雑にする別の要素が明らかになる会話。私の心を震わせる会話。

けれども、あのような質問をすることに慣れる日はけっして来ないだろう。新しい人に連絡する前に、私は数分間座ったまま、画面に浮かぶ名前と電話番号を見つめる。すりガラスには一筋の透明なストライプがあり、中から編集部を見渡すことができる。上には大きな天窓があり、太陽が雲に隠れるたびに、編集部の中を影が走ってゆく。

リディアが電話に出ると、背後から人の声が聞こえた。彼女はすぐにドアを閉める。私たちのあいだにある沈黙は、「まだ覚悟ができていない」という彼女の不安の表れだ。その不安は私をも突き刺す。なぜならこの問題は、彼女のキャリアに深く関わっているからだ。それでも、このときの会話は長く続いた。匿名を条件に、彼女は話しはじめた。二〇一一年一〇月五日にストックホルムでおこなわれた美術展のオープニング・パーティーについて。彼女は三〇代で、子どもが二人いたが離婚したばかりだった。同時に、有名大学の博士課程に在学していた。美術展の後、彼女と友人たちはバーに行き、そこでジャン＝クロード・アルノーという年上の男性に会う。リディアは、彼がフォーラムの芸術監督であることを知っていた。リディアはそのカルチャーシーンにまったく興味がなく、そこを訪れたことは一度くらいしかなかった。すぐにアルノーは、彼女の大学の指導教官や有名な教授たちと親密な関係にあることを話しはじめた。彼女はこのことについてはあまり考えなかった。まあ信頼されているのは確かなようね。

彼女はセックスしたかった。だから、ストックホルムのヤーデットにある、アルノーが宿泊用に借りているアパートまでついて行っても、ややこしいことにはならないだろうと考えた。だが、思惑は外れた。彼女は、自分自身の欲求――肉体的な魅力を感じたこと――が性的暴行を悪化させたと言う。相互に了解していたはずの状況が、豹変してしまったのだ。

リディアは二〇一三年に初めて警察に行った。女性警察官に自分の体験を話したところ、間違いなく立件できるから絶対に被害届を出しなさいと強く勧められた。けれどもリディアは自分の名前を言わず、ジャン＝クロード・アルノーの名前も出さなかった。もうすぐ週末だったので、彼女は月曜日にまた来ますと約束した。だが、その約束は守られなかった。

二〇一七年一〇月、私たちの電話の数日後、彼女はふたたび同じ警察署に出向いた。彼女は#MeToo 運動からエネルギーをもらっていた。そして、記事に載ることより通報するほうが先だと考えた。だが警察署に着くと怖気づいてしまった。おろおろしていると、とりあえず重大犯罪部門の担当者と面談するように勧められた。いくら警察が秘密を守ると言っても、自分の名前が関係者に漏れてしまうのではないかと彼女は不安になった。「自分の世界すべて」を失うことになるのではないか。

「私の研究者としてのキャリア。私のプライベートライフ。恐ろしいことにあの男は、私や家族に何をしてくるかわかりません」

同年一一月末、リディアはストックホルムの警察署へ三度目の訪問をした。事情聴取とその後の法廷での尋問で、オープニング・パーティーのときからすでに自分は「誰かと一緒に寝たい」と思っていたと述べている。

彼女は、以前からジャン＝クロード・アルノーが「女たらし」だと聞いていたので、それなら都合がいいと思っていた。彼女の関心は恋愛関係ではなく「一夜のセックス」だった。

彼女がオーラルセックスをしているときに、彼が突然彼女の首を「強く押さえつけた」。彼の性器が喉に押し込まれたので、彼女は息をすることができず、「体中がパニックに陥った」。彼女は両腕に力を入れ、体を離そうとした。だが彼は力をゆるめず、彼女は身動きできなかった。それは「少なくとも三〇秒から一分のあいだ」続いたと彼女は考えている。

彼女が嘔吐しはじめたので、彼は彼女を床の上に放り出した。彼女が「シーツではなく、床の上で嘔吐する」ように。

リディアは事情聴取の中で、ジャン＝クロード・アルノーに突然首をつかまれるまで、セックスには「一ミリメートルも」暴力の兆候はなかったと述べている。彼の手がゆるくなったので、彼女は空気を吸うために仰向けになった。ショックのあまり「頭が真っ白になった」。彼は彼女の上に乗り、膣性交を始めた。彼女は何もできなかった。やめてと頼むことも、力で押しのけることもできなかった。彼が挿入している間、彼女は「凍っていた」。

事態はどんどん悪化していった。首を押さえつけられたとき、彼女は抵抗した。だがいまや、彼女は受動的に仰向けになっている。自分が物になったようだったと、私との最初の会話で彼女は語った。

「あれが自分だったとは、とても思えません。あの状態のことを考えると、私は自分で自分がわからなくなり、この事件について話すのが難しくなります」

ジャン＝クロード・アルノーに襲われたあとでも、なぜリディアは彼のアパートに泊まることを選んだのだろう？　事情聴取で彼女は、確かに理解しがたいでしょうねと語った。だが突然、彼女は起き上がることができなくなってしまったのだ。同じベッドで寝ている男性と対峙することができなくなってしまったのだ。暴力の余韻が体に残っていた。こんな事態はそれまで経験したことがなかった。彼女は心の底から恐怖を感じた。

翌朝、二人は同じタクシーに乗り、アパートを離れた。車中で彼がお世辞を言ってきたので、彼女は「かえって怖くなった」。この男は、また同じような攻撃性を見せるだろう。彼女はそう確信した。この状況からなるべく穏やかに抜け出したい。ジャン＝クロード・アルノーは、彼女を地下鉄の駅付近で降ろした。

リディアは私に、そしてのちには裁判でこう語った。当時はあの出来事が法律上どのように判断されるのか知らなかったと。

「彼の行為はきわめて不快で、私の品位を傷つけました。けれどもセックスのイニシアティブを取ったのは私なので、それで彼の行為はレイプに該当しないと思ったのです。オーラルセックスのときに受けた暴行についても同様です。二年後に警察に行ったときに、正しい知識を教えてもらいました」

法廷での彼女の証言によると、ジャン＝クロード・アルノーはさっそく翌日から電話を寄こし、また会いたいとしつこく迫ってきた。彼女は嫌だという意思をはっきりと示した。同時に、自分の声が非難がましくならないように気をつけた。あの男は自分が非難されたと感じると攻撃的になるだろう。彼女は彼に「落ち着いて」ほしかった。

二〇一一年一一月末まで、彼女は繰り返しアルノーからのディナーの招待を断った。するとアルノーは、彼女の親しい友人を通して連絡を取りはじめた。その女性は、ジャン＝クロード・アルノーとの関係で、職業上の危機に立たされていた。

リディアは不安になった。あの男は、私の友人に問題を引き起こすかもしれない。そして、私自身にも。

フォーラムの活動に積極的に参加し、アルノーと友人づきあいをしている人たちの中に、彼女と同じ学部の人たちが一〇名ほどいた。彼女の指導教官もそうだった。彼に反抗的だった女性のキャリアを、彼が「破壊した」ことがあると、その友人は語っていた。

リディアはまた、ジャン＝クロード・アルノーを何度も拒否すれば、彼は危険な存在になると感じていた。そう感じた背景には、自分の育ちが関係しているのかもしれない、と彼女は語る。

「突然、怒りを爆発させる人っていますよね。私は早い段階で怒りを読むのが上手になりました。だから私は、彼を遠ざけるためには妥協せざるをえないと感じました。何か小さなものをあげておけば、事態は悪化しないだろうと思ったんです」

リディアは、その友人を連れて、ジャン＝クロード・アルノーとの会食に行くことにした。その夜、彼は「気前がよく」て、好ましい面をいくつも見せた。調書によると、彼は大量のアルコールをおごったらしい。夜がふけ、友人はいつの間にか姿を消していた。地下鉄の終電を逃した彼女に、ジャン＝クロード・アルノーは自分のアパートに泊まるようにと、しつこく言い寄ってきた。リディアは、自分は絶対にセックスしたくないと強調した。そして、そのことを彼に理解させ確実に守らせようと、三回しっかりと念を押した。タクシーが到着する前、車中で座っているとき、そしてアパートの共同階段を上がるとき。彼女はこれらの場面を非常によく覚えているという。

アパートで彼女は彼にTシャツを貸してほしいと頼んだ。それから彼女は眠りに落ちた。彼女が目を覚ましたのは、彼が背後から体内に侵入していることに気づいたからだ。彼女は飛び起き、ベッドから出た。リディアが「取り乱して泣きはじめる」と、ジャン＝クロード・アルノーは憤慨して「僕は何もしていない」と言い張った。彼の態度は「脅迫的で怒りをあらわにしていたが、少々不安も混じっている」とリディアには映った。自分が一線を越えたことを、この人は知っている。彼の態度を、リディアはそう解釈した。

もう家に帰るとリディアが言ったので、彼はタクシーを手配した。彼はストックホルムのタクシー会社にアカウントを持っており、そこでは通常、フォーラムの名前で注文がおこなわれていた。アパートにいたくなかったリディアは、さっさと通りに出てタクシーを待った。

それでもアルノーは彼女に連絡し、ディナーに招待した。彼女はそれを「和解の申し出」だと感じた。同時に、ジャン＝クロード・アルノーが「彼の性的な行為を非難した」他の女性たちのキャリアをつぶす計画中だと語ったことを思い出した。肉体への暴力に加えて、この言い分も彼女にとって潜在的な恐怖になった。

彼女は彼に会い、きっぱり断言することに決めた。

「彼と会うことに興味がないと私が明言すれば、彼からの連絡は来なくなるだろうと考えました。ついでに、彼の敵になることを避けられるかもしれないと」

リディアはジャン＝クロード・アルノーに説明した。自分は、彼とセクシャルまたはロマンチックな関係をまったく望んでいないこと。前回起こったことはとんでもないことで、暴行と呼んでもいいくらいだということ。ジャン＝クロード・アルノーは、自分たちは友人同士のはずだと主張した。だから、フォーラムでレクチャーをしてはどうかと彼女に持ち掛けた。彼女は断った。すると、君はパリに旅行すべきだとしつこく説得しはじめた。僕はそこでスウェーデン・アカデミーのアパートに宿泊している。そこで「友人として」つきあおう、パリでは君のキャリアに重要な人物を紹介してあげるよ。彼はそう畳みかけてきたが、彼女の返事はノーだった。

食事が終わったあと、アルノーは、自分とカタリーナ・フロステンソンが住むアパートにある芸術品を見せたいと誘った。彼女は事情聴取で、それに従ったのは「ものすごくナイーブ」だったと述べている。だがこのとき、恐怖心はあったものの、彼女はどこかで安心していた。アルノーは、ディナーの最中に彼女が言ったことを本当に理解し、尊重しているように見えた。同時に、すでに彼からの提案の多くを拒否してきたので、この誘いも断ると、彼が攻撃的になるかもしれないとリディアは恐れていた。

私たちの会話では、夫婦のアパートに行くのだから安心していたとリディアは説明した。フロステンソンが在宅かもしれないし、それに不在だとしても、まさか妻と一緒に住んでいる家で、他の女に悪いことはしないだろう。彼は過去の出来事を心配している様子だったが、彼女はそのことについては深く考えなかった。

彼はアパート中を案内した。彼女が寝室の絵の前に来たとき、彼は彼女をベッドに押し倒した。全体重をかけて彼女の上にのしかかった。彼は「ものすごく重かった」。そして彼女の服を引き裂きはじめた。

リディアはなんとか「彼を押しのける」ことができ、そこから状況は急変した。このとき彼女は、これは「古典的なレイプ」だと思った。すぐに家に帰りたいと彼女が言うと、ジャン＝クロード・アルノーはタクシーを呼び、支払いをした。

それからも、彼は絶え間なく彼女に接触しようとした。彼女が返事しないでいると、彼は彼女の親友をパリに招待した。その親友を通じて自分を操作しようとしている、と彼女は感じた。彼女もパリに来るようにと彼はしつこく迫った。リディアは、状況が自分の手に負えなくなっていると感じはじめた。彼と二人きりの友人を心配し、結局、自分もパリに行くことにした。ただし、自分の一歳の娘を連れて行くから、夜は友人と同じ部屋で寝ることを条件にした。それなら何も起こらないだろうと彼女は考えた。そこで週末にパリへ行き、大部分の時間を自分の子どもと友人と一緒に過ごした。重大な事件は起こらなかった。だが事情聴取でリディアは、ジャン＝クロード・アルノーの態度は攻撃的で、そこから「不愉快な状況」が発生したと語っている。

その後も彼は、数ヶ月間、彼女に連絡を取りつづけた。だが、彼女はまったく返事をしなかった。それなのに二、三年経ってから、番号非通知で彼女に電話をして怒鳴りはじめたという。彼女はすぐに電話を切った。

最初の会話で私はリディアにこう尋ねた。彼の性的暴行について他の人に話したことがありますか？　ええ、と彼女は答えた。事件が起こるたびに、信頼している何人かに話を聞いてもらったと。

「オーラルセックス事件から一、二週間後と、ジャン＝クロード・アルノーに二回目に会う前に、セラピストにも話をしました」

リディアとの会話が終わったとき、人差し指の震えが止まらず、携帯電話が使いづらくなった。彼女が話した情報はすべて真実なのだろうか？　インターネットには、そんな噂はまったく出ていないのだけれども。

二〇一七年の秋には、たとえフラッシュバック〔匿名で書き込めるネット上の大型掲示板〕でも、そのような情報は見つからなかった。

それでもグーグル検索を続けると、クリスティーンが話していたダーゲンス・ニューヘーテル紙の記事にたどり着いた。そこではホーラス・エングダールが、友人のジャン＝クロード・アルノーに敬意を表していた。

「彼のライフスタイルは素晴らしい。あれができるのは彼くらいのものだよ。あのセンスも独特だ。彼はフォーラムを若い男性のためのライフスタイル学校にすべきだよ」

私はこの発言の画面を保存（スクリーンショット）した。スマホでリサーチをしているときに見つけた情報はすべてそうしている。ジャン＝クロード・アルノーのインタビュー記事にはいくつも目を通したが、それでも彼の具体的な人物像はイメージできなかった。

雑誌「ジューイッシュ・クロニクル」の二〇一〇年のある号で彼は「ヨーロッパ文化に広く精通している」人物として紹介されている。そして文化は、「少々スウェーデン的に」言うと、彼にとって「生きる喜び」なのだそうだ。

「どうやったらそれほど大量に書物が読めるのですか」と尋ねられ、アルノーは、自分は映像記憶でテキストが覚えられる、だから学生時代の勉強は楽々だったと答えている。「授業で必要な文献を素早く読んで、それから一晩中パーティーしていた」そうだ。エルサッツ社が刊行することにしたエッセイ・シリーズについての記事でも彼は知識人として扱われていた。二〇〇八年のダーゲンス・ニューヘーテルの記事でジャン＝クロード・アルノーは編集者としてインタビューを受け、壮大かつ深遠なプロジェクトに取り組んでいると話す。「目標は、一年に七作品を出版することです」

私には、彼にそんな仕事が務まるとは思えなかった。アルノーが女性たちに送った文書の一部を入手したが、メールはとても読めたものではなく、ショートメッセージは無駄に長かった。

その記事は、彼が一九六八年の五月革命に積極的に参加したこと、兵役を拒否したので刑務所に入れられたこと、パリではオペラ監督としてキャリアを積んでいたことを報じていた。

一時期アルノーと関係があった女性は、彼の話を眉に唾をつけて聞くようになったと語る。

「でも、何が真実なのかを正確に判別するのは無理でしたね。明らかに重大なものごとについては本当のことを言っていましたから。たとえば、ノーベル賞受賞予定者は誰なのかとか、次にスウェーデン・アカデミーの会員に選ばれるのは誰なのかとかね」

私がたどり着いたフォーラムのウェブサイトによると、二〇〇八年にアルノーは「自然と文化」社から文化賞を授与されている。授賞理由は、その芸術的才能を用いて「スウェーデン国内および国際的なエリート芸術家の多数から、その深い内面の力と最大の表現力」を刺激し引き出したことだそうだ。

二〇一五年、スウェーデン政府はアルノーに、北極星勲章の「第一級騎士」〔序列では五段階のうち四番目〕を授けた〔二〇一九年五月に撤回された〕。

フォーラムのウェブサイトには、式典からのプレス用写真として、文化大臣のアリス・バー・クンケと並んで立つアルノーの写真が掲載されている。二人は、白くて広いパーティー会場にいる。背景にある一台のテーブルの上には、これから始まる立食パーティーにふさわしい、しゃれたミニサンドイッチが並んでいる。アルノーは黒い髪を後ろになでつけ、まるでコートのような、粗い生地できた襟の高いジャケットを着ている。そしてカメラに向かって、星形の勲章を差し出している。ワインレッドのベルベットの上で輝く、八つの頂点を持つメダル。黒いドレスを着た大臣は、その様子を見て微笑んでいる。

しかし、彼が推薦されたのはこれが初めてではなかった。調査を進めるうちにわかったことだが、すでに二〇一三年にアカデミー会員のペール・ヴェストベリがジャン＝クロード・アルノーを北極星勲章に「強く」推薦していたのだ。ヴェストベリは、スウェーデン・アカデミーの公式便箋を使い、勲章にこれほど値する人物は稀《まれ》であること、彼の功績がこれまで勲章をもって報いられなかったのは理解に苦しむと書き綴っている。

私が検索していると、#MeToo 運動のある記録にたどり着いた。この運動がどのようにして、目に見えない体系的な抑圧を暴いていったのかを記している。その著者は、カタリーナ・フロステンソンの詩から一行を引用して締めくくっている。アルノーについての調査中にそれを読むのは、楽しい発見とは言えなかった。フロステンソンはその詩の中で、イルヴァ・エッゲフーンの賛美歌で遊んでいる。「恐れることはない。そこには秘密の兆候があるから」

カタリーナ・フロステンソンの詩では、その一行はこう変更されている。「恐れなさい。そこにはパターンがあるから」

ジャン＝クロード・アルノーの名前をさまざまな検索フィールドに入力すると、探しているのは私だけではないことがわかる。私はインスタグラムその他のソーシャルメディアの投稿を遡り、彼の写真や文章に好意を寄せる人を調べた。星やハートの目が付いた絵文字を送る人。定期的にフォーラムを訪れ、彼と一緒の集合写真に写りたがる人。偉大な作家と知的なフェミニスト。以前の政権および現政権で文化政策を担当する政治家たち。若い文芸評論家、ラディカル派の詩人、出版界の大物編集者たち。彼らの名前を見ていると、私が最初に覚悟したことを思い出した。フォーラムの芸術監督を調査しようと思えば、その対象はアルノーだけでなく、彼を取り囲む世界にまで広がるだろう。そして、おそらく一年以上はそれに取り組むことになるだろう。

7

フォーラム発祥の地を問われれば、それは一九世紀末からストゥーレプラン界隈で営業を続けているレストラン・プリンセンだと答えることになる。店内は大きく、独特の暗い世界をつくりだしている。壁の鏡がゲストの動きを倍増している。通りに面した窓には日よけが覆い、窓の一部はステンドグラスになっている。時間の感覚を忘れ、通りから見られずに酔える場所だ。

八〇年代、レストラン・プリンセンは、ストックホルムの若い文化人およびメディア・エリートが夜に集う場所だった。店内は常に盛況で、人々は頻にキスをし、暗い木製のボックス席に詰めて座っていた。小さなエントランス・ホールには電話機があり、ワードローブのスタッフに今夜来ている客の名前を尋ねることができた。

理想主義的な七〇年代のあと、ここに集った世代は都会的な退廃を求めていた。「自然に帰ろう」とか「庶民的でいよう」なんてまっぴら御免だった。代わりに髪をブリーチし、派手な口紅をつけ、ほかの誰も知らないような知識を披露することを選んだ。彼らのファッションや音楽についていくには、特別な関心が必要だった――たとえばロンドンの目立たないレコード屋にでも喜んで旅行するとか。そして新しければ新しいほど、ステータスは高かった。前途有望な若者の名前は、新しいエンターテインメント雑誌に取り上げられた。彼らはしばしばプリンセンで写真撮影した。レストランは顧客サービスとして、大切な常連客には専用のワインカップを与えた。バーカウンターの背後で、ワインカップは番号順に一列にぶら下がっていた。番号が小さいほど客としての価値が高かった。

そのころジャン＝クロード・アルノーは、ほぼ毎晩プリンセンに来ていた。もうすぐ四〇歳で、「3」と番号が付けられたワインカップで赤ワインを飲んでいた。レストランでは壁を背にして座ることを好み、自分の周囲の出来事をすべて見ておきたいと切望しているようだった。ときおり、彼が自分の気に入る席を見つけるまでテーブルの周囲を移動しているあいだ、同伴者たちは少々気まずく、立ったまま待たねばならないことがあった。

彼は黒髪を後ろに束ね、ほとんどいつも黒い服を着ていた。ストックホルムに現われて以来、彼はそのスタイルを維持していたが、プログレッシブ・ロックが流れる六〇年代に黒は珍しい色だった。

アルノーはすでにストックホルムのナイトライフでその名を馳せていたが、雑誌「クリース」を創刊したグループとつきあいだしたのはこのころだった。クリースは、ヨーロッパ大陸の思想家の作品を翻訳し、「アンダーグラウンド大学」を自称する小さな雑誌だった。やがてこの雑誌は同時代の精神の象徴になった。早い段階でクリースは、七〇年代の倫理的価値を論破すると宣言した。彼らが提示したかったのは、未知のものに開かれた文学だった。編集メンバーのスティーグ・ラーションのデビュー作『自閉症者たち』は八〇年代を代表する作品となった。この小説は年代順に書かれておらず、大都市とスウェーデンの小さな町のあいだを移動し、同時に愛撫と暴力のあいだをさまよう男性たちを一人称で描いているが、そこには善悪の価値判断はない。ときには明晰な、ときには眠気を誘うような筆致で、食べ物とオルガズムから遊園地と性的暴行までが記述されている。アルノーは高度な文学的議論にはついていけなかったが、仲間内では明確なポジションを占めていた。彼には別の役割があったのだ。

文芸評論家のホーラス・エングダールは、後にスウェーデン・アカデミー会員に選出され、一〇年間その事務局長を務めることになるが、クリースにおいて最も精力的に執筆した人物だ。物語の中にいたいという思いが人一倍強かったのだろう。

エングダールは軍人の一人っ子で、幼いころから読書に逃避していたと述べている。とりわけ、冒険ストーリーをむさぼるように読んだ。彼は長らく人生を戦争のようなものとたとえているが、その概念は早くも子ども部屋で芽生えたようだ。

大学に進学したとき、彼はとくに一九世紀のロマン主義に没頭した。そして、宇宙と人間を合理的に理解しようという啓蒙主義の世俗化に反対した。そうではなく、神秘と美しさを強調したかった。まるで神のように未知の世界を新たに創造した詩人と作曲家を称賛したかった。人類は多くの点で、芸術が宗教に取って代わることを許してきたではないか。

エングダールは、八〇年代半ばに『ロマンス派のテキスト』でデビューした。批評家によると、これはスウェーデンのロマン主義に命を吹き込んだものらしい。彼はダーゲンス・ニューヘーテルにも採用され、同紙に論争的な文章を掲載した。それが批判されると、これは自分を破壊する試みだと反論した。彼は絶え間ない攻撃にさらされたが、勝ったのは自分だと常に主張していた。

戦いに参加したいという願望がエングダールから離れることはなかった。彼にとって戦いとは常に白か黒かに分けられるもので、この比喩は彼のキャリアを通して続いた。序列への愛も強く、スウェーデン・アカデミーではカタリーナ・フロステンソンに自分を「提督」と呼ばせることがあった。その態度は彼の知的で繊細なエッセイと矛盾しているように見えるが、彼を長年知っている人たちによると、エングダールは二つの異なるレベルで行動する人なのだそうだ。

愛と死についてはカ強く共感のこもったモノローグを書くことができるが、身近で具体的な問題については聞くことも語ることも苦手だった。

仲間内では、彼はエバ＝ヴィット・ブラットストロム〔一九五三―。スウェーデンの文学者。一九八九―二〇一四年にエングダールと結婚していた〕に会うまで、女性との深い関係はなかったのではないかと言われている。

一方、エングダールは男の友情に大きな夢を持っていて、それをクリースの中で見つけた。二〇〇九年に出版された、アンデシュ・オルソンの友人たちが文章を寄せた本『言葉の陰画《ネガ》』に収録されているエッセイで、「ロマン主義的なサークルの復活」に対する彼の渇望に、クリースの編集活動が応えてくれたと述べている。

本物の芸術家は歴史にその名を永遠に留めるために創造するとエングダールは強調する。同時代の読者のためではない――彼らは挑発されたと感じ、背を向けるだけだから。サークルに所属することで、はかない「今」を超えて自分を高めることが可能になる。「大衆の残酷さ」に抵抗することができる。

彼は、周囲の世界に流されず団結し、「自らの神話を育んだ」歴史上のサークルの重要性について執筆している。

多くの二〇世紀の男性芸術家グループと同様に、クリースは自分たちについての伝説を創り、広めることに成功した。エングダールと作家のスティーグ・ラーションは、最初に出会ったときの話を何回も繰り返したため、二人が「国家システムとイデオロギー」という講演のあとに出会ったことは、文壇ではあまねく知られている。一九七七年四月、エングダールの世界観はラーションに出会ったことにより一変する。エングダールがいた学問の世界では、どんな主張でも丹念に立証する必要があった。一方、ウメオ出身の二一歳の労働者階級の青年スティーグ・ラーションは驚くほど賢くて社交的だが、子どものようにおしゃべりで怖いもの知らずだった。エングダールにとって、そのような組み合わせは存在しなかった。ラーションは、「世の中で名を知られたいとか、新しい時代の精神を創りたいと思っているのなら、ただ始めることだ」と言い放った。エングダールは、この新しい友人が、彼だけでなく「サークルの他のメンバー」にも自信を植え付けたと考えている。

ラーションは、すぐにアンデシュ・オルソンに紹介された。オルソンは、友人のエングダール並みの野心と好奇心の持ち主だが、社交の面では正反対で控えめだった。オルソンはまた、ラーションに会ったとき一緒に雑誌をつくらないかと言われ、「脳内に閃光が走った」と語っている。

オルソンとエングダールはどちらも、ストックホルム大学文学部教授でアカデミー会員であるシェル・エスプマルクの博士課程のゼミに出席していた。カタリーナ・フロステンソンも彼の学生の一人だった。エスプマルクが私に語ったところによると、彼はその時期何度も、自分の学生たちから深い感銘を受けたそうだ。彼はそれまでも、そしてそれ以後も、これほど才能に恵まれ、かつ読書量の多い世代に会ったことがないと言う。その次の世代には、新しい種類のエリート主義が生まれてしまった。

「あの時代には、批判はそれが対象とする作品と同レベルであってはならないとする傾向がありましたね。場合によっては、それを超越すべきだと」

エングダールは自分のエッセイの中で、ロマン主義的サークルは、共通の意見や「生物学的関係」ではなく、「選択」に基づいてつくられると述べている。

クリースには次々と才能ある文筆家が集まるようになり、雑誌製作に費用がかけられるようになった。ラーションは天命を得たと感じ、永遠について執筆した。自伝『終わりに向かっていると感じるとき』(二〇一二)の中では、アンフェタミンを飲むとプレゼンテーションがうまくなることを発見したと語っている。だが同時に、そのドラッグが義務になったとも感じた。彼はその後の数十年間、芸術家とは、異質で不確かな存在であるべしとの思いを強くしていった。他の人と同じように五時に仕事から家に帰り、「自転車の荷台にチャイルドシートを取り付けた、ごく普通の親」になるなんて、とんでもない。

ジャン＝クロード・アルノーとカタリーナ・フロステンソンがフォーラムを開いたとき、芸術への信仰が教会を得た。

＊＊＊

自己紹介するとき、ジャン＝クロード・アルノーはアーティストだと名乗った。写真家になることもあれば、舞台監督や映画監督になることもあった。パリでも活躍していると吹聴し、オペラハウスを運営したこともあると語った。それから一緒に住んでいる女性のことも――カタリーナ・フロステンソン、ナイトライフではさかんに噂されているが、けっして姿を現さない詩人。ヴァーサスタンの二部屋のアパートに座り、執筆する女性。男ばかりのクリース編集部における大きな例外であり、世間から身をひそめて暮らしているにもかかわらず、八〇年代文学の最大の象徴と呼べる作家。スウェーデン・アカデミーの会員になるとしたら、スティーグ・ラーションではなく彼女だろうという噂は早くからあった。アルノーがこの話題を持ち出すのは稀ではなかった。

アルノーのポジションは部分的にフロステンソンに依拠していた。多くの人は、彼女の執筆にとって彼は重要な存在だと認識していた。だが同時に、コスモポリタンを目指す若い世代の文化人たちも彼のポジションを支えていた。新聞雑誌は、ストックホルムのナイトライフで好ましいゲストになるのに必要な「社交スキル」について好んで取り上げていた。ラーションは、雑誌「エンターテインメント・ライフ」で、スウェーデンではレストランでの振る舞い方を知っている人はほとんどいないと述べている。

二〇一八年一〇月の取材で、ラーションはアルノーに初めて会ったときの様子を語ってくれた。「七〇年代後半だったね。俺に見られていることに、本人は気づいていなかった。ものすごくきれいな女の子たちに囲まれていたけれど、うまく振る舞うことに慣れていた。俺は遠目でそれを見ていたよ。当時の彼は、俺と同じくらい有名人だった――メディアに登場するという意味ではなく、社交上手ということでね。目立っていたし、よく噂になっていた。それで彼に近づき、声をかけたのさ」

クリース編集部の男性たちは、大きな野心は持っているが社交下手だったと、彼らに近い人たちは評する。柔軟性の欠如や自己陶酔という表現も聞かれる。アルノーは彼らがナイトライフで成功するのを助け、サークルが始動することに貢献した。

詩人のサンナはときおり、プリンセンで彼らと同席した。彼女はちょうど初の詩集を出版し、文壇に突破口を開いたところだった。そしてプリンセンでは「50」と番号のふられたワインカップでワインを飲んでいた。当時の雑誌に載っている写真では、彼女は暗いテーブルの一つに座り、タバコを手にしてポーズを取っている。別の雑誌では、大きなライトグレーのダウンジャケットを着て、作家のマーレ・カンドレとカリーナ・リュードベリ〔一九六二―。小説家〕と一緒に写っている。

サンナは、アルノーが低姿勢で、常に自分のパーソナリティを抑えようとしていたことに関心を持った。

「彼はワインを勧め、頬にキスをし、目立たないように世間話をしていました。ホーラス・エングダールとサークルの残りの人々は、彼からお墨付きをもらいたいと思っているようでした。文学談議に積極的に耳を傾け、秘密の笑顔とともにワイングラスに口をつけるフランス人。そこには飲み物を完全に別のレベルで理解していることが表れています。エングダールたちが必要としていたのは、そんな人物です。彼は素晴らしい経歴を持っているという噂でしたが、実際にどうなのかは誰も興味を持っていないようでした。私の目に映った彼は、エングダールたちが自由に中身を埋められる空っぽの人形でした。エングダールたちがそうであってほしいと望む人物に、彼はなっていたのです」

ホーラス・エングダールは自分が持っていない経験を持つ男性を賞賛する傾向があると、彼をよく知る人たちは口をそろえて証言する。

二〇一八年九月、私がアルベット・ボニエ社でエングダールに会ったとき、彼は極端を好む人間についてオープンに語った。精神病院に入院し、その後、健康な世界に戻ったけれど、今度はその世界が退屈でまったく興味を持てなくなった人たちがいる。恋愛関係においてだまされることを切望する人たちもいる。

「あなたは、とくに何かを創造したいのであれば、極限に近づく生き方を見つけなければなりません。行き過ぎ、やり過ぎのない人生を送りたいのなら、秩序は残るかもしれませんが、同時にそれは完全に無意味なものになるでしょう」

八〇年代の友人グループの中では、彼は落ち着いた家庭生活を送っていた。そして、ハイカルチャーの世界を戦略的に上昇した。一人で目立つことはめったになかったが、常に親友のラーションやアルノーと一緒にいた。つまり、限界のない芸術家と偉大な誘惑者を伴っていたのだ。エングダールのそばにいる人たちは、あの二人はエングダールに欠けている経験の象徴だと見ていた。四時間続いたインタビューの中で、エングダールは、アルノーが「不適切な」行為をするのを見たことがないと断言した。友人について語る彼の声には熱がこもっていた。

「私たちのような人間には、一人で長々としゃべってしまう傾向があります。あるいは反対に、ただ座ってテーブルに視線を落としているだけとか。ええ、本当に不格好ですよね。でも、ジャン＝クロードには、そんなことはありませんでした。彼には神秘な雰囲気がありました――世界を知る男のカリスマが。レストランでうまく振る舞う術を心得ていました。ウェイターとの関わり方、与えるチップの量。些細なことのように思われるかもしれませんが、社会システムの多方面の微妙な知識を持っていることは、きわめて重要です。よい生活を送る前提条件なのです。パリでの彼の振る舞いを実際に見たことがあります――まさに達人でした！　私は彼から学びました。ジャン＝クロードの贔屓《ひいき》のレストランに足を踏み入れたとき、自分は特権グループに属していると感じました。そこで彼は、人の嫉妬をあおるようなことをしたんです。レストランで一緒に座っていると、そこへ入ってきた若い女性たちは、すぐに彼に吸い寄せられてしまいました。私なんか、ほとんど無視でしたよ。同じテーブルにいるのに、見ているのは彼だけ。パリでは、ジャン＝クロードのような人は一般的なようですね。でもスウェーデンでは、彼の存在は目立ちます。彼のマナーとアクセントがね。それからよき人生に対する態度と、おそらく女性に対する態度も。彼はやがてスウェーデン・アカデミー周辺のサークルに属するようになるのですが、それでも彼はそのサークルに統合されていませんでした。珍しい鳥のように、彼の周りには常にオーラがありました。そして、私は彼の大きな疎外感を間近に見ていました。ええ、私にはわかるのです。私は受け入れられたと感じたことはありません。基本的に、私はいつも見知らぬ人と見なされてきました。どれほど人気が出ても、どれだけ成功しても、私は仲間の一員にはなれませんでした。だから私にはジャン＝クロードの疎外感を感じることができたのです」

8

大都市の荒々しい音が、高い建物の上まで聞こえてくる。眼下のマルセイユの路地からは、鋭いブレーキの音、サイレン、不明瞭な叫び声が上昇してくる。このカフェは、ショッピングセンターの屋上にある。私がここへ来た理由は、立て続けに二回も携帯電話の充電器を失くしてしまったからだ。屋上テラスの端には、「ファンタスティック」という言葉が書かれた、キラキラ輝く大きなアーチがあり、その向こうには大きな街が広がっている。

私は最近、ジャン＝クロード・アルノーがマルセイユの六区で生まれたことを確認した。彼の母親ジャンヌ・アルノーは、エドモン・ロスタン通りのアパートに住んでいた。白い壁面《ファサード》と小さな濃い緑色のドアのある、ひっそりした建物だ。今日の昼、私がそこを通りがかると、路地に照りつける太陽は、劇的なコントラストを作りだしていた。開け放たれた鎧戸が、家の壁にくっきりと縞模様の影を落としていた。

二〇一八年の秋、私はフランスで取材をおこなった。目に入るものはほぼすべて写真に収めた。前年の体験から、そうする必要があると感じたからだ。

第二次世界大戦の終結から一年後の一九四六年八月一五日にアルノーは生まれた。当時、彼の父親ジョルジュ・ピンクスタインもマルセイユにいたが、ジャンヌとは一緒ではなく港湾地区に住んでいた。大戦中、小路が入り組む港湾地区にレジスタンスとユダヤ人が住んでいると疑ったナチスは、そこを空爆した。アルノーが生まれたころは、ようやく再建の兆しが見えていた。

ジャン＝クロード・アルノーの両親は結婚していた――ただし、別々の相手と。子どもが生まれたのは不倫の結果だが、それは第二次世界大戦後においては、通常のスキャンダルよりも非難すべきものだった。

一九四〇年の夏、パリがドイツ軍に占領されると、ユダヤ人住民のあいだに恐怖が広がった。多くの人が南に逃げることを選んだので、マルセイユに通じる道路には不安な顔つきの人たちが押し寄せた。その中の一人がジョルジュ・ピンクスタインだった。妻を伴ってマルセイユに到着したとき、彼は二〇代で長身、赤毛で魅力的な青年だった。

ジョルジュの生家は貧しいユダヤ人家庭だった。両親は東ヨーロッパのユダヤ人迫害「ポグロム」から逃れてきた。家族の歴史には、生き残るための戦いと、アイデンティティの変化が含まれている――必要に応じて、いつでも自分自身を新たに発明していたからだ。

ジョルジュの母親はパリに着くとユダヤ人の名前をフランス風に変えた。スクラップ・ディーラーだった父親は単純な詐欺に巻き込まれたあと一人で東ヨーロッパに戻ったが、ホロコーストを生き延びることはできなかった。

ジョルジュは早い段階で、自分のことは自分でせざるをえなかった。文学と音楽に興味を持ち、文化を独学したあとに、セールスマンとして輝かしいキャリアを築くことになる。

一九四二年一一月、マルセイユも占領され、すべてのユダヤ人は市役所に登録するように命じられた。呼びかけのチラシが街中に貼られ、大多数は従った。彼らは国家と正義を信じていた。だが、懐疑的な世界観を持つ人たちは反対した。街のユダヤ人人口は、その後の数年間で壊滅的な打撃を受ける。そして、将来の世代にも深い傷跡を残した。

ジョルジュと妻は、登録しなかったグループに属した。人々から遠ざかり、もしも通りを歩くことがあれば、他人の動きに注意を払い、自分たちは見られないように警戒した。突然ドアをノックされること、不意に肩を叩かれること。これらによって自分たちの運命が変わってしまうことを、彼らは熟知していた。

戦争が長引くと、生き残ったユダヤ人は、ますます他人の善意に頼るようになった。見知らぬ人の家に隠れることができるか否かは、往々にしてお金、または社会的人脈によって決定された。新しい状況にもぐりこめるかどうかは、生か死かの問題になった。

混沌《こんとん》とした戦争の時期、あるいは終戦直後に、ジョルジュとジャンヌとの関係が始まった。彼女はフランス南西部の小さな村のカトリック家庭の出身だった。後年、息子のジャン＝クロードは「母親は女優だった」と主張したが、実際はお針子だった。ジャンヌの夫は戦地の混乱の中で行方不明になった。おそらく彼女は、もう夫は永遠に戻らないと思ったのだろう。だが彼は生き残り、周囲が「裏切りよりもひどい」と見なしていた家庭に帰ってきた。

第二次世界大戦はフランスに、このうえない国家的トラウマを与えた。村には死者の記念碑が建てられ、ドイツ兵と付き合ったフランス人女性には憤怒が向けられた。フランスが解放されると、彼女らの髪は剃られ、怒り狂う群衆の前に突き出された。

その後間もなく、夫が投獄または遠い戦地に従軍しているあいだに不倫をした女性たちが、憎悪の対象になった。

ジャン＝クロード・アルノーは、そのような関係から生まれた。当時の法律によれば、戸籍上の父親は生母の夫ということになる。そのため、彼には父親の姓が付けられた。

戦場から帰宅した夫は、公的には自分の息子になった、赤の他人の子どもについてどう思っただろう？　ジャン＝クロード・アルノーの母親はどんな人物で、その後の人生をどう生きたのだろう？　私たちは、彼女の親戚に連絡を試みたが、うまくいかなかった。私の質問に答えてくれる書類も見つからなかった。一つ確かなことは、息子の誕生から数年後、離婚がまだ珍しかった時期に、彼らは離婚したということだ。

他の人々の証言によると、アルノーは母親のもとで成長したのではなく、乳母と一緒に暮らしたそうだ。それは親密な関係だったと、アルノーは自分の愛人たちに語っている。だから、彼女から引き離されたときは悲しかったと。

ジャン＝クロード・アルノーは、最終的には実の父親に引き取られた。

ジョルジュ・ピンクスタインは再婚し、さらに子どもをもうけた。彼は木材会社のセールスマンとして働き、社内で頭角を現した。家族が増えたため、ラバトー大通りに新しく建設された大きなアパートに引っ越した。そこはマルセイユの富裕層のエリアであり、住民の多くは医者かエンジニアだった。ラバトー大通りのアパートの向かいには、近所の子どもたちが遊ぶ大きな公園があり、アルノーは楽しい時間を過ごした。ジョルジュ・ピンクスタインは、四人の女性との間に六人の子どもをもうけた。アルノーの母親以外の女性とは結婚していた。婚外子であるジャン＝クロードはきょうだいの中で唯一ピンクスタインというユダヤ系の姓を持たず、正式に家族の一員になることはなかった。

私は、調査を手伝ってくれるフランス人ジャーナリスト、アントワーヌ・ジャコブと一緒に旅行した。その間、私はフランス語を一言も話さなかった。アントワーヌが果敢にインタビューし、文書を請求する傍ら、私はただ突っ立っていた。

文化の世界では、多言語ができるべしという無言の圧力がある。だがアルノーは、本人が主張するほど理想的なコスモポリタンではなかったはずだ。私が話した何人かによると、本人はエリート大学のパリ高等師範学校（エコール・ノルマル）で学んだと主張している。別の人々によると、彼はソルボンヌ大学で哲学を専攻したそうだ。しかし、どの話も真実ではない。アルノーは父親と同じく文学と音楽に興味を持っていたが、やはり独学者だった。学校の勉強を楽にこなせるタイプではなく、エリート大学に通ったこともない。彼が高校で受けた教育は電気技師になるためのもので、大学進学資格は満たしていない。

彼はスウェーデンの新聞に対し、兵役を拒否したため刑務所に入れられたと語っていたが、これも真実ではない。兵役に志願し、海軍基地で電気技師として働いた。一九六六年一二月に除隊したとき、彼は二〇歳で、自宅住所はラバトー大通りのままだった。

アルノーが一九六八年にストックホルムに現れるまでの二年間は、謎に包まれている。本人はリビング・シアター〔アメリカの実験的劇団〕のツアーに参加していたと主張しているが、当時この劇団を率いていた三人は、とんでもない話だと否定している。また、一九六八年のパリ五月革命でも、彼が特別な役割を果たしたという証拠はない。その運動の歴史的インパクトは大きいが、参加していた者たちの社会階層はかなり狭かった。ジャン＝クロード・アルノーは、この運動について書かれた書物にまったく登場しない。抗議運動に参加した人たちも彼の名前を知らない。おそらく彼はその期間パリにいて、この出来事を目撃した何千もの人々の一人なのだろう。デモ隊の背後で、石畳を壊して投げつける物を作るくらいはしたかもしれない。歴史の一場面に登場したのと同じスピードで、そこから退場したのだろう。

9

一九六八年、ジャン＝クロード・アルノーがストックホルムに到着したとき、カタリーナ・フロステンソンは一五歳で、ソレントゥーナの高級住宅街に住んでいた。彼女の母親はソーシャルワーカーで、父親は農学者だった。父親はまた、すでに六八年に市場経済と自由貿易を主張した政治思想家でもあった。一九八〇年代にスウェーデンを席巻した新自由主義を六〇年代に予見していたので、後年は時代の先を読んだ人物と評された。

フロステンソンの少女時代を知る人たちは、彼女が常に男性に囲まれていたことを覚えている。彼女は近づきがたい雰囲気を持ち、必要なことしか話さなかった。そして口にする文章は的確だが一方的だった。言葉に対しては鋭い感性を持っていた。また、私生活について話すことはめったになく、この沈黙がさらに大きな魅力となった。フロステンソン自身による物語がないことが、多くのファンタジーを生みだし、人々は彼女を「妖精」、「マドンナ」と呼んだ。数十年後にも同様の言説がスウェーデンのパブリシティを賑わし、彼女を人間以外の何か――「氷の女王」、または無垢な「雪娘《ゆきむすめ》」に変えることになる。

成長期の彼女のそばにいた人たちは、フロステンソンはアルノーの犠牲者だという話をしたがる。

だが、現実に目を凝らしてみると、別の様相が浮かび上がる。誰かが、あるいは何かが意のままにならないと、彼女は激怒《こ》することがあった。彼女は「壊れやすい」ように見えたので、突然、怒りを爆発させたときにはショックを受けたと彼らは証言する。

文学的な比喩とは世界を美化する偽りのフィルターだと考えた若き詩人カタリーナ・フロステンソンは、それと決別したかった。成長過程の少女の写真を使うことや、女性を何かの象徴として使う既存のイメージ戦略を粉砕したかった。だから自分の姿を撮影され、雑誌の表紙にデカデカと飾られるなんて、とんでもない話だった。彼女の詩からは、与えられた役割を内側から爆破したいという願望が読み取れる。彼女の初期の詩の一つに登場する「私」は、外見の美しさと「痩せた体」のおかげで、どこにでも出入りできることに気づく。しかし、高尚な文学サロンに入れられると、獣のように吠え立て、舞台を台なしにした。

フロステンソンは、八〇年代女性詩人ブームの先陣を切ったと見なされている。彼女の詩は今でも言語実験を試みる現代小説の中で引用されたり、詩集に採用されたりしている。彼女の詩が呼び起こすのは、性的魅力がなく、不安に苛まれ、恍惚（受動的またはサディスティックな）を感じていた暗い少女の経験と成人女性の声だ。フロステンソンはスウェーデン文学界で確固たる地位を築き、女性アウトサイダーのための大きな空間を創り出した。

ジャン＝クロード・アルノーは、六〇年代半ば、すでにスウェーデンと縁があった。父のジョルジュが、仕事のために彼をスウェーデン北部のノルランドに派遣したからだ。帰国の日が近づくと、留学生枠のあるクリステル・ストレームホルム写真学校〔現在ではストックホルム写真学校〕に入学した。クラスメートたちは、黒髪で青白い顔をしたフランス人を魅力的だと思った。典型的なハンサムではないし猫背だが、快活でスタイリッシュだ。彼はいつも黒い服を着ていたが、それはトレンドやブームを先取りする才能があるからだと解釈された。六八年革命のユートピアと希望に満ちた美学は去り、七〇年代には、新しい抵抗は広島のキノコ雲のように暗くあるべし、というアナーキズムの雰囲気が広がっていた。黒い衣服がいくつかあればいいだけなので、このスタイルは安くついた。何十年ものあいだ、アルノーのワードローブはたいして変わらなかった。品質は向上し、革のジャケットやお誂えコートに大金を払うようにはなったが。

　アルノーが育った街や家庭は、第二次世界大戦の影響を強く受けた。一方彼が移住したはるか北の国は、戦火にまみれることなく平和と安全を享受していた。

　社会民主党政権は、社会構造と「国民の家」〔福祉国家の意味〕の改革を次々に実行したが、普通の暮らしができない人たちは国家に捕らえられてしまった。中毒者と精神病者は都市郊外に建設された巨大な精神病院に入れられ、路上の光景から消えた。

　人間の知性と永遠の進歩を信じる傾向が強まり、多くの人が地方を離れて都市に移住した。建物はどれも新築で、住民は誰もそこにルーツを持っていない。大規模な郊外住宅地が次々に誕生した。六〇年代後半のストックホルム中心部でアルノーが出会った人たちは、右肩上がりの物質的豊かさを謳歌していた。ほぼ全員が同じテレビ番組を観て、同じ世界観を共有している、同質性の高い国で育った若者たち。

社会の一部には、トルコやユーゴスラヴィアなどから仕事を求めてやって来た少数の移民グループに対する差別や嫌悪があった。しかし、若いミドルクラス世代はまた、外国のバックグラウンドを持つ人々に大きな魅力も感じていた。とりわけフランス人に対しては。パリ革命に続こうとしていた左翼青年や、ヌーヴェル・ヴァーグを称賛する芸術愛好家たちのあいだで、フランス人は必然的に高い地位を獲得した。

アルノーは、ストックホルムのナイトライフで瞬く間に有名人になった。野暮な真似をせずに席に着く才能があったからだ。彼を七〇年代から知る友人知人によると、アルノーは、文化やエンターテインメントの世界における若き有名人の名前をすべて暗記していた。彼らの集まりがあるとすぐに自分も参加できるように注意していた。お目当てのグループに近づくと、彼はそこに加わりたいという熱意をあらわにした。その懇願は子どもっぽいほど純真だったので、人々は喜んで彼を仲間に入れた。

たいていの場合、彼は控えめな存在だったが、ドラマチックになることもあった。女性（または友人グループ）が彼を拒否した場合、彼は怒りを爆発させるか、フラストレーションのあまりテーブルにつっぷすことがあった。アルノーの感情の爆発を楽しんでいた人もいるが、周囲の人たちが眉をひそめても、彼が気にすることはなかった。彼には恥ずかしさを感じる能力が欠けていたようだったが、どういうわけだがそれは周囲に伝染した。アルノーと一緒にいると、とてもリラックスできると考えていた人たちは多い。

新しいフランス人は、都会の若者たちの噂の的になった。――彼はあちこちの女の子にちょっかいを出しているそうだね。ああ、それでも多くの女性たちが彼に熱を上げているらしい。あいつは何者で、いったいどこから来たんだい？　アルノー自身の話では、兵役を拒否したことと、六八年の五月革命ではリーダー的な立場だったことが相まって、スウェーデンに逃げざるをえなかったそうだ。それから、リビング・シアターや映画監督のジャン＝リュック・ゴダールとともに働いたことがあるそうだよ。もっぱら、その革新的な監督の右腕だったって――。

彼の説明に疑問を表明する人もいたが、少なからぬ人たちが彼の誇張ぶりを気に入った。それは寛容な雰囲気をつくり出した。アルノーが日常会話の境界線を超えたとき、彼と一緒にいた人たちの気分も大きくなった。彼らもまた、自分の秘密と禁じられた衝動を思い切って表現した。

六〇年代後半、カタリーナ・フロステンソンが属するソレントゥーナの教会に、野心的な聖歌隊指揮者が着任した。その聖歌隊は予想外にも、その地域の青少年にとっていちばん魅力的な活動の場になった。聖歌隊に属していなくてもリハーサルやパーティーに参加し、他の若者との交流を深めることができたからだ。

そこへふらりと、フランス人のジャン＝クロード・アルノーが現れた。二人が初めて出会ったとき、カタリーナ・フロステンソンは一七歳の高校生だった。後年、フロステンソンが自伝的詩集『K』に書いているように、キッチンで一人で踊っている彼に一目ぼれしたのだ。だが、七〇年代半ばに公表するまで、二人は交際を隠した。

中学時代のカタリーナ・フロステンソンは、南ベトナム解放民族戦線の支援運動に積極的だった。週末には国営酒店の前に立ち、「ベトナム速報」を販売した。だが高校生になると、友人たちと合唱という文化活動に熱中した。彼女の仲間たちは、政治的インスピレーションがアナーキズムから来るようになったと言いはじめた。それは彼らにとってイデオロギーというよりメンタリティだった。車座に座り力を合わせて社会を変革する相談をするのではなく、古いものは何もかも破り捨てたくなった。独自のルールを作りたくなった。

フロステンソンとアルノーの人生には独特のダイナミズムが存在する。彼は行動し、彼女は執筆する。彼女が文章で描くシーンの真っただ中に、彼の姿がある。七〇年代の数年間、アルノーはアナーキストとしての役割を演じた。アナーキズムからの批判の一部は、社会民主党が理想とする「国民の家」に向けられた。

出世作『清潔な国』で、フロステンソンは秩序を愛する同質社会を取り上げた。そこでは暗闇と混沌は受け入れられない。この作品で「国民の家」の犠牲になるのは、温かく賢明なコミュニティに適合しないすべての人だ。フロステンソンは「残酷さは秩序とともに成長する」と表している。

ソレントゥーナの教会の聖歌隊は、意外なことに個人主義的反乱に適合した。その個人主義的反乱は六八年革命の左翼教条主義を嫌い、「ブルジョア」と見なされることならなんでも反対するという態度に背を向けた。彼らはタブーに挑戦し、予期せぬ衝突を好んだ。酒を飲み、野放図な青年と見なされながらも、高度な教会音楽を再現した。メンバーの一人は、自分たちは「少年少女合唱団の規律を持った反逆者」だったと語っている。「だけどあとから見れば、その組み合わせは単に妥協の産物だったかもね」と彼女は付け加えている。ミドルクラスの若者たちがその出自を手放すことなく革命を起こす方法だったのかもしれない。ブルジョアのライフスタイルと反乱を結びつける機会だったのかもしれない。カタリーナ・フロステンソンにとって、その立場、つまり自己イメージは、思春期以降さらに強くなった。フォーラムにいるときにもその自己イメージがついてまわった。スウェーデン・アカデミーにおいても、徐々にそれが彼女の矛盾したアイデンティティになっていった。アンダーグラウンドであると同時にハイカルチャーであること。高貴な反体制派になること。内部で疎外感を育むこと。

写真学校以来、アルノーの肩にはたいていカメラが掛かっていた。ときには写真撮影に夢中になるあまり一般的な節度を越えてしまい、注意されることがあった。ストックホルムで初期にアルノーに会った人の中には、彼は創造にあまり関心を持っていないと感じた人もいる。彼の中には伝えたいメッセージなどというものはなく、単に芸術の世界でのポジション獲得に夢中になっていただけだと。また、彼にはそもそも純粋な動機などなく、ことさら芸術家になりたかったわけでもないと断言する人もいる。

一九六九年の夏、ダーゲンス・ニューヘーテル紙は、環境悪化を注意喚起するためコンテストを開催した。アルノーは、金属くずのコレクションを撮った白黒写真で応募した。ワイヤー、バレル、古いタイヤが、道路脇に積み上げられたまま放置されている。背景は白く憂鬱な空と、ギザギザのある森のシルエット。アルノーのこの写真は、スウェーデン最大の朝刊紙のコンテストに入賞した。

アルノーは写真を撮りつづけたが、最終的に彼の写真はフロステンソンの詩に添えられ、二人が共作した本にのみ掲載されるようになった。

一九七一年、ストックホルムのヤーデットに「フィルム・ハウス」がオープンした。灰色のコンクリート建築は、社会民主党の革新的な文化政策の象徴となった。

その直前の一〇年間、スウェーデンの映画産業は成功を収めてきた。この文化には多額の資金が投入され、ユニークな改革により映画会社が財政的に優遇され、販路拡大に血眼にならず品質の向上に集中できるようになった。

フィルム・ハウスの外観は美しいとは言えず、その設計は批判されたが、内部には豪華なスタジオ、研究室、編集室がいくつもあり、新設の「ドラマ研究所」〔現在はストックホルム芸術大学の一部〕と共同で運営されていた。また、いくつかの広いエリアが一般にも公開され、たちまち芸術に野心を燃やす若者たちが集まってきた。アルノーは日常的にそこにたむろしていた一人だった。彼は建物を歩きまわり、ゴダールに協力していたと吹聴した。自分には大きな企画があると宣伝し、ネットワークづくりに励んだ。

七〇年代半ば、彼とフロステンソンが真剣なカップルになったころ、アルノーは短編ドキュメンタリー『ユリア74』の資金を得ることができた。制作費は充分にあったのに、彼は何人かの学生を無料で映画に出演させた。実際には、資金を得た場合には彼らに報酬を払う約束をしていたのだが。このドキュメンタリー映画のテーマは自転車レースだ。グルグルと何周も自転車競走が続き、最も長時間、ペダルをこぎつづけた者が優勝する。撮影に参加した映画学生の目に映ったアルノーは自分を偉大なフランスの映像作家だと思い込み、振る舞っていた人物だった。ハチャメチャだったけど、一緒に仕事をするのは楽しかったそうだ。この映画は公共テレビSVTが買い取ってくれ、おまけに短編映画祭で賞も取ったのに、制作従事者は誰も報酬をもらえなかったと、現在はプロデューサーをしているアンデシュ・ビルケランドは証言する。

『ユリア74』の制作から間もなくアルノーは、新人フィルムメーカー支援財団である「フィルム・ワークショップ」〔二〇〇一年に閉鎖〕に、資金援助を求めて映画の脚本を提出した。二〇一八年の秋、私はフィルム・ハウスのアーカイブを訪ね、その脚本を読んだ。これは、五人の見知らぬ人が互いの車のせいで環状交差点《ラウンドアバウト》から動けなくなるという奇妙な設定で始まる。そのうちの一人、若い女性レナは、もうこれ以上待てないと言い、彼らから去っていく。建設労働者レナートは彼女の後を追う。彼が追いつき、彼女のブラウスをつかんで引き裂くと、彼女は完全に静止する。彼がさらに一歩近づくと、レナは「ほとんど麻痺したかのように」スカートを脱いだ。それからレナートは彼女を芝生の上に押し倒す。暴行のあいだ、彼女は「弱々しく」抵抗するだけだった。

この映画は、レナが芝生に横たわるシーンで終了する。彼女の周囲には服が散らばっている。アルノーはフィルム代を獲得したものの、充分な金額ではなかったため、この企画が実現することはなかった。

その後まもなくアルノーは方向転換し、ストックホルムでオペラ監督としてキャリアを咲かせようとした。七〇年代の歌劇界には、新しい観客を惹きつけ、オペラを民主化するために、プロとアマチュアを共演させる動きがあり、アルノーはそれに乗った。

アルノーはレストランで、フロステンソンが属していた聖歌隊の元リーダーに会った。ブレヒトのオペラ『イエスマン』の上演を夢見ていた元リーダーに向かって自分にはオペラの経験があると売り込んだアルノーは、舞台監督を任されることになった。リハーサル中に自分の思いどおりにならないと激怒することもあったが、彼にはまた、出演者にストレスをかけ緊張感を高める能力もあった。聴衆が期待するのは最高のクオリティだ、だからアマチュア合唱団では許されないのだと、何度も厳しいスピーチをおこなった。

『イエスマン』は、次の作品『セメレ』〔ヘンデルによる音楽劇〕同様、かなりの好評を博した。だがそのころには監督の問題が大きくなりすぎていた。最大の難点はアルノーの女性観で、周囲が動揺することも多かった。彼が近づいてくることを歓迎しない人もいれば、彼と関係を持つことを望む女性もいた。だが、日付が変わる前に、彼女の親友ともセックスしていたことが露見した。

初演の二日前に、彼は解雇された。

同じ年、ストックホルム歌劇アンサンブルがヴァージル・トムソン〔一八九六―一九八九。アメリカの作曲家〕とガートルード・スタイン〔一八七四―一九四六。アメリカの作家〕の作品『三幕の四人の聖人』を上演することになり、アルノーはふたたびオペラ監督になったが、そこでも歴史は繰り返された。

そのオペラ公演も称賛され、インテリジェントで「崇高な狂気」だと評されたにもかかわらず、アルノーはなんと初演の前日に解雇されたのだ。

アルノーは七〇年代に、写真とドキュメンタリー映画からオペラに移行したが、それは必ずしも自発的だったとは言えない。後戻りするための橋が焼け落ちたため、新たな芸術形態に向かわざるをえなかったのだ。

解雇されるとすぐに、彼は次のプロジェクトに向かった。その様子を観察していた人の中には、何度沈んでも再浮上する彼の能力に感服した者もいる。新しい仕事を始めるたびに、それをまるで壮大なプロジェクトのように語る話術はたいしたものだと。まるで脱皮するかのごとく、それまでのトラブルを跡形なく消し去っていくと。

しかし、ストックホルムでの最初の一〇年間、挫折があったにもかかわらず、アルノーには芸術的能力があると認める人々もいた。

アルノーは一九八一年に独自のオペラを上演した。それは、アウグスト・ストリンドベリ作『父』の第三幕に基づくものだった。『父』は、大尉である夫と、その後見人になろうとする若い妻の闘争を扱ったドラマだ。劇中にはアルノーの演出で、あるメロディーを口ずさむ乳母が登場する。そのメロディーは「子ども時代に聞きなれた」ものだと彼はインタビューで答えている。

『父』が上演されると、その舞台監督に注目するレビューが書かれた。エクスプレッセン紙の批評家は、この作品によって自分がアルノーに興味を持ったこと、最も優れた舞台設定は乳母の「素晴らしく美しい子守唄」であると述べている。

アルノーは新聞の文化面に載ったわけだが、それはこのオペラの成功を意味しない。しかし、彼には可能性があり、どこかに向かっているようだと外部から見られていたのは確かだ。ストックホルムでの最初の一〇年間、アルノーは自分が若くて有望であると見なされていると感じていた。とはいえ、この外部の反応は、八〇年代にはいささか変化してしまうのだが。

フロステンソンの評価は、新たな詩集を発表するたびに上昇していった。彼女はスウェーデン社会を見据え、「ダークゾーン」を探すことによって詩的な抵抗をつくりだした。彼女は暴力について書いた。消えてなくなることや、完全に降伏することへの憧れについて書いた。自身の説明によると、彼女は詩人として「エロティシズムと痛み」の境界に魅了されており、詩によく登場する男性の「あなた」には両極が同時に内在しているという。フロステンソンはこの男性の「あなた」を天使のような虐殺者《エンジェル・ブッチャー》とか優しい殺し屋《テンダー・アサシン》などと呼んでいる。

フロステンソンとアルノーは、八〇年代前半の数年間、セーヌ川からそう遠くないパリの高級住宅街にアパートを借りていた。彼女は自分の詩を発展させようとし、彼はフランス文化の中で頭角を表そうとしていた。八〇年代初頭にフランス大統領に就任したフランソワ・ミッテラン〔一九一六－一九九六〕が、六〇歳の誕生日前にダーゲンス・ニューヘーテルのインタビューに答え、六八年運動の概念の一部を実現するために、「フランスの才能を故郷に呼び戻したい」と述べている。この動きに乗じてアルノーはストックホルムからパリに戻り、巡回オペラの責任者を引き受けた。そこでアルノーは「六年間必死に」働き、一九八六年に「新鮮なアイデアをたっぷり抱えてストックホルムに」戻った。だが、彼が責任者に任命されたと主張していた巡回オペラとは、彼自身が立ち上げた劇団だった。ジャン＝クロード・アルノーはそれをゼロからつくった。証拠となる文書は、パリの国立公文書館内の大きな茶色の箱の中にあった。そこにはフォルダーや書類がアルファベット順でも時系列でもなく無造作に放り込まれていた。

アルノーは、ストックホルムでやった音楽劇を再現したいと考えた。あのドラマには「確かに並外れた社会的文化的影響」があったはずだ。彼は架空の劇場のロゴが入ったレターヘッドを作成し、九ページにわたって『三幕の四人の聖人』の舞台構成について詳述した。そして文化省と教育省の両方に申請した。申請書の中で、劇場は毎年、同じ原則に沿って新しい公演をおこなうという大きな計画をぶち上げた——そして、その計画に助成金が与えられた。

リハーサルは、パリ南東部の郊外、イヴリー＝シュル＝セーヌでおこなわれた。舞台監督は何でも大げさに表現するけど魅惑的だったね、と楽団指揮者と二人の主要登場人物は振り返る。プロジェクトはしばしばコントロール不能に陥り、アルノーはときどき行方不明になることがあったが、自分の周りに有能なアーティストを集める術には長けていた。このとき一緒に働いた若者の中から、後に成功をつかんだ者が何人もいる。

だが一九八四年一月のビルジュイフ郊外での開演を前に、状況は緊迫する一方だった。

「失望感が漂っていました。企画書を読んだときには面白かったのに、実際の公演は大学生の卒業公演並みでした。スタッフはみんな、こりゃ駄目だと言っていました」と主人公の一人を演じた役者は語る。

このオペラはル・モンド紙でも酷評された。批評家は、「教育省と文化省の祝福」を受けて実施されたこのプロジェクトは、あまりの不条理さに内部崩壊したと述べている。演出があまりにも「複雑すぎると同時に幼稚すぎる」からだ。

フランスの文化界では、誰もが多かれ少なかれ互いを知っている。その世界においてジャン＝クロード・アルノーは、このオペラ公演の前でも後でも有名になることはなかった。のちに彼は名門スウェーデン・アカデミーとつながりを持つのだが、それでも彼はパリでネットワークを構築できなかった。二〇一八年の冬から春にかけて、スウェーデンのフォーラムに関する記事がフランスのメディアでも大々的に取り上げられたが、渦中の人物はフランス文化界にとって未知の人だった。

フロステンソンとともにストックホルムに戻ったアルノーは、新しいプロジェクトを探しはじめた。彼は放置された産業施設を見つけ、そこで一九世紀のベルギー作家モーリス・メーテルリンクの一幕劇で、海外で評価されはじめていた『室内』を上演したいと考えた。フロステンソンがこの作品を翻訳・編集していたので、アルノーは彼女を通じてこの象徴主義の演劇に注目したのだろう。それまでの一年間、彼女は断片的なドラマに実験的に取り組んでいた。数年後、その努力はフォーラム最初のパフォーマンス『セバストポール』として結実することになる。

『室内』の開演前に、ダーゲンス・ニューヘーテル紙の文化面にこんな記事が載った。ロンドン、パリ、ベルリンで花開いたメーテルリンク熱はまだストックホルムにまで到達していないが、そこへ「ジャン゠クロード・アルノーがやって来て」、ストックホルムの演劇界が「流行に追いつくように」腐心していると。記事の中でアルノーは、この劇団はリアリズムの追求を目標にしており、このドラマ上演は始まりにすぎないと説明した。アルノーによるとフロステンソンの新しいドラマ構想とは、「沈黙が多く、言葉の背後を探し、亀裂、隙間、断片を利用して表面には現れないものを見つけてもらう」ことだという。雑誌クリースの仲間たちに触発されたジャン＝クロード・アルノーは、境界線のない総合芸術であるロマン派の夢をぜひとも実現したいと語った。彼の演出により、俳優、音楽家、芸術家のコラボレーションが展開した。このコンセプトは、やがてフォーラムに引き継がれた。

『室内』は、舞台監督としてのアルノーの最後の大きな試みとなった。その演出は、メディアの文化欄で厳しい批判を受けた。劇は、「新解釈しようとして失敗し」、「忍耐力を試すほどのテンポで進み」、「主張はまったく実現されず」、見るべきものは何もない、と評された。

彼の以前のプロジェクト同様、この劇団も解散した。それにもかかわらず、彼が文化界の圧倒的頂点へと歩むことができたのは、フロステンソンと、レストラン・プリンセンで新たに知り合ったクリース編集部の友人たちのおかげだった。彼が一九八九年の秋にシグトゥーナ通りの地下貯蔵庫を見つけたとき、もちろん彼らの応援を当てにしていた。

フォーラムを開いたとき、アルノーは四三歳になっていた。それまでの一〇年間、彼の演出は酷評されつづけた。だから何かを創造し文化界に入りたいと願っても、自分の立場が弱いことは承知していた。

カタリーナ・フロステンソンとジャン＝クロード・アルノーは、私の友人ではありませんでしたが、七〇年代から八〇年代にかけて同じサークル内での付き合いはありました。若い芸術家や知識人が集まって緩やかなネットワークをつくっており、私たちはその一部でした。そこでは、ブルジョア主義と伝統は軽蔑されていました。メンバーの多くは、政治的というよりは個人主義的なアナーキズムを採っていました。風変わりなライフスタイルを持つことは芸術活動の一部だと言って、人間のすべての面を受け入れようとする寛大な精神がそこにはありましたね。それでも、私と何人かの友人がカフェ・オペラで体験したことを忘れることはできません。その場には、ジャン＝クロードとカタリーナがいました。彼女とはそれ以前に会ったことがありましたが、話したことはなく、彼女の恋人に会うのはそれが初めてでした。

この二人の関係については、共通の友人から聞いていました。いつでも大っぴらに浮気をしている男性と付き合うなんて、なんて不幸な恋愛なんだろうって。

その場にいたのは七人か八人で、丸いテーブルを囲んで座っていました。私はジャン＝クロードとカタリーナのあいだに座る羽目になってしまいました。その日の彼女は、図書館通りにあるマルゴットで購入した白いドレスを着ていました。私はテーブルを離れ、バーまで行ってビールを買いました。戻る途中、ジャン＝クロードに会いました。ほんの一瞬ですが、そこで彼に抱きしめられてしまったのです。ハイヒールのせいで、私の背は彼より少し高かったのですが。彼は何も言いませんでしたが、私はそれをある種の〝無言の招待状〟だと解釈しました。興味深いけれど、同時に悪臭のする招待状。だって、彼は恋人と一緒に来てたんですよ。

彼はテーブルに戻ってくると、私とカタリーナのあいだに座りました。すると突然、何の前触れもなしに、自分の両手を私の太ももの上に置いたのです。そして、強く素早く両手を前後に動かしました——私の下半身に向かって。まるで時間が止まったかのようでした。私はわざとそのままにしておきました。何が起こるのか見てみたかったのです。おそらく一分か二分、そうしていたと思います。後から振り返って、なぜ自分がすぐに彼を止めなかったのか理解に苦しむこともありました。でもあのとき、自分は状況をコントロールできていると感じていましたし、破廉恥な行為だとしても、そこにはエキサイティングな面もありましたからね。

友人たちはテーブルを囲んで熱心に話し合っていました。それでもカタリーナだけは、彼の手の動きを見ていたはずです。でも、彼女は顔色ひとつ変えませんでした。状況があまりにも奇妙で不快だったので、私の内面は凍りついてしまいました。私は今でもこのときのことを正確に覚えています。ジャン゠クロードの傲慢《ごうまん》さとカタリーナの理不尽な視線を。

彼の手が私のタイツやパンティーの中に入ることはありませんでした。私が突然立ち上がり、何も言わずにその場を離れたからです。私は買ったばかりのビールを置いたまま、さっさと歩きだしました。

その後の数年間、あのカップルは私の人生とは無縁でした。

二人が開いたフォーラムに行くまでに、私には二〇年の月日が必要でした。ジャン＝クロードのしたことは私の記憶に鮮明に残っていましたから、私はあの地下サロンを避けていたのです。けれども、フォーラムを諦めるのは悲しいことでした。プログラムは魅力的だし、多くの友人がそこを訪れていました。それで二〇年後、私もフォーラムに行くことにしたのです。そこでジャン＝クロードに再会しました。彼は歳を取りはじめ、非の打ちどころのないホストぶりを発揮していました。彼とカタリーナは上手に客をもてなし、年月を重ねても友情に厚い聴衆を前に輝いていました。

私のように文学や音楽に興味があるのなら、フォーラムはユニークで素晴らしい場所でしょう。カタリーナ・フロステンソンはほとんどいつもそこにいました。ジャン＝クロードの傍らに立つ彼女は、〝ここにいることが歴史の一部〟と参加者に保証するかのようでした。彼女の忍耐力と、彼らがともにカリスマ性を持っていることに、私は感銘を受けました。きっと彼らのあいだには比類なき愛があり、死よりも強い結びつきがあるのでしょう。

リネア

ストックホルムで映画の勉強を始めたとき、私はお洒落で陽気な女の子でした。作家になりたいと思っていた私は、スティーグ・ラーションと同じクラスになりました。後年、彼はストリンドベリよりも偉大な天才だと目されるようになるのですが、そのころはシャイだけど感じのいい、北部出身の青年でした。歴史はあとから振り返ってわかるものだと言われますが、その数年間は転換期であることが、ストックホルムにいた私には手に取るようにわかりました。新しい時代が始まり、髪に花を挿す左翼運動がポストモダニズムや高価な靴に置き換わっていきました。クリース編集部の男性たちがフィルム・ハウスに集うようになりました。その活動が成功を収めると、彼らはまったくの別人になっていました。彼らは世間慣れし、互いの力を借りて出世していきました。聖エリク広場付近の専門店に吊るしてある肉を食べ、ダークサイドに惹かれる理屈を並べるようになりました。そのサークルの中に、ジャン＝クロードが夢のように入り込んできました。

　彼との出会いは、アプローチというよりも一種の暴行でした。私は、フィルム・ハウスのワインレッドのソファの一つに座り、本を読んでいました。突然、本の上に影が落ちたかと思うと、誰かが私の体をまさぐりだしたのです。そんなこと、私はまったく予想していませんでした。その男は長い黒髪をしていて、田舎出《で》の私が想像するフランス人そのものでした。

　まったく信じられない状況でした。大の大人がやることなの？

　ショックが収まるとすぐに、私は彼をふりほどき、ソファから立ち上がりました。あまりにも不快な出来事だったので、その記憶は今でも鮮明に残っています。私はいつも恥知らずな人たちに敏感でした。彼らは他人に感情を押し付け、沈黙をつくりだすのです。あの男は落ち着き払って私を見ていました。その場を去ったとき、私は羞恥心でいっぱいになり、誰も見ていませんようにと願いました。

その後、彼の噂が伝わってきました。彼の名前を聞くと、私の体は震えました。ジャン＝クロードは、パリ出身の革命家で劇場監督だというのです。何より彼は、美しく才能のある詩人カタリーナ・フロステンソンのパートナーでした。その後、彼女とクリース編集部の男性たちは、ますます注目を集めるようになりました。スウェーデンは小さな国なので、特定の文化観とサークルが幅を利かすことができるのです。

サンナ

ジャン＝クロード・アルノーに出会ったのは一九八五年九月、私が二三歳のときでした。その数年前、私はストックホルムに引っ越し、演劇学校に通いはじめました。自分にはあんまり才能はなかったけれど、そんなことは気にしませんでした。自己中心的で強烈な個性を持つ人たちに囲まれていると、ここが自分の居場所だと思えたものです。そしてハンサムだけど内面が複雑な男性に出会い、娘をもうけました。夫がマルメの舞台学校に通うために引っ越したので、代わりに私の親友がやって来ました。ホーン通りのアパートで、子ども一人と女性二人が暮らし、夫は隔週末に帰ってきました。

異常に暑い九月でした。その夜、カフェ・オペラでパーティーがあり、私は素足の上にスカートをはいて参加しました。私が外出するなんてめったにないことでしたが、その日は親友のバイトが休みだったのでベビーシッターをしてくれたのです。パーティーが終わり、あるグループが、タクシーでブレンシュルカ通りの店に行き、二次会をしようと言い出しました。その店は私のアパートからほんの一ブロックしか離れていません。私は家まで送ってもらい、自分のベッドで眠りたかったのですが、ちょっとその店を覗いてみたい気持ちもありました。あのフランス人が現れたのはその二次会でした。ジャン＝クロード・アルノーという名で四〇代。つまり私から見れば、おじさんだったわけです。

薄茶色の合皮を張った成金趣味のソファで、彼は私の隣に腰を下ろしました。その前にはガラスのテーブル。部屋は細長く、数個のテーブルとソファがあり、そのあいだに人がぎゅうぎゅう詰めになっていました。身動きが取れない、と私は感じました。アルノーはラテン的なしつこさで私の気を引こうとしました。「私はあなたと一緒に寝たい。きっと楽しいですよ」。たとえ私が独身でセックスの相手を探していたとしても、こんな誘いには乗らなかったでしょう。私は、穏やかで自信を漂わせる男性が好きなのです。落としにくそうな人ほど惹かれるのです。だから、こんな男の言いなりになるなんて、とんでもないと思いました。けれどもアルノーはあまりにも単純でした。私の考えなど理解できなかったようで、突然、ブラウスの中に手を入れてきました。私の背中をさすり、キスしようとしました。嫌悪感のあまり、私は彼の手をはねのけました。

私は心から夫を愛しているのだと、アルノーに説明しました。夫のことはアルノーも知っていて、私の気持ちを尊重したようでした。

それでもアルノーはもう一度、私のブラウスの下に手を入れ、それを背中に向かって這わせたのです。まるで自動操縦にかかったように。実害がないので、私はそのままにしておきました。このときまでに、彼は自分の妻についてしゃべっていました。有名な詩人、カタリーナ・フロステンソン。私は彼女の作品を読んだことがありませんでしたが、同居している親友とフロステンソンが友人同士だったので、彼女のことは知っていました。アルノーは、彼自身もその親友のことをよく知っていると主張しました。私たちは奇妙な偶然についてしばらく話しました。私が立ち上がったとき、ジャン＝クロードは突然、タクシーに乗るお金が足りないと言いだしました。だから私の家に泊めてほしいと。私は了承しました。

数分で家に着きました。彼には、おかしな振る舞いはありませんでした。私は疲れ果てていましたが、彼にトイレの場所を教え、共通の友人が子どもと一緒にあの寝室で眠っていると伝えました。それから私は羽毛布団と枕を取り出し、居間のソファに清潔なシーツを広げてベッドを作りました。その間、ジャン＝クロードは傍らに立って私を見下ろしていました。寝具からは洗いたての匂いがし、私って親切な人間だわ、と思いました。おやすみなさいと言って、私はキッチンの中にある小さなメイド部屋に横になりました。

私はすぐに眠りに落ちましたが、誰かが私の体内に挿入していることに気づき、目が覚めました。彼の腰が私の体の上で動いていたのですが、彼は両腕で自分の体を支えていたので、彼の上半身は私に触れず、私は彼の体重を感じませんでした。

心のどこかで、私は何が起こっているのかをはっきりと理解していました。でも、なぜ今セックスをしているの？　私は一人で寝床に入ったはずなのに。それに、自分の体が変だ。動かすことができない。まるで狩られた獲物のように。

誰かがアパートに侵入したのだろうか、とふと考えました。でもすぐに、長い黒髪が私の顔の上を動いているのに気づきました。ジャン＝クロードだ！　そう気づいても、安堵できるわけがありません。けれども私は、悲鳴を上げることができませんでした。子どもが隣の部屋にいたからではなく、全身が麻痺していたからです。だから突然、自分の金切り声を聞いたときには、心底驚きました。

「私の体から出て行って！　じゃなきゃ殺してやる！」

作り話のように聞こえるかもしれませんが、私はこのとおり叫んだのです。ジャン＝クロードはビクリとし、私から離れはじめました。ただし、ものすごくゆっくりと。彼はベッド脇にしばらく立ち、私をじっと見つめたあと、姿を消しました。彼が居間で着替えているのが聞こえてきました。玄関のドアが開き、共同階段を下りる音も。共同玄関のドアが閉まると、非現実的な静けさがアパート中に広がりました。私は横たわったまま、さっき発したばかりの言葉と、その効果について考えました。

翌朝、床をハイハイする娘の傍らで、私はこの出来事を親友に話しました。私たちはソファの両端に座り、それぞれ身を丸めて座っていました。

親友が自分の意見を語りはじめました。あのカップルのドラマチックな恋愛事情について。カタリーナ・フロステンソンがジャン＝クロード・アルノーに執着するあまり、不幸な恋愛関係を送っていること。彼を自分のもとに引き留めておくために、彼女がいかに苦労しているかということ。

私が感じたのは、二人の関係は彼女に苦しみしか与えていないということでした。私はいくぶん気が楽になりました。私には逃げ道があります。フロステンソンこそ真の犠牲者なのだと考えれば、私は自分を解放することができるでしょう。そうやって、警察に行こうかという迷いを抑えました。

その後の数ヶ月間、この事件が私の脳裏によみがえってくると、私は、彼を追い払った事実に集中し、余計なことは考えないようにしました。たとえばアルノーを止める方法が他にあったのだろうか、とか。私が悲鳴を上げ、友人が部屋に入ってきて暴行現場を目撃したら、彼は怖気づいただろうか、とか。あるいは、私を貫通することで、または私の抵抗を踏みにじることで、彼は満足したのだろうか、とか。

代わりに、私は自分に力を与える物語を創ることに全力を注ぎました。彼の行為は中断されたのだから、あれは厳密な意味でのレイプではない。だから私は傷つけられなかったと考えるようにしました。

そんなふうに、この事件を深く考えないようにしようとしても、アルノーに対しては強い身体的嫌悪感がありました。遠くからでも彼がやって来るのを見ると、お腹を蹴られたような気分になりました。私は方向を変えるか、通りの反対側に渡らなければなりませんでした。けれども幸いなことに、彼を街で見かけることはめったにありませんでした。

そのダイナミズムは、私が本格的に執筆活動を始めたことで変化しました。その二年後、死者を出したある事故が私の全世界を粉砕しました。書くことは、耐えながら時間を過ごす方法になりました。混沌に秩序をもたらす方法になりました。私は一日中書きつづけました。大量の奇妙なテキストが、ときにはゆっくりと、ときには素早く、私の中から流れ出してきたのです。私の旧友スティーグ・ラーションにいくつか読んでもらいました。彼はいたく感動し、ノーシュテッツ社に連絡してくれました。まったく突然に、私は詩集を出版することになったのです。そして、八〇年代にプリンセンに集まっていた執筆グループに巻き込まれました。

詩集が出版されたとき、私には不釣り合いなほど注目が集まりました。取材に協力することは、付き合いの一種でした。誰かがインタビューされたり、テレビ用に撮影されるとなると、私たちはすぐさまブリキのビアジョッキを手にプリンセンに座りました。ときどき思いましたね、私たちのグループはカメラがつくっているんだって。外部から見られることで結束してるんだって。私たちがそこでビールを飲む姿は目立っていたと思いますが、それは珍しいことではありませんでした。私たちはダラダラと退屈な夜を何度も過ごしました。ただそれだけ。私たちの会話は、実際には中身のないものでした。私自身はトラウマをずっと引きずっていました。感情を遠ざけ、無口になり、何だかよくわからない存在になっていました。たぶん、私たちは全員、本心を偽っていたのかもしれません。

私は落ち着きなく動き回りました。プリンセンにしばらくいたかと思うと、次はビストロ・リッシュ、それからカフェ・オペラへ。セックスはアルコールよりも有効な鎮静剤でしたね。

テーブルの周りの雰囲気はハードボイルドで皮肉たっぷりでした。男性たちに対してではなく、私とマーレ・カンドレとカリーナ・リュードベリのあいだで。私たちは、実際にはひ弱な文学界の男性たちよりもタフになりたかったのです。私たちは、嫌々ながらもお互いに自己をさらけだしていました。スティーグ・ラーションが殺人罪で有罪判決を受けた青年キムと一時期、熱心に付き合っていたのは、時代の一部でしたね。それは恥ずべきことではなく、称賛されることだったのです。多くの人の目に、スティーグの姿は輝いて映っていました。

ジャン＝クロード・アルノーはプリンセンの常連客でした。私は最初、彼が来るとテーブルを変えるか、背を向けて完全に無視することにしていました。でもすぐに、不必要に疲れることをやっているなあと思いはじめました。毎晩見かけるけれど、別に大騒ぎしていない人を嫌悪したり軽蔑したりするのは、かなりめんどうなことですよね。自分の考えが乱され、移動の自由も制限されていると感じました。それに、彼は細心の敬意を持って、ええ、ほとんど尊敬の念を持って、私を扱っているように見えました。計算の上だということは、わかっていましたけれどね。それでも、私に影響を与えました。だから、ふと決心したんです、あの出来事には太い抹消線を引くことにしようって。そう考えると、気が楽になりました。突然、私たちは隣り同士に座るようになりました。彼は周りの女性たちにキスしていたので、私の頬にもキスさせることにしました。その場の雰囲気も和らぎました。

私は一九九五年にストックホルムを永久に去り、同時に作家を止めました。デビュー後にスランプに陥ったのです。あの数年間、私はメディアに出ることが苦痛でした。プリンセンで注目されると、気分がものすごく悪くなりました。自分にスポットライトが当たると、子ども時代の複雑な感情——万能であると同時にか弱くて不充分だと感じていたこと——がよみがえってきたのです。

周囲に持ち上げられ、自分は天才だと思い込むことによって、私たちの何人かは破滅してしまいました。スティーグ・ラーションしかり。マーレ・カンドレとカリーナ・リュードベリもそうでしょう。だけど、ジャン＝クロードは、そのようなスポットライトを浴びたことはありません。彼は人目にさらされなかったのです。有名人に近づくことはあっても、自分がステージに立つことはありませんでした。だから無傷のままでいられたのです。

あとになって気づいたのですが、ジャン＝クロードは自分の役割を演じるのがうまくなりましたね。二〇〇〇年代に私がストックホルムを訪れたとき、彼はフォーラムを運営していました。そのときの彼は、昔とは完全に異なるオーラを持っていました。フォーラムで私を出迎えた男は、もはや脇役ではなく主役でした。その夜、彼が交流を深めたいと願っていたのは、私の友人の俳優でした。それでも彼は私に再会できてうれしいという態度を示し、誠意を持って接してきたので、私は感心し、同じくらい楽しそうに振る舞うことができました。

私の人生において、あのレイプ事件はたいしたことではありません。他の出来事と比べれば、あれはすぐに去っていった不快な事象でした。それでも私はその経験について繰り返し書いてきました――自分の存在が消されたように感じたことも、怒りがわき上がってきたことも。その文章が出版されることはありませんでしたが。

ジャン＝クロード・アルノーは、どれほど本気で芸術家になりたかったのでしょうか。私はそれについてもときどき考えました。彼は知的な会話についていくことを望んでいましたが、残念ながらその能力に欠けていました。けれどもクリエイティブな女性たちとセックスし、彼女たちのキャリアを創ることも壊すこともできるのだと脅すことはできました。意識的だったのか、それとも無意識だったのかはわかりませんが、それが芸術に近づくための彼の手法だったのでしょう。ジャン＝クロードは、独特のやり方で人々の感情や記憶を刺激しました。それが彼なりの創作活動だったのです。

ヨハンナ
どちらも有名作家である私の両親は、社会に飛び出してネタを持ち帰るのが作家の仕事だとよく言っていました。すべての経験は文学に変えることができるのだと。ええ、経験がすべてなんです。そこには勇気と好奇心も混じっています。けれども、そのために支払う犠牲については話題になりませんでした——しかもそれはたいてい、男性より女性のほうが多いのです。

フォーラムで自作の詩を朗読してほしいと招待されたとき、ジャン＝クロードは四〇代で、私は二一歳か二二歳でした。私は若くしてデビューしたので、自分は作家の娘だから出版社に認めてもらえたのではないかとの思いが数年間払拭できませんでした。私は自力で作家になれたのだろうかと。この答えはけっしてわかりませんが。

私にはときどき、少し陽気に自分を貶《おとし》める必要がありました——自分の出自を償うためにね。ストックホルムのバーやクラブで、ジャン＝クロードをよく見かけました。若い女性と話していることが多かったですね。彼はいつも誰か、あるいは何かを探していました。欲求が抑えられないみたいでしたね。彼の視線は、誰かに会うことを望んでいるだけでなく、もう会うのはわかっていると言いたげでした。自信たっぷりで、まるで機械仕掛けの目つきでした。彼の意図はあまりにも見え見えだったので、私は怖くはありませんでした。彼がダンスフロアを動き回ったり、ビストロ・リッシュやレストラン・イーストの外でじっと待っているのを見て、笑ったことを覚えています。好みの女性のタイプは、色白で細身でしたね。

私は自分が彼の視界にいるとは思えませんでした。シガレットを手に科《しな》を作るタイプではありませんでしたから。私の関心は本や芸術について話すことでしたが、飲んだり笑ったり、道化を演じることも大好きでした。

ジャン＝クロードが、当時は新しいシーンだったフォーラムで詩を朗読するよう勧めたとき、私は快諾しました。有名で興味深い詩人カタリーナ・フロステンソンが彼の妻で、夫婦で地下サロンを運営していることも知っていました。そこはクオリティが高く、名声を博していました。

数日後、私はその地下サロンの上にあるオフィスを訪ねました。若いアシスタントが、私とジャン＝クロードにコーヒーを運んできました。その場の雰囲気はなごやかでしたが、少々緊張していました。私は自分が女流詩人と見なされていることをとても意識していました——自分の性別が自分の新しい職業についてまわることを。コーヒーを飲んだあと、彼は私を舞台のあるホールに案内したいと言いました。数週間後、私はそこで他の詩人と一緒に登壇するのです。彼はドアを開け、私と一緒に急勾配《こうばい》の階段を下りました。それから彼は向きを変え、数歩戻ってドアに鍵を掛けました。彼は私に、出演者の控室も案内しました。そこで、私に服を脱げと言ったのです。私は、動じないことに誇りを持っていました。また、他人の失望にどう対処すればいいのかも知りませんでした。ここで抗議しても、「君は大人だし、自分の責任で決めたらいいんだよ」と言われそうでした。大切なもの、大事なものなんて何もないような感じがしました。「いいえ」は私の肩に重くのしかかりました。「はい」には何の重さもありませんでした。

あらゆるものが細部まで鮮明に見えました。不妊手術をしているからコンドームを使う必要はないと彼は言いました。丸めたカーペットを枕代わりにして、私は冷たい床に横になりました。ざらざらした織り目が肌に当たりました。壁に並んだ本の背表紙を覚えています。私は彼とセックスしたくなかった。けれども、この新しい状況は、どこか奇妙でハードでした。心躍るとは言えませんが、興味深いものがありました。これが創作のネタなんです。家に持ち帰る獲物。文章にすることもあれば、しないこともあるもの。

あとになって、私は妻帯者とセックスしたことについて何度も考えました。遠くから憧れ、大ファンだったカタリーナを裏切ってしまったのです。できれば、なかったことにしてしまいたい。けれどもそれは、私の恵まれた家庭環境に対する代償でもあったのです。この出来事は、ナイトクラブに入るときに手首の内側に押してもらうスタンプのようなものでした。

最初の朗読が終わり、私はフォーラムの一員になりました。そこに属していることを誇りに思いました。

ジャン＝クロードは自分の地位と立場を意識していました。誰がジャーナリストなのか、誰がお金と人脈を持っているのかを把握していました。フォーラムのようなビジネスを運営している人がいても不思議ではありませんが、彼はときどき、あまりにも入れあげていました。

彼は私の文化的背景、つまり両親が作家だということについて、辛辣にからかうことがありました。私はそう言われることには慣れていたので、ときどき傷ついたとしても、彼のコメントを受け入れました。私は若くて有望な詩人としてフォーラムに出演することを許されたのだと自分に言い聞かせました。フォーラムに参加することは私にとってメリットだったので、地下での出来事を忘れなければなりませんでした。ジャン＝クロードにセックスさせたときの私は、自発性と非自発性の狭間にいました。私は友情をつくり直し、それは汚れていないと繰り返し自分に言い聞かせました。

　地下サロンを訪れると、彼の女性スタッフの扱いを目にすることがありました。怒りを爆発させたり、エロチックに近づいたり。でも、私にとって彼は無害でした。もう私には何も起こるまい、と考えました。違法行為はもう起こってしまいました。入会の儀式は済ませたのです。

10

二〇一七年一〇月、ジャン＝クロード・アルノーに関する証言をしてくれた女性が九人になった。私には個々の証言を区別するのが難しくなりはじめていた。それぞれの内容は異なるのに、互いに重なり合い、一つの塊となって、個々の証言よりも大きな真実を表明しているのだ。

話をしてくれた人の中には、フォーラムでアシスタントとして働いていた人もいた。カタリーナ・フロステンソンが文学を、ハンス・ルイン教授が哲学プログラムを、そしてルーヴェ・デルヴィンゲルとローランド・ペンティネンが音楽を担当する一方、アシスタント女性たちはアルノーと一緒に日常業務をこなしていた。

彼女たちはメディアと参加アーティストとの対応に関わっていた。助成金を申請し、会計報告書を作成し、プログラムについて提案した。私が話した人たちは全員、（税務署に報告しない）闇給与で働いていた。給料として一万クローナが入った封筒を手渡されたり、場合によっては銀行口座に振り込まれたりしていた。

アシスタントの多くは、地下サロンで働くことはよい教育だったし、素晴らしい芸術に触れられて楽しい時間を過ごしたと言う。確かにフォーラムでの仕事は文化界でのキャリアの出発点だったが、何人かは不満を口にした。クオリティの高い仕事をしているというのに、「フォーラムガール」として軽んじられていたからだ。

不明瞭な雇用形態だったため、不愉快な経験をしたという人もいる。ある女性は、アルノーが自分の家族と知り合いだったため、いくらか救われたと語っている。

「それでも彼は怒鳴り散らし、性的に不適切な行動をしていました。小さな出来事なのですが、彼は私の耳たぶを撫ではじめたことがあります。多くの人の前でずっとそれをやり、そこが身体の中で最も官能的な部分なのだと説明しました。私は身動きができず顔を赤らめながら、『クールな顔をして。震えているところを見せちゃいけない』と自分に言い聞かせました。闇雇用だったことは、事態をさらにややこしくしました。以前はフォーラムが自分のキャリアのスプリングボードになると思っていましたが、しばらくすると雇用を証明する書類がまったくないことに気づきました。ですから職業経験を活かすためには、上司と仲良くするしかなかったのです」

私がのちに会った元アシスタントは、地下サロンの社会構造の一部はお互いに有利になるように働いていたと語った。

「若い女性だから、こんな素晴らしいサロンに入ることができたのです。自分の実力では無理だったと思います。この国のトップクラスの文化人に囲まれ、レストラン・ヴァーサホフのディナーを味わうことができる。貴重な知識を教えてもらい、ネットワークが広がる。それは多かれ少なかれ、〝お触り〟の埋め合わせになりました。確かに得るものは大きかったです。だから多くの人が、フォーラムで若い女性がどう扱われているのかを見ても、何も言いませんでした。私自身、そのシステムの維持に関わっていました。それを利用していたのです。自分に与えられたチャンスを活かせるうちに活かそうと考えていました」

アルノーに関する説明は、細部が非常に似ているだけでなく、全体的な傾向も同じだった。フォーラムの芸術監督は、知人たちを惹きつけると同時に脅していた。わめきちらすこともあれば、他人の野心を敏感に察知することもできた。そのうえ、女性を惹きつける魅力もあった。ある女性が一〇代のころクラブに行くと、アルノーが彼女の友人に露骨に興味を示した。セックスが目的だというのはすぐにわかった。そして彼女もまた、本物のセックスを望んでいた。

「それで私はダンスフロアに行って彼に近づきました。彼は私の恋人になりました。ジャン＝クロードの目は貪欲で、何でも吸い込んでしまいそうでした。私は頻繁に会うことを望みましたが、彼は自分が利用されていると感じたのでしょう、結局、去っていきました。彼は返事を寄こさなくなりましたが、それでも私は、連絡しつづける自分はなんてエライんだと思ってました」

証言の数が増えたので、私は編集部の防音室のひとつに引っ越すことにした。世界中の女性たちが性的暴行の告発を続け、加害者を指差していた。この運動が、何人かの女性に私と話す勇気を与えてくれた。自分の証言が、将来の暴行を阻止するかもしれない。そう考え直してインタビューに応じてくれたが、最初は大いに躊躇するか、はっきりと取材を断ってきた。

「私には子どもがいます。あの出来事は思い出したくないのです」

「私は、彼の周囲にいた若い女性の一人でした。それだけでも充分、汚点なのです。不名誉はついてまわります。高尚な文化の世界における売春婦だったって」

「スキャンダラスな記事が出ても、彼は喜ぶだけでしょうね。自分の〝神話〟に箔が付くわけですから。彼とそのお友だちにとって、平凡なモラリストなんて唾棄すべき人物なんです」

二日後、私が接触した女性は一三人になった。資料の大部分は録音か聞き書きだ。セクハラや性的暴行を受けたと主張する人々の記憶。その出来事を目撃した人たち、またはあとから相談を受けた人たちの記憶。その性質上、同じものが二つとない記憶。

だからこそ、多くの人に語ってもらいたいのだ。

証言者の数が一三人から一四人になり、ダーゲンス・ニューヘーテル紙上で発表されることが現実的になりはじめると、私が起きている時間はどんどん長くなっていった。睡眠を取ると、考えがめちゃくちゃになるような気がしていた。

そんなある日、どうしてもフォーラムが見たくなった。何人もの説明を受けたので、私の気分はすでにその地下空間の各部屋を歩きまわっていた。一一月上旬に、ある展覧会のオープニング・パーティーがあるという。あと八日だ。私は友人のカーリンにメッセージを送った。彼女なら一緒についてきてくれるだろう。

新聞記事になる可能性が見えてくると、女性たちの話の重要な部分で、話し方が変わった。自分の発言が貴重な証人陳述になるかもしれないのだ。人は、そのような状況を本能的に察知する。録音することを事前に言うのを忘れたことが何度かあった。それでも、物語の性質が変わる時点は明白だった。沈黙し、慎重に言葉を選ぶ。

「状況を解釈し説明するには時間がかかります」とエンマは言った。彼女とは、記事発表後に知り合った。

「私は二〇年以上、暴行について沈黙していました。だから記憶は手つかずです。記憶の一部は非常に鮮明な画像で、他の部分は感情です。だけど、その感情には言葉がありません。あなたとお話しする前に、私はすべてを再構築しようとしました。薄暗い部屋に一人きりで座り、キーボードに向かいました。どういうわけだか闇が重要だと感じたのです。唯一の光源はスクリーンと、そこに映っているドキュメント。頭の中の写真もチェックしてみました。レイプ後、どうやってアパートを出たのかを覚えています。時刻は夜の二時ごろでした。共同玄関を出ると、私はすぐに右に曲がりました。どこへ行けばいいのかはわかっていたので、最短距離を取りたかったのです。通りに出るまでに生け垣があり、私はそれを突っ切ろうと思いました。だけど、その生け垣は繁りすぎていたうえに、真ん中には柵のようなものがありました。仕方がないので私は元に戻り、別のルートを探しました。最近、そのアパートの前に行ってみました。生け垣も柵も残っていました」

クリスティーンは、私たちの会話のほとんどが電話なので気が楽だと言う。実際に顔を合わせないほうがいいそうだ。

「フォーラムで起こったことを正確に話そうとすると、精神的にその場所に戻らなければなりません。画像記憶に入り込む必要があるのです。だから、話を聞く人と距離があるほうが、説明に集中することができます。目の前にいなければ、他人の表情を気にすることもありません。起こったことの順番だけ追えばいいのです」

ある女性は、人の記憶は話すたびに変化するらしいので、自分は突然ゆっくり話すことがあると言う。

「あの出来事は、長いあいだ箱の中にしまってありました。それをふたたび取り出すのが怖いのです。言いすぎるかもしれません。間違っているかもしれません。それも、自分を守るために。自分が話すことが、今後の人生に関わってくるのですから」

自分が受けた性的暴行について、人はどのように話してきたのだろう？　その秋、私は暴力を振るわれた男性が語った話をあれこれ思い出した。校庭でのケンカ。マクドナルドで並んでいたら、酔っ払いに殴られたこと。暗闇でナイフが光り、その恐ろしさに失禁してしまったこと。面白い話から生涯にわたるトラウマまで、男性は自分の体験を自由に話すことができる。身近な相手に聞かせるだけのこともあれば、大きなパーティーで披露することもある。同じバリエーションが歴史を通して存在した。古代演劇や旧約聖書では、男性の戦闘シーンが注意深く再現される。だが性的暴行はまったく別で、何かの隙間から垣間見るものになる。現代の大衆文化では、たいてい、何か最悪の事態が起こったというほのめかしが代言する。女性の人生が狂わされる。引き裂かれたドレスのように、彼女の状態が元に戻ることはない。

　ドイツの文化史学者ミトゥ・サニャル〔一九七一―〕は、自著『レイプ』（二〇一八）の中で次のように語る。私たちの被害者観は古いままで、そこでは女性の名誉と個人的価値は、彼女の体と性的純粋さに直結している。このような概念では、レイプは女性の本質への攻撃になる。性的暴行は彼女の内面を汚すもので、その後は文化的に「恥辱」のスタンプを押されてしまう。フィクションでは犠牲者はときどき血なまぐさい復讐を計画するが、現実ではほとんどの場合、女性はシャワーを浴び、自分の汚れを洗い流そうと空《むな》しい努力をする。

　このような体験は世界中で頻発しているのに、たった一つのストーリーしかないのはなぜなのだろう？　性的暴行を受けたあとの反応は、犠牲者の数と同じくらい多種多様なものになるはずではないのか？

　私が気づいたことは、人々は、このような細切れの画像から、「セクシャルハラスメントと性的暴行」という幅広いスペクトラムの話題を語っているということだ。だから女性たちは、トラウマが残るほどでもない違法行為については沈黙してしまうのだ。悲喜劇における些事か、ちょっとした厄介ごとに感じられる被害なら黙ってしまうのだ。セクハラや性的暴行の真実は複雑で、そこから何かが学べるエピソードや、被害者が立ち直り新たな方向に歩み出すストーリーだってあるはずなのに。

しかし何より、それら細切れの映像は、深刻な体験に対する視点に影響を与えた——私が話をしたほとんどの女性は、「レイプ」という言葉を使うのを嫌がった。彼女たちは、その言葉が自分たちのアイデンティティになることを恐れた。

「あの事件を引き起こしたのは私なのだと考えることで、それを公平に見ることができました。私自身が共犯者だったんです。私は自由だったんですから」

こう語ったある女性はその後、記事にはしないでと申し出た。

アルノーについて調査していると、女性たちの几帳面さがわかる。彼女たちは日記の一部を写真に撮り、チャットの一部をスクリーンショットして私に送ってきた。ほぼ全員が、これからどうすればいいのかと尋ねてきた。

「このあと、どんな顔をして彼に会えばいいんでしょう?」

「こんな話を聞いたあと、どうやって彼の家まで行けばいいんでしょう?」

「フォーラムには通いつづけたいのですが、どうすれば……」

話すことを決心した女性は、それが記事になることを望んだ。証言の内容は複雑だった。リディアは、自分自身を犠牲者だとも、無垢な人間だとも感じたことがないと語る。

「私はセックスしたいと思っていました。私はピューリタンではありません。長年、ジャン＝クロードが〝得意なこと〟について知っていましたが、それでも私は通報しませんでした。私も沈黙に加担してきたのです。とはいえ、白黒はっきりしない状況で発生する性的暴行について、一般的にもっと語られるべきでしょうね。出来事を外部から見ているだけでは、真実を完全に理解することはできません」

別の機会にリディアは、真実の証言には、どうしてもリスクがつきまとうと語った。

「記事に参加すると決意したとき、私は自分の全人生がかかっていると覚悟しました。私は最終的にはレイプを通報しましたが、そのとき多くの人は、私の行動が〝非論理的〟なのは、何かを隠しているからだと思っていたようでした。私が矛盾にぶつかったからだって。でも、それは反対でした。この問題については、私はあなたの取材を受けたときに正直に話しましたし、あとから警察にも話しました」

どうやったら被害者は、自分の話を信じてもらえるのだろう？　どのように振る舞うべきなのだろう？　そして、どのような反応を期待すればいいのだろう？　ミトゥ・サニャルは、これらの答えも性的純潔の概念に基づいていると述べる。古い考えでは、レイプされる女性というのは、もともと失うべき名誉を持っていたのだ。

したがって、歴史を通じて、被害にあった女性たちは、自らの貞淑さを司法制度に認めさせることを期待されてきた。自分たちが必死に抵抗したことを証明することによって。性的暴行によって生涯終わらぬ苦しみを受けたと訴えることによって。行為のあいだに少しでも受け身な態度を見せたのなら、それは「誘惑される」ことを自ら許したという証明になってしまう。そして、レイプに遭ったと主張しながら、潑溂《はつらつ》と自分の人生を歩んでいるように見える場合、その女性は失うべき名誉を持っていなかったことになる。

だが、自分の身体に関する権利が条件付きというのはおかしいではないか。そう主張する闘いが何十年も続いた。一九六五年、スウェーデンは夫婦間の性的暴行を犯罪とした。二〇一三年には刑法上の概念が拡大され、「特に脆弱な状況」にある人に対する性行為がレイプに含まれるようになった。たとえば、睡眠中の人、病気の程度が重い人などのほかに、「深刻な恐怖」を感じたため身動きが取れなくなった人も対象となる。

現在では、あなたの意思に反して誰かがあなたとセックスした場合、それは犯罪になる。加害者があなたの夫であるかどうかは関係がないし、あなたが大量に酒を飲んで酩酊《めいてい》状態だったということも関係がない。あなたがその人と寝ることを何ヶ月も夢見ていたとしても関係がない。あなたが見知らぬ男性に誘われて彼の家まで行ったとしても関係がない。暴行のあと、彼と一緒にパーティーに出席したとしても関係がない。

しかし、古い概念は生きつづけている。二〇〇〇年代、スウェーデンのレイプ裁判は原告の服装および過去の性生活にこだわっていた。二〇一八年秋、ジャン＝クロードに対するリディアの告発は、メディア上で議論の的になった。

作家でコラムニストのレーナ・アンデションはダーゲンス・ニューヘーテル紙上で以下のように論じている。司法はレイプだと告発された事件から個々の場面を取り出して評価することはできない。事件の「全体像」を評価する必要があるため、唯一重要なファクターは、性交が双方の了解で始まったかどうかだ。人間は「合理的」だと思われる行動を取るべきだ。被害者がふたたび加害者に会うことを選択した場合、その目的は「関係を深めるため」だったと解釈すべきだ。

アフトンブラーデット紙〔夕刊紙〕でも、当時の文化部長オーサ・リンデルボリが状況判断を強調している。多くの女性が「意図的にセックスを利用して」フォーラムの芸術監督に近づいたのだとも述べている。

この二人はどちらも、加害者に会いつづける人は、その出来事をトラウマを与えるものとして認識していないと結論づけている。リンデルボリは、それゆえアルノーは無罪なのだと主張している。被害にあったと主張する女性たちの行動を見ていると、彼女たちの意思に反してセックスしたことをアルノーが気づかなくても無理はないとリンデルボリは述べている。

このような意見を読んだ私は、自分の携帯電話に溜まった証言について考えた。二〇一八年の秋、録音アプリには約三〇件の性犯罪の告発が詰まっており、私の調査は書籍として出版されることが決まった。自分の発言内容の裏を取ってもかまわないと答えた女性のうち九人は、深刻な性的暴行を受けたと主張していた。どのストーリーにも何らかの抵抗が含まれていた。「やめて」と言いながらキックを繰り返した。行為の前に懇願し、その後には泣いた。

一方、統計によれば、レイプ被害者の一〇人に七人は暴行中ずっとまたは一時的に心身が麻痺するという。それに加え、多くの人が、暴行前の脅迫的状況から逃れることができなかったと答えている。

それでも二〇一七年の秋、私は女性たちの物語にすんなり納得することができずにいた。女性たちが暴行の前に、または事後であっても、さっさとアパートから逃げ出さないことに不満を感じていた。どうしてタクシーがストックホルム中心部を走っているときに、停車して自分を降ろしてくれと運転手に頼まなかったのか？　抵抗できないほど心身が麻痺してしまうなんて、ありえるのだろうか？　彼女たちは本当に信用できるのだろうか？　「被害者」たちに裏切られるのではないかと、私は心配になりはじめた。そこで彼女たちを明らかな被害者に変えたいと思った。彼女たちの話の結末を消去する方法はないかと夜な夜な考えた。なぜなら彼女たちの話のほとんどは、加害者に再会することで終わっているからだ――現実には、多くの性的暴行の被害者がそうしているのだが。

もしも同意がもらえたのなら、私は彼女たちの証言の一部を訂正していただろう。彼女たちの話は複雑だった。同じ出来事について何度も話し、どの言葉が最も真実に近いかを探っていた。そのような会話は執筆に似ている――正直に自分自身を語ろうとするたびに、自分でも完全に説明することができない現実と自分自身が浮かび上がる。

「なぜあんなことが起こったのかと聞かれても、自分でもわかりません。あのときのジャン＝クロードの意志が私のより強かったから？」

「私はいつも自己破壊的な一面を持っていました。どうしてなのかはわかりませんが」

11

ミラ

私はそれ以前から、芸術の世界にいる、あの種の男性に憧れていました。演劇を創作する能力のある男性です。演劇って、歴史上の決定的瞬間に立ち会ってるって感覚を与えてくれますよね。あのころ、私はフリーのアーティストとして生きる道を積極的に模索していました。私は自分の出身階級を意識していて、芸術的な仕事に就くことについては、かなり暗い見通しを持っていました。家族には私を支えてくれる人は誰もいませんでした。実現したいことがあるなら、自分でやるしかなかったのです。二二歳の美術学生として最初の作品に取り組んでいたとき、ジャン＝クロードと知り合いました。彼は、パーティーのバーで女の子にキスしている私を見たのです。そのときの私は、彼が何者なのか知りませんでした。あとになって彼が何度も話したことは、どうやって私を「選び出し」、「チェック」したかということです。そうやって彼は、私が監視されていると感じるように仕向けたのです。

パーティーの一、二週間後、共通の知人から、レストランで少人数の会食をするからデザートに間に合うようにおいでと誘われました。ジャン＝クロードがそこにいて、私の電話番号を尋ねました。その後、彼は積極的に電話してきました——一日に何回もね。その熱意がうれしかったですね。ジャン＝クロードは、私の周囲にいた同年代の男性とは違っていました。彼らは私のことなんか、めったにほめませんでしたし。とはいえ、彼はあまりにも年上だったので、私も懐疑的でした。何人かに相談すると、彼には近づかないほうがいいと忠告されました。ジャン＝クロードはいずれ、私を傷つけるだろうと。けれどもそのころ、私は真剣に彼に惹かれていたのです。誰かが私を傷つけるなんて、想像したこともありませんでした。だから、ディナーの招待に喜んで応じました。彼に会うと、私は子どものように無邪気に自分の問題を話しました。自分は芸術家として才能があるのだろうか。経済状態だってよくないし、いつも不安だらけ。ジャン＝クロードはすぐさま、「君の面倒を見る」と提案しました。「僕なら君のクリエイティブなキャリアを実現することができる。まずは君の家賃を払ってあげようじゃないか」。素晴らしい展開だわ、と私は思いました。これから冒険旅行に出るみたい。このとき私たちは、次々にドリンクを注文しました。私はたいそう酔っていたので、その夜のことはまったく覚えていません。気がついたら、スウェーデン・アカデミーが旧市街に所有するワンルーム・マンションにいました。性行為をされていたので、私は目が覚めたのです。彼は優しく落ち着いた声で話しました。あとでタクシーを捕まえて、君を家まで送ってあげるから、と。私の体は氷のように冷たくなり、吐き気がしました。

ジャン＝クロードは、人間の弱みを見つけるのがうまいのです。だから私の上昇志向に目をつけました。私はすぐに自分で家賃を払っていた部屋を引き払い、又貸しされている別のアパートに移りました。そこの家賃は少々高すぎたので、私はジャン＝クロードに経済的に依存することになりました。毎月、彼に家賃の支払いを促すときには恥ずかしくなりました。彼は払うこともあれば、払わないこともありました。一方、彼からは常に新しい要求がありました。その多くは、以前私が躊躇《ちゅうちょ》したり拒否していた行為をセックスに取り入れることです。そんなことをさせられても、私はそれが性的虐待だとは思わなかったのです。彼についていくことで、自分は成長できると思っていました。それに、そもそものきっかけがエロチックなものでしたしね。私は、嫌悪しながらも彼に惹かれていました。自分の破壊傾向を吐き出せる、安全な場所を見つけたと思っていたのです。

私は彼以外の人と寝てはいけないが、いつでも彼と別れてもよい――これが私たちの関係の条件でした。確かに恥知らずですが、これは個人間の自由合意でもありました。

けれどもその後、私たちの関係はまったく別のものになってしまいました。だから私はそこから抜け出そうとしたのです。ジャン＝クロードと付き合った二年間、私は成長できましたが、けっして癒えることのない傷も負いました。

付き合いはじめたころのシュールレアリスティックな体験を覚えています。あるときストックホルムで展覧会のオープニング・パーティーがあり、私はジャン＝クロードと一緒に出かけました。私はすでに不安と閉所恐怖症を感じはじめていました。彼は、外見が私に似ている女性たちに会釈したり声を掛けたりしていました――髪はやはりブロンドですが、年齢はさまざまな女性たちに。挨拶が済むたびに、その女性と過去にどんな性的関係にあったのかをジャン＝クロードから聞かされました。私は自分が複製かクローンになったような気がしました。私たちは一括《ひとくく》りの女性なんです。私たちの運命は別々なのに似通っていました。オープニング・パーティーに参加した人々にとって、私は「彼の新しい女の子」でした。以前の女性たちと同じく交換可能なのです。そう考えると、気が楽になりました。この関係には、将来私が自由になれることが約束されているのですから。私たちの関係が終わったら、彼はさっさと別の体を選ぶでしょう。私に忠告した人たちは間違っていたのでしょう。私が彼のもとを去っても、追いかけられたり脅されたりする心配はないでしょう。

ジャン＝クロードを取り巻くカルトは、高度な思想を討論していたわけではなく、具体的にどんな人生を送るかに傾注していました。彼を取り巻く連中にとって、彼は一種の残忍な知恵、私も魅了された力《パワー》の象徴でした。私は自分に非がなかったとは言いません。それでも犠牲者だと主張するのは、自分がモラリストだったからではなく、傷つきやすかったからです。

事態は徐々に深刻になっていきました。私たちの関係は二、三年続きましたが、その間、彼が私の日常生活を支配するのは当たり前のことでした。彼はセックスのやり方を決めました。いつ、どこで、何を食べるのかを決めました。私は、ここから消えたいと切望しはじめました。自分の重さが一〇〇〇トンもあるように感じると同時に、別の銀河にいるような非現実感を味わっていました。私はますます消極的になり、人付き合いを避けるようになりました。私の喉は嘔吐反射しなくなりました。多くの友だちが私との連絡を絶ちました。私が同意の上で虐待されているのを見るに忍びないと言って。自分自身をレイプするほど残酷なレイプはないそうです。

ときどき、どこからか勇気が湧いてきて、関係を終わらせようと彼に頼んだことがありました。けれどもそう試みるたびに不可能だと悟りました。彼は私を探し出し、強迫的に電話をかけてきました。君は絶対に成功する、と彼は言いました。私は彼を信じました。自分では何も考えずに、彼の声だけ聞いていました。

有名な文化人宅での豪華なディナーに招かれたことがあります。その場にいた人たちは全員、私の役割を理解していました。ただ、一組の高齢夫妻だけは別でした。「カタリーナとジャン＝クロードに娘さんがいたなんて知らなかったわ」と奥さんが言いました。みなさん内心で笑っていたみたいです。

サークル内のほとんどの人は、この状況に慣れているようでした。男性の何人かは、ジャン＝クロードから女の子を引き継いでいました。ジャン＝クロードは自分のことを、若い女の子にとって最高の学校だと言って憚《はばか》りませんでした。女の子を見つけ、彼女が巣立つまで「教育」するのだと。このころまでに、私は彼の世界観を熟知していました。どうやったらこの状況から無事に抜け出せるのだろうかと考えあぐねたとき、ある方法が浮かびました。彼の友人への贈り物になること。もっとよい人が譲り受けてくれるかもしれません。

ついにジャン＝クロードと別れることができたのは、私が自殺するつもりだったからです。もう人生には何の意味もありませんでした。ただそこから逃げ出したかった。

私が本気だと気づいた彼は、私のことを根絶すべき「がん」だと言いました。彼は私の進路をすべて塞ぎました。私に電話し、あからさまに脅迫しました。街で出会った私の友人に唾を吐きました。知り合いには片っ端から連絡し、私には連絡するなとか、フェイスブックから削除しろと要求しました。自分には「独自の情報源」があるから、「お前を監視している」と彼はしつこく言ってきました。私は人の集まる場所やクラブを避けはじめました。地下鉄のホームなど、誰かに襲われる可能性のある場所で一人きりにならないようにしました。

彼との関係が終わったあと、業界で仕事をもらうことが困難になりました。私に差し伸べられた手は引っ込められてしまいました。同時に私は、ものごとの因果関係がわからなくなっていました。どれが私の過ちの結果なんだろう？　彼がプレッシャーをかけた結果はどれなんだろうって。

数年後、もう別れを許しているのではないかと期待して、私はジャン＝クロードに再会しました。そのとき彼はこう言いました。私が応募しそうなあらゆる芸術修士プログラムから私を「ブロック」したけれど、また付き合いはじめるのならそのブロックを「解除」してやってもいいと。彼には本当に私の進学を「ブロック」するだけの力があったのでしょうか？　わかりません。この主張をテストしたことがないので。

一一時になった。以前フォーラムで働いていた女性が、セルゲル広場近くの住所をメッセージしてきた。

ダーゲンス・ニューヘーテル社屋から地下鉄トーリルズプラン駅へ行くためにコンラード山公園を通る。太陽の位置は低く、靄《もや》がかかっている。木のてっぺんにはほとんど葉がなく、地面では落ち葉がいくつもの山を作っていた。

その女性は土壇場になって面会場所を変更した。私が到着したとき、彼女はミントグリーンのキャップをかぶったまま、レストランの隅に座っていた。この面会のあと、彼女からの連絡は途絶えてしまった。

このときの謎めいた会話の中で、彼女はこう繰り返した。「あなたの質問への答えは、あなたが考えるよりもずっと大きい」。それを聞いた私は、まるでフィクションの世界にいるように感じた。彼女と私がそれぞれの役を演じるハードボイルド・スリラー。彼女自身はこの状況をどう思っているのだろう。それが知りたくて彼女の目を見ようとしたが、それはいつもキャップの影に隠れていた。

この数週間、私の中では尋常ならざる疑惑が高まりつつあった。

調査が進み、話をしてくれる人が増えると、ジャン＝クロード・アルノーの件は「スウェーデンには沈黙の文化があるから」だけでは説明できないと感じるようになった。私が想像するよりもずっと長い糸が、権力の回廊に向かって伸びているようだ。フォーラムは、大きくて暗い構造の一部なのではないか。

面会を終え、セルゲル広場に敷かれた黒と白の三角形のタイルの上を歩きながら、私は陰謀論に吸い込まれそうになった。今回の事件には現実味と一貫性がある。解読できそうな意味のある兆候に満ちている。

先日、仕事を始めようとすると、ある女性から電話を受けた。彼女は、アルノーはダーゲンス・ニューヘーテルと密接な関係があると忠告した。

「ある日突然、あなたは呼び出され、この記事の発表は中止になったと告げられるでしょう。理由を尋ねても、取ってつけたような言い訳しか返ってこないでしょう」

新聞の文化部長であるビョーン・ヴィーマンは私の仕事に深く関心を寄せ、調査内容に深刻な告発が含まれていると判明したとき、私から他の仕事を免除してくれた。それに私は自分の編集者と頻繁に連絡を取っている。それでも、この「忠告」は私の心の中に忍び込んだ。本当にあの二人の上司は、女性たちの証言を発表したいのだろうか？　彼らはどちらも文化の世界に長らく関わっている。それに、私のとは比べものにならないくらい大きな人脈を持っている。彼らはどれくらい誠実なのだろう？

文化の世界は鋭敏なエゴに満ちており、パラノイアに最適の場所だ。

他の業界では、あなたの立場は測定可能だ。明示された階段に沿って出世する。自分の成功は給料に反映される。

一方、文化の世界のヒエラルキーは非公式で目に見えない。自分の創作物や思考の価値は、出版社、ディレクター、ギャラリー所有者による一連の主観的な判断にかかっている。何をレビューするかは、基本的に批評家や編集者が決定する。個人のステータスは、名刺にある肩書ではなく、持っている人脈の大きさや、言及された回数による。出版社のパーティーで投げかけられる視線も重要な判断要素だ。そして、あなたが招待されていないパーティーやディナーの席でつくり出され、絶えず変化する評判も。

スウェーデン・アカデミーを除いて、文化界には大金はないが、名声ならほぼ無限にある。突然、大成功することだってありえる。レアケースとはいえ、どこからともなく現れた人が歌や詩集を発表し、何千もの人々を深く感動させることだってできる。作者の名前は歴史の一部を飾り、その時代の偉大な創作者として扱われる。

「創作で身を立てるのは甘くない」と言う人は多いが、階級上昇は一夜にして起こりうる。その期待感は、宗教上の預言者の出現を待つことに似ている。あるいは、犯罪世界で一攫《いっかく》千金を狙うことにも。

しかし、文化界の人々が権力を持っていると考えられることはめったにない。芸術家には疎外感を感じたから創作に向かったという人が多く、自分はアウトサイダーだという意識を持ちつづけている。それまでの体験を深く内面に取り込んでいるので、自分のイメージを変えることができないのだろう。本人だって、そうそう変えたくはないはずだ。彼らは創作にあたり、怒りと外部の目を必要としている。彼らは下から突き上げるような強迫観念を必要としている。この数週間、私もそれを経験した。スウェーデン・アカデミーの事務局長を一〇年間務め、自分自身をもっぱら「地下の知識人」と表現しつづけたホーラス・エングダールは、そのような芸術家の一例だろう。

そのような世界では、ゲームの計画をありありと描き、そのルールを説明することができる人は、水を得た魚のように行動することができる。たとえ、そのルールが間違っていたとしても。

文化の世界に入ろうとする人々に対し、アルノーは、自分は門番だと主張していた。主要出版社に働きかけ若い作家の採用をやめさせた、スウェーデン・アカデミーから供与される奨学金の選考に関わった、自分は他人のキャリアをつくることも壊すこともできると、彼は繰り返し豪語した。その業界のことをまだよく知らない人たちは、彼の主張をどう捉えただろう？　二〇一七年秋、私は彼の影響力について考えつづけた。彼が実際にできることは何だろう？　私たちがいる世界は、思っているより狭いのだろうか？　彼は本当に、ミラを芸術分野の修士課程から「ブロック」する力を持っていたのだろうか？　これまでのところ、決定的な答えはまだ見つかっていない。アルノーの力が本物なのか誇張されているのかは謎だが、性犯罪の実行と被害者を沈黙させるために使用されたのは事実のようだ。だが、まだまだ調べなくてはならないことがある。どうやら大きなパターンがあるようなのだ。その存在を証明しなくては。

12

カタリーナ・フロステンソンの詩の多くは、絵画や彫刻からインスピレーションを得ている。何人かの芸術家は、彼女の創作のモデルになったことを誇らしげに語る。アーティストのヤン・ホーフストレムは、彼のアトリエに泊まり込みたいとフロステンソンが頼んできたときのことを、けっして忘れない。彼女は物理的に芸術の近くにいる必要があったのだ。彼女はすでに、イメージを与えてくれる作品をいくつか見つけていた。

「彼女は私の作品の多くに強い関心を持ってくれましたが、それらに共通するテーマは悲劇です。身体的衰弱。鋼線が巻きついた、破れた布片。私たちには共通のテーマがあったと思います。疎外感、孤独、そして、その中にある何か神聖な感覚。彼女は私と同様、子ども時代に教会に通っていたので、日曜学校で血まみれの十字架を見たときに、それは始まったのでしょうね」とヤン・ホーフストレムは語る。

彼のアトリエは、かつては工場だった建物の中にある。その薄汚れた黄色の建物は、彼の絵画の一つにある廃屋に似ている。その壁には、さまざまな窓が並んでいる。窓ガラスは開いているのに窓枠の中は真っ黒なもの、縞《しま》模様の日よけがあるもの、セメントで埋められたもの。水辺に建つその建物は素朴派が好みそうな風情なのだが、このエリア全体は一年以内に取り壊され、新しく住宅街になることが決まっている。ヤン・ホーフストレムは、作品とゴミを引っ越し用の段ボール箱に詰めることを余儀なくされた。最後に彼は、フロステンソンが彼の作品に触発されて書いた詩の本を発見した。それを読むことは非常に特別な体験だったと彼は言う。

「私がぼろ布を使ってそうしたように、彼女は言葉で自分の感情を具体化しました。彼女は、『これ』と『あれ』の間の境界を解消しました。私にはうまく説明できないんですが……。自分のしていることを誰かが理解していると気づいて、不思議な気持ちになりました。何も話さず、ただ座っていたら、注意深い視線が自分に落とされていたんです。そんなことは一生に一度くらいしか起こりませんよ」

ジャン＝クロード・アルノーとカタリーナ・フロステンソンのフォーラムは、九〇年代前半にアートギャラリーとして評価を得はじめた。一九九一年冬、ビジュアル・アーティストのカタリーナ・ノルリングはその地下サロンに自分の作品を展示した。

彼女の創作とキャリアの選択は一三歳のときに始まった。自分は養子だと知らされたのだ。「その瞬間のショックから、本当に立ち直ったことはありません」とカタリーナ・ノルリングは話す。

それ以前から彼女は、自分は周囲の人たちとは違うという感覚を持っていた。子どもはよくそんな想像をするものだが、自分は取り替え子で、もともとは別の世界にいたと考えていた。頭の中で、彼女は自分の見知らぬ家族を「彼ら《ドム》」と呼んでいた。

「そのとき、私の想像が現実になり、私の疑いが正しかったとわかったのです。それは私を変えました。人生のすべてが、暗黒になることも、まばゆく輝くこともあると知ったのです。私の生物学上の両親はどこか余所《よそ》に存在していました。つまり、私の質問の答えは自分が属している世界の外にあったのです。私は美術系に進学したい、早く旅立ちたいと望みました。これは今でもそうで、私は引っ越しを繰り返しています。知らない街のホテルにチェックインすることもあります」

カタリーナ・ノルリングは、晩年の三年間、エストニアのタリンに住んでいた。二〇一八年、私たちは電話で話し、その後、彼女がスウェーデンを訪問した機会に面会した。二〇一九年の春、彼女は病気であっけなく亡くなった。

美術大学一年生のとき、カタリーナ・ノルリングは未知の人々「ドム」の探求を始めた。はるかなる街の地図をいくつも創造し、彼らの社会をスケッチした。年月が経つにつれ、彼女はその世界にどんどん近づき、卒業制作としてドムが住んでいた過去文明の遺構を創ることにした。

彼女は、明確な歴史がある物を集めた。古い本、ストリンドベリの生家に使われていたレンガ。そして一連の抽象的な彫刻に、それらをくっつけた。遺跡発掘調査で掘り出されたような、いくつかの漆黒の物体。それらは、拷問や祝祭のための道具として、ドムにとって神聖なものであったかもしれないし、日常の道具だったかもしれない。

ノルリングはストックホルムのナイトライフを渡り歩いた。八〇年代後半にプリンセンに現れ、次にシグトゥーナ通りの地下サロンを訪れた。彼女は、さまざまな芸術を統合するフォーラムの手法が気に入った。一九九〇年の秋、アルノーは人混みをかきわけて彼女に近づくと、こう話しかけた。「フロステンソンにあなたのアートを紹介したばかりなんです。あの謎めいた彫刻がたいそう気に入ったそうです。彼女に会ってもらえないでしょうか？」

カタリーナ・ノルリングの記憶では、面会場所はクララ北教会通りにあるベトナム料理店だったそうだ。

「カタリーナ・フロステンソンは、私の卒業プロジェクト、あの街とそこに住むドムについて知りたかったのです。彼女の質問は多岐にわたり、私の説明に熱心に耳を傾けていました。彼女は、ちょっとしたことに強い関心を持つんです。何かの弾みで、私は、白い靴を履くといろいろ面倒くさいことが起こるので、白い靴を履くのは無理だと言ったんです。その後、彼女は頻繁にそれを口にするようになりました。

彼女が私の創作に強い関心を持っていることも伝わってきました。私は、養子縁組がドムと関係があることも話しました。創作過程で深く考えたことも話しました。身体の類似性と、アイデンティティが人生で果たす役割について。他人の手の中に自分の手を見ることができること、または別の年齢の自分の顔が想像できることの意味について。

私自身、自分のことを誰かに肉体的に覚えていてもらいたいという切望を持っていました。私はカタリーナに、ドムは想像の産物だけど実際に探し求めていたものでもある、と説明しました。この面会では、私だけが自分の人生について語っていました。彼女は個人的なことは何も言いませんでした。それでも、お互いを理解しているという感覚がありました」

フロステンソンと会ったあと、ノルリングはフォーラムで展示会を開くようオファーされた。その展示会は批評家から賞賛され、成功を収めた。だがその後、彼女の作品は忽然とフォーラムから姿を消した（これはフロステンソンがスウェーデン・アカデミーのメンバーに選出された直後のことだ）。これに加え、一種の芸術上の〝誘拐〟について、ノルリングはギャラリー所有者を非難した。

フロステンソンが、自分の側から事情を語ることはなかった。自著『K』では、フォーラムでは二八年間に無数のコラボレーションがあったが問題が生じたのは例外だったと強調している。

「頻繁にあったわけではない！　矛盾したことを言いたいのなら、言えばいい。嘘をつきたいのなら、つけばいい！」


一九九一年の冬、フォーラムでの展示会の開幕が近づき、ノルリングは地下で集中的に制作に励んだ。会場は薄暗く、アルノーがスポットライトを三つ取り付けた。彼らが作成したライトは、塩素のように白と緑が混じっていた。四本の柱がある大きな展示スペースに、卒業制作で創った黒い彫刻をどのように配置すべきか、彼女は大いに悩んでいた。

そのため、彼女は地下室で一人夜を過ごしたいと申し出た。

「一日のさまざまな時間帯に、あの〝街〟で何が起こるのか見てみたい。私はそう思いました。

会場がゴツゴツした洞窟みたいなところだったので、作品の配置は非常に難しいものでした」

カタリーナ・ノルリングは、数個の暗いオブジェクトを左右対称に配置することにした。また、自分の最重要作品をその地下で作成した。それは彼女のプロジェクトの最終ステップとなった彫刻で、『ぶら下がり』と呼ばれた。未知の人々ドムに最も近づいた作品で、三つの黒いフォルムが互いに接近してぶら下がっている。そして、それらには薄くて白い麻布が取り付けられている。それは奇妙だけれども馴染みのあるものに見えた。まるで、宇宙からやって来た親戚のように。

「〝街〟をモチーフにした他の作品は床に置き、遠くからでも見えるようにしました。『ぶら下がり』は壁際に置き、近づいてよく見てもらうようにしました。そのときあなたは、ドムの境界線を越えたことになるのです。彼らの家の中にいるのです。ある家族や個人にとって重要なものを見ているのです。特定の感情を引き起こすもの――彼らの宗教的儀式で使用されていたかもしれませんね」

ノルリングの展示会を紹介するために、フロステンソンは、『アリエル（しるし）』という長い詩を創り、壁に掛けて展示した。

「彼女のドムのイメージは、私のビジョンよりも残忍で混沌としたものでした。だから私は、彼女が書いたものが気に入りました。予想だにしない方法で、自分を見ることができましたから」とノルリングは語った。

この展示会で成功を収めたあと、彼女は全国のギャラリーから彫刻を展示するオファーを受け取った。現実的な理由から、彼女はいくつかの作品をまだフォーラムに保管していた。フォーラムには美術品用の特別室があった。オラ・ビルグレーン、ヨハン・スコット、ホーカン・レーンベリ、ヤン・ホーフストレムの絵画もそこに保管されていた。

一九九一年一〇月、フロステンソンはダーゲンス・ニューヘーテルのインタビューで、ノルリングの展覧会に触発され、「小さくて奇妙な散文詩集」に取り組んでいると語った。ドムとその街は彼女から離れなかった。「彼らがどこから来たのか本当にわかりませんが、カタリーナ・ノルリングが私の中に、この世界を呼びだしてくれました。素晴らしい贈り物をもらった気がします」

一ヶ月後、彼女は別の新聞に、ドムから生まれつつある本について語っている。インタビューの横には『ぶら下がり』の大きな写真があった。カタリーナ・ノルリングによると、その後フロステンソンが連絡を寄こし、これが展示会での協力の条件だと説明したそうだ。だから、その彫刻の写真を自分の記事で使ってもいいだろうと。数ヶ月後にその作品は行方不明になり、この新聞記事はそれが実際に存在したことの数少ない証拠となった。

＊＊＊

一九九一年の秋、三一歳のビアンカ・マリア・バルメンは、コペンハーゲンの美術アカデミーで最後の一年を過ごしていた。クラスメートの一人はフォーラムで展示をしたことがあり、彼女にもジャン＝クロード・アルノーに連絡するよう勧めた。

アルノーに電話した彼女は、ぜひ作品を見せてほしいと言われた。そこで自作の彫刻の写真を持ってストックホルムに旅立った。彼女の卒業制作でもある不思議な生き物のコレクションだ。宦官、森林保護官、うつむき加減に目を開けた双子の男の子。大げさな表情をした巨大な猫、その後ろに立つやや小さな猫。

そのころ、カトリーン・ダ・コスタの遺体バラバラ投棄事件についての本が議論され、また人種差別的な連続殺人も発生していて、ストックホルムは恐怖の底に沈んでいた。犠牲者に共通していたのは、肌の色や髪の色だけだった。アルノーはいつもよりタクシーの利用が多くなった。その数ヶ月間、ビアンカ・マリアと同じように、彼も不安を抱えていた。

「振り返ってみれば、九〇年代前半は暴力の時代でしたね。事件をテーマにした本がいくつも出版されました。

ジャン＝クロードに会うと、彼は私の写真が気に入ったと言い、二月には会場の予定が空くので、そのころに展示会をしないかと提案しました。私に異存はありませんでした」

地下サロンを自由に歩いていいと言われたビアンカ・マリアは、この会場は完璧だと感じた。壁と天井には、彼女の彫刻と同じように、擦り切れた白さがあった。

一九九二年の冬に展示会の準備が整った。カタリーナ・フロステンソンが立ち寄り、静かに会場内を歩いたあと、魅力的な作品ばかりねと話しかけた。

展示会開催の数日前、ビアンカ・マリアはアルノーと一緒にオフィスに座っていた。彼は妹が焼いたというケーキを差し出した。マルセイユから送ってきたそうだ。そして彼は、ユダヤ人の両親が三〇年代にソビエト連邦から逃走したときのことを語った。スウェーデンで居住許可を得ようとしたが、拒否されたためフランスにたどり着いたそうだ。大人になった自分がスウェーデンに根を下ろすとは運命の皮肉だね、と彼は述べた。

ビアンカ・マリア・バルメンは、まだ無名の芸術家だった。だがうれしいことに、展示会には大勢の客が訪れた。プラスチックのグラスでワインが振る舞われ、彫刻には「売約済み」の赤いマークが貼られていった。

スウェーデン公共芸術評議会も彼女の作品を購入した。また、美術史家のニーナ・ヴェイブルはストックホルム大学と自分のために作品を購入した。主要新聞の批評家たちも足を運び、ビアンカ・マリアの作品は意欲に満ちた無関心を表現していると評した。彼女は自然界の無意味さ、つまり「互いを見る動物の視線」に内在する空虚さを捉えることに成功していると。彼女の彫刻は、余計な解釈が不要な作品との評判を確立した。ダーゲンス・ニューヘーテルの評論家は、「(何を表現してもその裏に政治的メッセージがあると考えられた)一九六〇年代と一九七〇年代の芸術環境から来た作品でないことは確かだ」とも書いている。

＊＊＊

カタリーナ・フロステンソンは、新たな芸術分野へ関心を示すと同時に、キャリアの決定的前進を遂げた。一九九二年二月一九日、ビアンカ・マリア・バルメンの展示会開催から四日後の水曜日、スウェーデン・アカデミーの事務局長であるストゥーレ・アレンから電話があり、同組織には新しい感性が必要であり、彼女に一八番の椅子を提供したいと述べた。彼女は、考える時間がしばらくほしいと頼み、翌日の昼食時に返事をすることになった。その夜、アルノーはいつものようにストックホルムの街にいた。プリンセンとアートクラブ「リド」のあいだを移動するとき、彼は出会う人すべてに、妻がオファーを受けた地位について話した。

フロステンソンは一八番目の椅子を受諾し、スウェーデン・アカデミー史上五人目かつ最年少の女性会員になった。ジャーナリストたちは、シグトゥーナ通り一四番地でこの新会員に会えると知らされた。

アリーヌ・ゴーギャンは、その発表前にフロステンソンが選ばれたことを知っていた一人だ。レストランで会ったアルノーから知らされた。ニュースを知った各メディアの車が地下サロン前に停まるようになると、ゴーギャンはドアマンの役目をこなした。

それまでずっとフロステンソンは、人目につくことを避けてきた。写真嫌いで、集合写真なんてとんでもない話だった。スウェーデン・アカデミーでは、この写真嫌いがときどき面倒を起こすことになる。それでもその日は、何人かのジャーナリストが地下サロンへの入室を許された。ジーンズと紺色のリブニットポロシャツを着たフロステンソンは、彼らを温かく迎えた。

彼女は壁とビアンカ・マリアの彫刻を背にして、つまり均質な白い背景の前に立っていた。地下サロンで撮られた写真は、報道写真としては格段に美しかった。エクスプレッセンやアフトンブラーデットなどのタブロイド紙用の写真ではなく、芸術雑誌のために撮影されたかのようだった。

アルノーは一日中現場にいて、ジャーナリストたちのあいだを歩きまわった。

「いまや僕は、ただの『アカデミー会員の夫』ですよ」と彼はダーゲンス・ニューヘーテル紙に「ペコペコと頭を下げ、少し皮肉な笑みを浮かべながら」語った。彼はこの後、スウェーデン・アカデミーの会員であるカタリーナ・フロステンソンと自分を「僕たち」と呼び、二人がお互いに依存していることを熱心に語るようになる。「僕が誰と結婚しているのか知っているの?」は以前から脅し文句として使われていたが、その使用頻度はこの後、増すようになる。

彼女の詩と同様に、カタリーナ・フロステンソンも大きなオーラを放っていた。ジャーナリストたちは、マイクやメモ帳を持って彼女の前に立つと、たちまち自分の言葉遣いが不安になったと言う。愚かなことを言ったり、凡庸な表現を使ったりして、彼女をイライラさせたくなかったからだ。

その日、カタリーナ・フロステンソンは新しい任務に伴う影響力や責任についてコメントする必要はなかった。私が参加したインタビューでも、スウェーデン・アカデミーに暗い影を落としているラシュディ事件に対する見解についての質問に答える必要がなかった。一九八九年二月、イランの最高指導者は、アラーと預言者ムハンマドを冒瀆しているとして『悪魔の詩』の著者サルマン・

ラシュディにファトワ〔イスラム法に基づく宣告〕を発令した。死刑を言い渡された著者は逃亡生活を余儀なくされたが、これについてスウェーデン・アカデミーは政治的立場を取りたくないとして一切コメントしなかった。その結果、シャスティン・エークマン、ラーシュ・ユレンステーンおよびヴェルネル・アスペンストレムの三人の著名作家が事実上アカデミーから脱退した。

その作品ゆえに殺されるかもしれない作家と、スウェーデン・アカデミーは将来どのような関係を持つべきか、についてコメントする代わりに、フロステンソンはストゥーレ・アレンからの電話を受けたときにどう思いましたかと尋ねられた。予想していましたか、それとも驚きましたか？　その電話を受けたとき、実際に何をしていましたか？　アカデミー会員として、「詩の夕べの前衛的な地下の暗闇から」若い作家を導くつもりですか？

スウェーデン・アカデミーの新会員について初めて一般に報道したのは、夕方のニュース番組「ラポット」だった。ニュースの導入は、地下サロンの白い壁と、そこに並ぶビアンカ・マリア・バルメンの猫の彫刻だった。それらをカメラがゆっくり撮ったあと、フロステンソンが画面に登場した。記者たちを前に、彫刻の一つを撫でながら、一〇代のときの論文で、詩なんてブルジョアすぎると批判したことがあると話しはじめた。

「多くの詩が信じられないほど捻じ曲げられ、閉じ込められている。私は本当にそう考えていました。ですから詩を書くようになったのは、そのころではなくずっとあとになってからでした。つまり、私は詩に対して強い思いを持っていたのですが、理想はまた別だったのです。もっと広大で、かつ攻撃的な詩が欲しかったのです」

そして彼女は自分の詩集『イオン』から、一つの詩を読みはじめた。それはのちに、話すことを避ける手段となった。カタリーナ・フロステンソンにインタビューを試みた人、または彼女に文学的なスピーチをさせたいと思った人は、たいてい彼女が代わりに朗読を提案してくると知っている。

翌朝の新聞に載ったコメントは叙情的だった。主要紙は彼女の選出を画期的だと評した。フロステンソンは、ラシュディ危機後の改革の切り札となるだろう。

アカデミーから去ったのがエークマン、ユレンステーン、アスペンストレムだったことが多くの作家に抵抗感を生じさせたと、文化欄の記者たちは考えていた。「トップレベルの作家が撤退した」文学団体に入会するのは、いささか躊躇することだろう。しかし今、スウェーデン・アカデミーは「世代を飛び越え」、はるかに若い人を選出することで危機を解決した、とダーゲンス・ニューヘーテル紙は評した。エクスプレッセン紙によれば、その詩人の芸術的完成度は「誰も疑問を呈することができない」そうだ。スヴェンスカ・ダーグブラッデト紙は、「文学における絶対音感」と「その名において、凡庸を求めない厳しい審美眼」を持つ詩人と表現した。フロステンソンはスウェーデン・アカデミーの威厳を取り戻し、「フォーラムでジャケットを見せびらかしている若き前衛派」でさえアカデミーを尊敬するようになるだろうと、エクスプレッセンの文化部長は記している。彼はまた、将来、ホーラス・エングダール、アンデシュ・オルソン、スティーグ・ラーションなどがスウェーデン・アカデミーの会員になることは不可能ではないと予想した。

カタリーナ・フロステンソンの容姿についても、いくつかの記事が残っており、彼女は「はかなげな美しさ」があり、「眺めているだけで心地よくなる」と評された。三九歳の彼女は「一八番の椅子の乙女」だった。

＊＊＊

フロステンソンがアカデミー会員に選ばれた直後、アルノーはビアンカ・マリア・バルメンに連絡し、フロステンソンが猫の彫刻のブロンズ版を注文したがっていると話した。それに加え、購入された彼女の作品は、まもなくフォーラムから買い手に輸送される、と彼は話した。ギャラリーとアーティストのあいだでよくあるように、お金は平等に分け合うことが彼らの合意事項だった。だが、ビアンカ・マリアはまだ一銭も受け取っていなかった。フロステンソンのブロンズ彫刻の仕事を始める前に、彼女はアルノーに質問した。買い手がまだ代金を支払っていないから、というのがアルノーの返答だった。

フロステンソンがスウェーデン・アカデミー会員に選出されたというニュースから二週間近く経った一九九二年三月二日、アルノーはカタリーナ・ノルリングの留守番電話にメッセージを残し、ギャラリーに電話してもらいたいと頼んだ。この期間中、彼女は日記を書いていたので、出来事の正確な日付を追うことができる。彼女の三人の友人は、当時の出来事の別々の段階を知っているが、私に語ってくれた内容には一貫性があった。

ノルリングが電話をかけなおすと、アルノーはフォーラムに泥棒が侵入したと語った。盗まれたのは彼女の作品の一つだけだった。オラ・ビルグレーン、ヨハン・スコット、ホーカン・レーンベリ、ヤン・ホーフストレムの作品はどれも無事だった。それから突然、カタリーナ・フロステンソンが会話を引き継ぎ、自分が倉庫でワインボックスを探していたときに盗難を発見したと言った。残念ながら『ぶら下がり』は跡形もなく消え失せていたと。

警察に通報したのかとノルリングが問うと、フロステンソンは、もうこのことは忘れて、代わりに類似の作品を創るように促した。

ノルリングはフォーラムに向かった。あの彫刻がなくなったことを自分の目で確かめるためだ。アルノーとフロステンソンが盗難について語る様子は、ノルリングを混乱させ、疑惑を抱かせた。泥棒はあそこから侵入したんじゃないかな、とアルノーは当てずっぽうに言った。こんな事態なのにアルノーが顔色ひとつ変えないことにノルリングは驚いた。また、消え失せた作品を見つけることに興味があるようにも見えなかった。

ノルリングは、フォーラム運営者たちとの面会を新たに要求した。彼女の日記によると、彼らはノルリングが盗難についての話題を再度持ち出したことに腹を立てた。アルノーはこう言った。

「君の言うことなんか、誰が信じると思ってるの？　君はただの学生じゃないか。うちで取り上げなかったら、誰も君には注目してないだろう」

ノルリングが、売れた作品の代金も支払われていないと主張すると、フロステンソンは次のように答えた。「あの額のお金が欲しいって言うの？　あなたって驚くほどビジネス指向なのね」

ノルリングは、収入は折半する約束だったではないかと反論した。するとフロステンソンは「ここでは別のルールが適用されるの」と答えた。

「警察に被害届を出すよう彼らに求めたのは、何が起こったのかを理解したかったからです。どうしても外部の人に確認してもらいたかった。状況があまりにも奇妙だったので、私は自分の思考力を疑うようになりました。カタリーナ・フロステンソンが、『ドム』に基づく本を執筆していることは知っていました。重要なインスピレーション源として『ぶら下がり』をとくに強調していたことも。けれども盗難に遭うと、あの作品は突然、何の価値もないものになってしまったんです。ちょっとでも同情心はあるのかと彼らに尋ねた記憶があります。気の毒だと思っている、とは言ってましたけどね」とカタリーナ・ノルリングは回想した。

だが、私が当時フォーラムの近くにいた数人に尋ねても、この事件について聞いたことがないと言う。

「芸術作品を盗むなんて、けっしてささいなことではありません。カタリーナとジャン＝クロードが私たちに話さなかったなんて、ちょっと考えにくいですね。それに、私たちの作品も同じ部屋に保管されていたんですよ」とヤン・ホーフストレムは話す。

ルーヴェ・デルヴィンゲルは、そんな盗みはほぼ不可能だと言う。

「誰かが侵入したのなら、ドアに痕跡があったはずだ。僕たちだって捜査に乗り出したはずだ。それに僕は毎晩そこでピアノを弾いていたんだぜ。それからその泥棒は、なんでノルリングの作品だけ盗んだの？　『ぶら下がり』の傍らには、もっと有名な作家のはるかに高価な作品が並んでいたのに」

その春、美術大学学長オッレ・コークスはこの盗難の話を聞き、ノルリングが報酬を得られるようにと弁護士を手配した。

「私以外の人が関与し、ジャン＝クロードに問い合わせていると知って、カタリーナ・フロステンソンは私をフォーラムに呼び出しました。彼は黙っていましたが、彼女は大声で怒鳴っていました。あんな声が出せるなんて、それまで知りませんでした。彼女は徹底して彼を擁護しました。私にとっては、母に養子だと聞かされて以来の人生の転換点でした。存在を確信していたものが、次の瞬間、完全に崩れてしまったのです。結局、私は対立に耐えることができず引き下がりました。芸術活動は続けたかったけれど、大好きだったフォーラムには二度と行くまいと決心しました。ひとつの世界が終わったような気分でした。その後、他の場所に行くことも避けるようになりました。

説明するのが難しい出来事が、私をさらに怯えさせました……ある夜更け、私は校正者としての仕事を終え、オフィスから出ました。すると突然、歩道でジャン＝クロードに会ったのです。彼は喉を切り裂く仕草をしました。あっちは冗談だと言うかもしれませんが、私にはショックが強く、絶対に忘れないだろうと思いました。

そのあと私は、フォーラムから報酬をもらっていないとか、作品がなくなったという人たちに会いました。芸術家が搾取されている、と私は感じました。芸術家はあの二人にとって、好きなように扱える原材料だったんです。若くて無名の人たちは捨てられるんです。屈辱を感じました。彼らは私をもてあそんだのです」

ノルリングは、彼らとの話し合いの最後に、実際に何が起こったのかどうしても知りたいと主張した。

「するとフロステンソンがこう言ったんです。『私たちはあなたを揺すぶってあげたかったの』って。冷静かつ客観的な話し方で、何度かそう言ったんです。私がその意味を問うと、彼女は『あなたの作品は対称性が強すぎるので、あなたを揺すぶってあげたかったの』と答えました」

フォーラムで展示会をしたあとに作品が戻ってこなかったのは、カタリーナ・ノルリングだけではない。私がこの業界に詳しい人に連絡すると、ギャラリーを経営しているヨーラン・エングストレムを紹介された。彼は、二〇世紀後半のスウェーデンを代表する芸術家の一人（故人）のエージェントをしていた。その芸術家がフォーラムで展示会をしたあと、二つの作品（大きなリトグラフ）が戻ってこなかった。彼らは奮闘したが、結局、無駄に終わった。

「フォーラム側の説明は二転三転しました。買い手に貸し出しているだの、どこかを輸送中だの。結局、私のアーティストは途中で諦めました。あの状況では、信じられないほどのエネルギーを消耗します。他のことを考えようとしても、できなくなってしまいます。それに加え、彼はジャン＝クロードとカタリーナが好きでした」

芸術の世界でのエングストレムのキャリアは何十年にも及ぶが、この事件は彼にとって新奇なものだった。

「もしもギャラリーがアートを返却しなかったら、そのオーナーは巨額の請求書を受け取り、店を永遠に閉じることになるでしょう。けれどもジャン＝クロードの場合は違いました。アーティストは彼に協力したくなるのです。ジャン＝クロードが財政的に苦労していると、みんな思っていました。もうフォーラムを追及するのはやめようと決心したとき、その芸術家が『リトグラフはきっといつかは出てくるだろう』と言ったのを覚えています──『それに、ジャン＝クロードとカタリーナにはお金が要るからね』」

＊＊＊

カタリーナ・フロステンソンの注文どおりに猫の彫刻のブロンズ版を完成させたビアンカ・マリア・バルメンは、それを自分の手でコペンハーゲンからストックホルムに運んだ。そしてフロステンソンたちのアパートで彼女に手渡した。ビアンカ・マリアは、展示会中に売れた合計八つの作品に対する報酬をまだ受け取っていなかった。アルノーは、それは買い手が支払わなかったからだと主張した。

その後間もなくビアンカ・マリアは、展示会で彼女の彫刻を二点購入したニーナ・ヴェイブルと偶然出会った。支払いの話を聞くとヴェイブルは仰天し、大学からも自分からも確かにアルノーとフォーラムに支払いを済ませたと話した。領収書もあとから送ってきた。それでもビアンカ・マリアは、売れた作品に対していかなる報酬ももらえなかった。この事件を警察に通報することもなかった。

「フォーラムでの展示は、事実上、私の最初の個展でした。私が世に出るきっかけになりました。だから私には複雑な感情がまとわりつくのです。しばらくの間、私は『スウェーデン芸術家団体』と連絡を取り、弁護士を雇おうかと考えていました。でも結局、費用が高すぎるとわかったのです。同時に私の頭の中で、アーティストのリチャード・プリンスの言葉が響きはじめました。私が美術アカデミーの最終学年だったとき、彼はゲスト講演をおこない、『負けるのは常に芸術家』だから訴訟は起こさないようにと忠告しました。ジャン＝クロードとカタリーナは地下に自分たちの王国を造りました。もし私が引き下がらなかったら、状況は私に耐えがたいものになることでしょう。それなら、すべてを手放したほうがいいと考えました」

＊＊＊

カタリーナ・ノルリングの作品がフォーラムから忽然と姿を消したとき、彼女は友人のサラ・カステーン・カールベリ〔一九六三―。スウェーデンの画家〕と毎日のように電話で話していた。

「私たち二人は、この奇妙な体験を共有することになりました。私は当時、アフトンブラーデットで受付係をしていました。奇妙な状況と陰謀説について電話してくる人が絶えない世界。新聞社というのは、そんな人たちの情報から物語を編み上げるものです。けれども、フォーラムでの事件は本当に身がすくむものでした。自分の作品が忽然と消え失せるなんて。私自身もアーティストなので、誰かに自分の作品を奪われるなんて、レイプされたも同然です。でも、状況はまったく理解不能でした。カタリーナの癇癪《かんしゃく》、ジャン・クロードの『お前の喉を掻っ切ってやるぞ』サイン。私は結局、カタリーナが絶え間なく電話してくることに耐えられませんでした。彼女に、もうやめてくださいと懇願しました。私たちには出口がありませんでした。この事件について、頭がおかしくなったのかと思われずに話す場所は、今までありませんでした」

ノルリングにとって、彼女の人生に影響を与えたのは、盗まれた作品ではなかった。作品が消えてから数ヶ月後の一九九二年秋、カタリーナ・フロステンソンは新作『ドムからの物語』を出版した。インタビューの中で、彼女は自分が「見つけた」未知の人々を描いた本だと説明した。

とても本を読む気にはなれなかった。

「あの本の出版後、私はドムを創ることをやめました。自分の世界が誘拐されたように感じました。忘れようとする努力が必要でした。私は他の方法で自分の芸術を発展させました。しかし、あのような奇妙な出来事は、非常に強い絆をも生み出します。理解できない出来事や思い出から、完全に解放されることはありません。私はドムに縛られたままです」

13

ラスムスからフォーラムの会場の話を聞いたとき、私の脳内に浮かんだ光景は、すり鉢状の古代の円形劇場内の傾斜した通路だった。その先にはステージがあり、光沢のある大きなグランドピアノが置かれている。だが屋内の薄暗い空間では一人の男が歩きまわり、アシスタントたちにささやき声で指示を伝えている。その若い女性たちのことは、はっきりと想像できた。黒い服に真っ赤な唇。彼女たちはただ不安そうにしているだけではなく、ある種の活気や興奮も感じられる。まるで、小説の一場面のように。

そんな映像が、あたかも私たちの集合意識の中に存在するかのように、目の前に浮かび上がってきた。だが本当はどこから来たのだろう？

私が調査を始めたころ、ある人から聞いたのだが、ジャン＝クロード・アルノーは周囲にいる女性たちを「ヒステリー女」と呼んでいたらしい。このことは、他の人たちからも確認できた。

彼もカタリーナ・フロステンソンも、一九世紀後半のフランスの有名な精神科医ジャン＝マルタン・シャルコーに魅了されていた。この医師は、パリの大きな精神病院サルペトリエール病院でヒステリーの研究プロジェクトを主導していた。当時「ヒステリー」は、強い不安を表明する、性的に興奮している、あるいは極度に無気力または内気であるなど、さまざまな点で精神的に逸脱していると考えられた女性たちに付けられた診断名だった。

シャルコーを有名にしたのは、毎週火曜日の公開講義だった。彼は数名の患者を選び、ヒステリーのさまざまな症状を演じさせた。登場した女性は若く、ほとんどが一〇代だった。詰めかけた観客とカメラの前で、彼女たちは突然、口から泡を飛ばして無意味なことをしゃべったり、痙攣《けいれん》や震えとともに体をよじらせたりした。

女性たちの実際の経歴については詳しくわからないが、サルペトリエール病院を去ってから、まったく異なる生活を送った女性が何人もいる。また、カーリン・ヨハニソン〔一九四四―。スウェーデンの思想史研究者〕が著書『傷ついたディーヴァ』（二〇一五）に書いているように、入院する前に多くの女性が性的虐待を受けており、彼女たちの公開講義での役割はシャルコーへの「特別な忠誠心」に基づいていた。つまり、スター精神科医と彼の同僚たちは、若い患者たちとセックスしていたのではないか。

パリの社交界で、シャルコーは特殊な地位を確立した。何人かの患者を連れて突然、パーティーに姿を現すことがあり、その光景に対してさまざまな憶測が飛び交った。彼らの関係は、実際はどのようなものなのか？　女性たちは自発的な愛人なのか、それとも気の毒な犠牲者なのか？

シャルコーは自分をただの医者ではなく芸術家でもあると考えていた。火曜日の公開講義では、舞台裏で監督のように立ち、若い患者がステージに出る前に指示を出した。ヨーロッパ中の芸術家や知識人がこの講義を見るために集まった。彼らの多くは、幽閉された俳優であり病気休職中のスターでもある魅力的な女性たちをモデルにし、作品を発表した。

女性患者の何人かは、さまざまな有名画家のモデルとして働きつづけた。ヒステリーは重要なモチーフとなった。ヒステリーを発症する女性は、欲望にも自然にも近いのだと考えられた。一方、男性である芸術家たちは規律を保つことができ、女性の混乱を正しい方向に導くことができるとされた。このように、サルペトリエールのヒステリー患者は、「壊れて」「狂った」若い女性の原型として、二〇世紀の西洋美術の偉大なミューズとなった。

私たちの時代の芸術家もまた、彼女たちに惹かれている。

フロステンソンは、火曜日の公開講義を基にした戯曲『ホールP』を書いている。また詩集『黄色の中へ』では、患者を「話すこと、仲間になることを世界から拒否された」存在として描いている。

彼女とアルノーが共同執筆した本『遺されたもの』には、アルノーが撮影したサルペトリエール病院周辺の風景も収められている。

しかし、アルノーがシャルコーに惹かれた最大の理由は、その精神科医の公開講義やナイトライフの周囲にあったソーシャル・ダイナミクスを自分も操りたいと思ったからだろう。

スウェーデン第二の都市ヨーテボリで開催されるブックフェア期間中に、アルノーは会場近くのホテルのスイートを借り、パーティーを開いていた。ワインをついでまわるのは若い女性たち。ほとんどが黒い服を着て唇を赤く塗っていたので、客の多くはドレスコードがあるのだろうと思っていた。女性たちの何人かは、ストックホルムのオフィスでもアシスタントとして働いていた。パーティーのために一時的に雇われた女性もいた。彼女たちは有名作家の娘か、またはアルノーがバーで直接声を掛けた女性たちだった。お酌をしてまわった女性の何人かは、その職務内容に性的に見られることが暗黙に含まれていると感じていた。

「彼は、ある種のシーンをつくりたいようでした。スイートでゲストたちのあいだを歩くときには、両腕に女性を抱えるようにしていました」

「彼は、若い女の子と一緒にいるところを見られたがりました。そうすると、みんなの話題になるので」

二〇一七年の秋、私は、文化の世界で仕事をしながらもアルノーやフォーラムに近づかないようにしていた人たちと話をした。彼らの中には、「アルノーに関する噂話は〝乱交〟から〝児童セックス〟まで何でもありだった」とまで評する人たちがいた。この極端な意見の原因はアルノー自身だと私は思っていた。彼は確かに神経症だったかもしれないし、あるいは新しい人に会うたびに「僕についてどんな噂を聞いていますか?」と嬉々として尋ねていたからかもしれない。

彼に対してそんな噂が立てられるようになったのは、その場所も関係しているだろう。すべては地下でおこなわれた。地下とは、人間の無意識や文明の危機的な混沌を表す、芸術と文学の最も古典的なイメージの一つだ。アルノーに関する文化界のささやきは、煙幕の役割を果たしていると私は感じた。虚実が入り混じる霧に溶け込むカーテンのような。

＊＊＊

アルノーは初めて明確な役割を得た。フォーラムの芸術監督だ。大きな地下空間の中に、彼は独自の世界を造り上げた。そして、フロステンソンの協力を得て、他の人々もその構成要素になりたいと願うほどパワフルな物語を創る能力があることを証明した。彼に最も近い友人たちは、フォーラムは一般社会の圏外にあると主張した。

この地下空間に足を踏み入れた官庁はなかった。防火設備の点検もなかった。一方で敵もいた。フォーラムがハイカルチャーに関わることが我慢ならないポピュリストだけでなく、モラリストもフォーラムを軽蔑した。早々にアルノーの友だちは新しいポリティカル・コレクトネスに脅かされていることを知った。性的にお堅いフェミニストたちは、フォーラムの芸術監督を躍起になって叩いた。叩かないときは、そのチャンスを狙っていた。アルノーに対する周囲の非難は、彼に対する共通イメージになりはじめた。

一〇月末、夜中に目を覚ますと、私はアルノーのインスタグラムを見に行くようになっていた。彼は有名な文化人と一緒の写真を投稿していた。そのうちの一枚では、スウェーデンの作家のホーラス・エングダールおよびスティーグ・ラーションと一緒に、ブルガリア系フランス人の哲学者でフェミニストのジュリア・クリステヴァと一緒に写っている。その他に、黒い革の鞭を用いた写真が何枚もある。鋲《びょう》付きの首輪をつけた女性の写真には、「ハッピー・イースター！」の挨拶と稲妻の絵文字もついている。SMをほのめかす写真が多く、一つのカテゴリーになっているとすぐに気づいた。そのジャンルをグーグル検索すれば、すぐに見つけられるような写真ばかり。だが、何よりも気味悪く感じたのは、これが彼のペルソナとなって彼を守るかもしれないということだ。アルノーの身近にいる人々は、彼に対する告発をあまりにもモラル偏重だと解釈するかもしれない。長いあいだ芸術家を誘惑してきた「規範を破る美学」ゆえに、彼が疑われているのだと。

二〇〇〇年にアルノーと知り合ったクリスティーンは、噂が本当かもしれないということが、彼の魅力の一部だと感じた。

「彼に最も近い人たち、ホーラス・エングダールやカタリーナ・フロステンソンなどは、たいてい彼の部屋に集まって執筆していました。二人は、彼の中に何かを探していたのです。それは表面には出てきません。ジャン＝クロードの暗いペルソナには、内面が危険かもしれないと思わせる緊張感がありました。彼に近づいたほとんどの人はその魅力を感じ取りました。私でさえもね。レイプされる前だけど」

女はクレイジーだとアルノーが非難していたと、私は繰り返し聞かされた。そのたびに感情が掻き立てられる。現在、ヒステリーは診断名ではなくなったが、その概念はロマンチックな狂気と激しい抗拒の両方として生きつづけている。シャルコーの火曜日の公開講義の聴衆の中に、ねじれた口ひげを生やした若い男性がいた。ジークムント・フロイトだ。彼はすぐに、ヒステリーと「性的暴行を受けたという偽の告発」のあいだには関連があると指摘し、その説はやがて学会の主流となった。二〇世紀前半の医師たちは、ヒステリーに苦しむ女性の特徴の一つに「性的暴行を受けたという告発を周囲の人に投げかける傾向」を挙げていたと、文化史学者のミトゥ・サニャルは指摘する。

フォーラムの財政も謎の一つだった。アルノーは、フォーラムは助成金を一銭も受け取っていないと主張していた。この発言の主旨はハイカルチャーを見下すことだ。二〇〇五年一〇月、作家でありアカデミー会員でもあるペール・ヴェストベリはスヴェンスカ・ダーグブラッデト紙で、フォーラムの芸術監督から依頼されればたいていのことに協力する理由をこう説明した。「フォーラムの活動は非常に重要にもかかわらず、市当局や文化評議会〔日本の文化庁に相当〕からの援助は恥ずかしくなるほど少ないからです」

一九九〇年代後半にアルノーも同じようなことを言っていた。おまけに、こうも付け加えた。「プライベートな団体か、金持ちの団体か、危険な団体にしか助成金を渡さない民主主義社会」

二〇〇六年六月二日、文化省の組織「スウェーデン芸術助成委員会」が手紙を受け取った。差出人はホーラス・エングダールとペール・ヴェストベリで、二人はスウェーデン・アカデミーの事務局長と会員として署名していた。さらに、他の著名な文化人五人も名を連ねていた。彼らは共同で、ジャン＝クロード・アルノーに国家が保障する生涯収入「芸術家報酬」が与えられるべきだと主張した。さらに、アルノーの文化芸術への貢献を称賛することに加え、彼の「わずかな私財」が長いあいだフォーラムの運営に費やされてきたと述べた。

実際には、この描写は正しくない。

二〇〇〇年から二〇一〇年代にかけて、年間約一〇〇万クローナ〔約一三〇〇万円〕が助成金としてフォーラムへ流入していた。助成金の提供元は、ストックホルム市文化局、中央政府の文化評議会、ストックホルム県庁、およびスウェーデン・アカデミーであった。二〇一七年にはこの金額が三〇万クローナ〔約三九〇万円〕以上増加しているので、アルノーがフォーラムの運営に腐心していたとは考えにくい。

元アシスタントの一人は、観客の数からサロン登壇者の氏名まで、助成金申請書にも会計報告書にも嘘を書くよう頼まれたそうだ。アルノーもフロステンソンも、それが「エスタブリッシュメント」（既存の体制派、支配階層）への反逆だと説明した。

「お偉い人たちはフォーラムに資金援助したことがないので、私たちは取り返すべきだって。スウェーデンの他のどんな団体もこれほど高い芸術性を維持していないという二人の言い分に、私も同調していました。だから、その〝抵抗運動〟に取り組む気が湧いてきたわけです」

申請書には、助成金の大部分は参加アーティストへの報酬に使われると記入されていた。アルノーは、スウェーデンの一流創作者《クリエイター》に対し、公演ごとに五〇〇〇クローナ〔約六万五〇〇〇円〕支払う予定だと書いている。だが、実際に彼らが受け取った金額は、封筒に入った九〇〇〜一〇〇〇クローナ〔約一万二、三〇〇〇円〕だった。ルーヴェ・デルヴィンゲルはそこで三〇年間定期的にコンサートをおこなっていたが、報酬はまったくなかった。

アルノーは、助成金授与機関で働いていた人々と良好な、場合によっては個人的な関係を持っていたようだ。ストックホルム市文化局からフォーラムに毎年約四〇万クローナ〔約五二〇万円〕の助成金が下りていたが、二〇一三年の担当者（女性）からのメールはこう始まっていた。

「このあいだはどうも！」

二〇〇〇年代後半、フォーラムの元アシスタントの一人がストックホルム市文化局に通報した。何年ものあいだ彼女はアルノーに勤務時間中に体を触られていた。彼女は文化局に電話で通報した直後に退職した。彼女は匿名で、フォーラムの芸術監督が国と市からの助成金を使ってタクシーに乗り、女性たちを高価なレストランに連れていっていると語った。だが文化局長には、この申し立てを調査する気はなかった。最初に驚いてこう発言したくらいだ。

「あなたが言っているのは、私たちのジャン＝クロードのこと？」

二〇一七年、ストックホルム市文化局は助成金受領団体をランダムに選び、外部の会社に調査させた。フォーラムもその対象になった。結果はフォーラムへの不信につながった。フォーラムの前年のタクシー利用料は七万クローナ〔約九二万円〕を超えていたが、それについての充分な証拠が見つからなかったからだ。

経済的に困窮しているという話と並行して、アルノーは独特のライフスタイルを持つ人として登場するのが好きだった。一九九二年二月、ダーゲンス・ニューヘーテル紙は彼を地下社会への案内人と呼んだ。フォーラムを運営するために「住居を売る」必要があった「黒髪を束ね五桁のゴルチェのスーツを着る現代のウェルギリウス〔紀元前一世紀のローマの詩人〕」。

「残念ながら、一部の文化助成金がもらえないんです。希望を捨てたわけではありませんが、今では僕の個人財産が……いつまで持つのかはわかりません」

このインタビューを読み進むと、アルノーの抱えるパラドックスが大きくなっていく。破産の可能性があると繰り返しながらも、背後にはシャトーヌフ・デュ・パプのボトルが並んでいる。

その解けない方程式が、フォーラムの周りに独特の謎を張り巡らせたと、ルーヴェ・デルヴィンゲルは解説する。

「実際、お金はどこから来たのか？　彼自身は遺産だと言っていた。だけど、本当のことは誰にもわからない。そもそも、あの地下サロン自体が矛盾に満ちていた。最高級の芸術が薄汚い地下室で披露される。事業は赤字だったのにボルドーワインが常に振る舞われる。僕たちをほぼ無料で働かせていたのは舞台と観客だった。フォーラムには違法なギャンブルクラブの印象があったね。秘密裏におこなわれる犯罪の魅力が。その印象をつくり出したのは、ジャン＝クロードがこっそりと出演者に配っていた札入りの封筒かもしれない。あるいは、控室の擦り切れた黒革のソファや、忽然と保管室から消えた美術品かもしれない」

＊＊＊

二〇一七年の一〇月が一一月になり、編集者と私が記事発表について具体的に話し合う時間が長くなっていった。トップページには、モザイクをかけた顔や、未知の世界へと下りる階段が載るべきではない。記事に充分な説得力がない場合、それはジャン＝クロード・アルノーの伝説の一部になることも、私は覚悟していた。

　記者になるということは、できるだけ現実に近づこうとすることだ。その仕事は本来、地味で退屈であるべきだ。私がダーゲンス・ニューヘーテルの編集部長との打ち合わせの席で「フォーラムの神話を解き明かしたいんです」と言ったとき、「パーティー会場に突然足を踏み入れて蛍光灯を点《つ》ける警備員のようだね」と言われた。

　しかし、私にはまったくそのような意識はなかった。私が集めた証言はそのイメージにそぐわないと思った。告発の対象は、大きいのに無視されてきた、ストックホルムのカルチャー・ライフの一部だからだ。問われているのは個人ではなく一つの社会、あるいは共通認識なのだ。だから、何も語らないことが安全な選択肢になってしまう。反対に、情報を公開すれば、長いあいだ「当たり前」と思われてきたものごとをひっくり返すことになる。

九〇年代前半、私は三五歳で離婚したばかりでした。そのころにはもう詩を書きためていました。フォーラムでの朗読会に参加したとき、ジャン＝クロードに紹介されました。彼は私を上から下まで見たあと、自分の詩集を出版したいかと訊いてきました。その場合、もう少し襟ぐりの深い服を買ったほうがいい、そうしたら有名なスウェーデンの出版社に連れて行ってあげるって。私は言葉を失いました。この人、何を言っているの？

彼には感心しませんでしたが、フォーラムには非常に優れた文化プログラムがありました。オリジナリティに溢れたパフォーマンス――気取らないけれど排他的な。そこでは古典文学と現代文学が取り上げられていて、私は新しい方法で核心に近づけたと感じました。それは私が長らく望んでいたことでした。

地下サロンでジャン＝クロードに挨拶するとき、彼はいつも少し傲慢でした。カタリーナ・フロステンソンと同じ部屋にいるのに、アルノーがアシスタントの体を触っていることがあり、私と友人たちは理解できないと話題にしました。

あるとき、ジャン＝クロードが私にとんでもない発言をしたので、私は憤慨して尋ねました。

「彼女はどうして我慢しているの？」

彼は堂々と言い返しました。カタリーナはそのダイナミズムからインスピレーションを得ているんだ、僕らは合意のうえでやっているのだと。嘘か本当かわかりませんけどね。ジャン＝クロードは、国王夫妻とご一緒したディナーの様子も滔々《とうとう》と語っていました。スウェーデン・アカデミーについて知っていることも、あれこれと。私にとってアルノーとは、妻を犠牲にしても自分が大事で、文化エリートと知己になることで権力を得たつまらない男、いや、ほとんどコミカルな存在でした。

フォーラムを訪れたあと、私と友だちはバーに行きました。ジャン＝クロードもやって来て、カウンターに座っていた私の横に腰を下ろしました。私たちはアートについて、熱くて楽しい議論をすることになりました。審美眼とは何かについて。私はフランスの思想家について少し勉強していたので、知的な人物だと印象づけたかったのです。彼は私のことを、面倒くさいけれど面白い人だと思ったようでした。でも、それ以上のことはありませんでした。私にはみじんも惹かれていませんでした。それは感じでわかるものです。お互いさまなんですけどね。バーを出る前に、フォーラムに寄っていかないかと彼が声をかけました。そこで〆《しめ》のワインを用意するから、と。私はついて行くことにしました。振り返ってみると、それは奇妙な決定でした。でもバーが閉まっても、そのまま会話を続けたい場合もあります。たとえ内心では、楽しい時間が終わったと知っていても。私たちがフォーラムに着いたとき、彼は飲み物を勧めました――そのあとのことは覚えていません。二五年以上、私はグラスの中に何かが入っていたと疑っています。薬を盛られたのではないかと。バーを出たとき、私は酔ってはいましたが酩酊していたわけではありません。それまで飲酒で気を失ったこともありませんでした。

床の上で突然目が覚めました。そこに倒れていたのです。ジャン＝クロードは椅子に座っていました。照明は薄暗かったのですが、彼が嫌な目つきで私を見ているのはわかりました。ほとんど拒絶するように。私は、ズボンのボタンが外れているのに気づき、彼が私の中に侵入したと感じました。太ももまで何かがぬるぬると流れています。二時間くらい経っていたと思います。私は何も覚えていません。「何をしたのよ!」と言っても返事はありません。私が体を起こしたとき、彼は〝さっさと出ていけ〟と言わんばかりの態度で私を見ました。私に屈辱を与えたばかりの人から軽蔑を投げつけられたのです。このことは絶対に忘れません。私は這うように通りまで出て、家に向かって歩きはじめました。体はショック状態なのに、もうバスは走っていません。

どうにかタクシーを捕まえたと思います。いったい何が起こったのでしょう? こんな状況に陥るには、自分は年を取りすぎていると思っていたのに。まるで自分が一〇代の少女のようで恥ずかしくなりました。もしも意識があったのなら、私はその状況を回避することができたでしょう。そして、彼はまったく私には惹かれていなかったのに、なぜあんなことをしたのでしょう?

数年間、私はその事件が起こらなかったふりをしました。けれどもその後、あれは性的暴行だったのだと考えはじめました。たとえそれがレイプであっても、私には何もできないことも気づきました。証明できるものが何もないのです。私の執筆は続きました。けれども、フォーラムのサークル内での活動にはほとんど参加しなくなりました。ジャン＝クロードにはけっして近づきませんでした。

数年後、私はこの事件についてある男性に話しました。彼は警察に通報すべきだと言うのです。

でも成人女性として母親として、そんなに簡単にだまされたことが恥ずかしくてたまりません。暴行されたことについても——そう感じたというだけで証拠がないのです。けれども #MeToo運動が始まると、記憶がすべてよみがえってきました。

14

そぼ降る雨のせいで、街はぼやけて見える。二〇一七年一一月初旬の木曜日の夜、私はオーデンプランで友人のカーリンに会い、一緒に美術品の展示会に行く予定だった。そう、フォーラムの。私の調査には充分な証拠と説得力があり、記事として公開すれば大反響を呼ぶことは明らかだった。一五人の女性が新聞紙上で証言すると言ってくれた。この他に私は約三〇人に取材した——彼女らの証言を補強できる人たち、または文化界に精通しアルノーの地位や人脈を解説できる人たちだ。

だがこの日、最も深刻な告発をしている二人の女性が撤回を検討しはじめた。彼女たちは匿名の証言者だったので、私たちは記事から経歴がわかりそうな文言をすべて削除してみた。だが、それでもアルノーと彼の友人たちは人物の特定ができるだろう。彼女たちの参加がなければ、この調査全体が脅かされる。一方で彼女たちが話すことを選んだ場合、それが招く結果は現時点では誰にもわからない。

記事発表計画によると、私はすぐにアルノーに連絡を取り、彼にインタビューを依頼しなくてはならない。こちらに寄せられた情報に反論する機会を、彼に与えなくてはならない。だが、その結果、彼が目撃者に影響を与えることになりはしないか？　いやすでに、私の調査は彼の耳に入っているかもしれない。ひょっとしたら私の名前をグーグルで検索したかもしれない。私とカーリンが今夕、地下サロンを訪れたとき、その場に彼がいれば、私の正体がわかるかもしれない。私はすでに多くの人に接触し取材しているので、ありえないことではない。いや、彼が私の正体に気づくはずはない。だが、もし気づいた場合、彼は私に自己紹介するだろう。

こんなことばかり考えていると、私は背後が気になって、家を出たあと何度も振り返った。

ストックホルム有数の魅力的な地区ヴァーサスタンにある地下鉄オーデンプラン駅から地上に出ると、一九〇〇年前後に建てられた高い建物が目に入る。自然色の壁に並ぶエレガントなフレンチ・バルコニーは、内部の住人の生活を感じさせない。しかし、オーデンプラン駅前は例外的に混沌としている。にぎやかな通りに囲まれた広場には、三方をガラスに囲まれたバス停がいくつかある。それらには明かりが灯っているが、その光が届かない暗闇の中をゆらゆらと人影が動いている。

私が取材した女性のうち数人は、この街区には絶対に近づかないよう遠回りをすると言っていた。記事が発表された場合、彼女たちの身に何が起こるのだろう？　ジャン＝クロード・アルノーとカタリーナ・フロステンソンはどうなるのだろう？　実在の人物の生活が変化したり崩壊したりするのではないだろうか、と私は不安になった。一方で、証言はまだ録音ファイルとメモにしか存在していないことも気がかりだった。私は本当にこの記事を完成させることができるのだろうか。だから私は通りを渡るたびにバスにひかれないように用心を重ねた。これほど死を意識するなんて、過去に熱烈な恋愛に陥ったとき以来だと考えながら。

けれども、もっと心配していたのは、女性たちが調査から降りると決心し、沈黙の殻に閉じこもってしまうことだった。

カーリンが到着し、私たちはフォーラムに向かって歩きはじめた。シグトゥーナ通りは少しわかりにくい。私たちは角を曲がった。

アルノーの姿はすぐに見えた。このあと、彼に再会するのは一年近く経ってからになる。数人の友人男性に囲まれて立つ彼は、私たちをジロジロ見てから大声で言った。

「ほら、女の子たちが来たぞ!」

誰も何も言わなかった。ここは他人の〝演出〟を受けることにして、驚いた表情をしておこう。私たちはわざと会場の中を歩きまわった。各絵画の前で、または彫刻の前で、ゆっくり数秒間立ち止まる。私が見ていたのは美術品ではない。アルノーはまったく私を意識していなかった。私はまだ邪魔されずにこの記事を書くことができる。そう確信すると喜びが湧いてきた。

私は携帯電話を握りつづけていた。ちゃんと振動を感じるためだ。まだメッセージも電話もなかった。

アルノーの発言を聞いていても、私には特別な感情は湧いてこなかった。私がその会場に足を踏み入れたとき、それまでに何度も経験したように、ジャーナリストとしての任務と役割に守られていると感じた。だが、カーリンは別だ。アルノーが大声を出すと同時に、彼女にちゃんと注意をしておくべきだったと後悔した。それでも私の調査のことはかいつまんで話してあったので、あの発言を引用すれば私の記事がコミカルになるわねと言ってくれた。アルノーは彼自身のパロディーのようだった。唯一不気味だったのは、彼の周りにいながら黙っていた友人男性たちだ。

記憶の中で、私はあの地下にある舞台に頻繁に戻っていった。そこに手がかりがあるような気がしたからだ。

15

早い段階でアルノーについて情報をくれた女性の一人は、二〇一〇年代に北欧有数の作家養成学校ビスコプス＝アルネーに在学していた。授業の一環でフォーラムで朗読会をすることになり、そこで被害に遭った。彼女に取材した二、三週間後、私は他の元クラスメートからも朗読会で体を触られたとの証言を得た。朗読会のあとクラス担任はアルノーに警戒するよう他の教師たちに知らせた。そのうちの一人、イーダ・リンデ〔一九八〇―。作家〕に電話すると、彼女はそのとおりだと答えた。アルノーがビスコプス＝アルネーに連絡を寄こし、「個人的にお礼を言いたいから」学生たちのメールアドレスを教えてほしいと頼んできたとき、同校の他の教師たち――アーネ・スンデリーン〔一九五一―。文芸評論家〕、アテナ・ファロクサド〔一九八〇―。詩人〕、およびサラ・ゴードン〔一九七二―。作家〕――は、学生たちの苦情に言及した。

「当校の女子学生の何人かは、あなたから精神的・肉体的な性的嫌がらせを受けたと申し立てています。これは受け入れがたいことです。あの朗読会自体は素晴らしいものでしたが、現時点で当校は、フォーラムとのコラボレーションを継続することは不可能だと考えています」

アルノーは、こう返信した。

「私たちは、貴校の主張に強く異議を唱えます。あの日、私たちは学生たちにいくつかコメントをしましたが、それらはただ文学に関するものでした。私は貴校の誤解をまことに遺憾に思います。それゆえ、ビスコプス＝アルネー作家養成学校との継続的なコラボレーションを控える所存です」と言う。

イーダ・リンデは、この学校の対応が、他の文化人たちがアルノーを擁護することにつながったと言う。

私が入手したメールの中に、ある詩人がビスコプス＝アルネーの校長に宛てたものがあり、アルノーに対する教師の発言は「恥ずべきもの」であり、そのような行為は「非難」に値するとしている。彼女はまた、作家養成学校がスウェーデン・アカデミーから資金援助を受けているプロジェクトに参加していたことを強調している。

その秋、私が耳にした多くの話の中に、この組織の名前が何度も現れた。この伝統ある組織は、人々の恐れと沈黙の最大の理由であり象徴だった。それだけでなく具体的にも。何人かの女性は、アカデミーのアパートで性的暴行を受けたと言う。とりわけ、パリのアパートは何度も登場した。その秋、何人もの女性が個別にそのアパートに言及した。住所はどれも同じだった。そのアパートが存在することは間違いないのだが、アカデミーは海外に所有する物件については情報を公開していない。

アカデミーからアルノーたちの事業への財政援助についても、白黒はっきりしない情報が多かった。どうにか見つけられた数字は、文化評議会などの助成金授与団体に送られた申請用紙に本人たちが記載したものだった。

スウェーデン・アカデミーの事業構造は、ジャーナリストの調査が困難なことで知られている。その組織が社会の例外であることを、私はいつも好ましいと思っていた。それが現代の透明性に対する要求の対極にいることを。個人的な人生経験について釈明したり、不祥事があればすぐに申し訳なさそうに謝罪したりすることが期待されている公の場で、彼らだけが沈黙を許されていることを。長期的視点を持ち、この時代に最も読まれている新聞記事ではなく、文学史との対話に没頭していられることを。

二〇一四年にクリスティーナ・ルグンにインタビューしたとき、私は初めてスウェーデン・アカデミーの終身会員であることから生じる特権と、独特の自由奔放さを感じた。

彼女へのインタビューは大声で叱られることから始まった。私はストックホルムに引っ越したばかりで、王立劇場の「入り口」に行くようにという彼女の指示を誤解してしまった。これは、目立たないサイドドアのことだったのだが、私は正面玄関から中に入り、チケット購入者たちに囲まれながら彼女が迎えに来るのを待っていた。ルグンが現れたとき、彼女の顔は、何十年ものあいだ彼女のトレードマークだった長くて赤い髪に隠れていた。彼女が私に手を振ると、その髪は大きなカーテンのように彼女の目の前で揺れた。彼女の隠れ方は、「自分から相手の姿が見えなければ、相手も自分のことが見えない」と信じている子どものようだった。一二歳のころ、私もそんなふうだった。もう学校には耐えられないと感じたので、本能的に前髪を伸ばし、自分の顔を金髪の壁で覆うことにした。ルグンの姿を見て、実は今でもしょっちゅうその衝動に駆られることを思い出した。彼女から発せられる自由の精神は、あとから彼女が語ったスウェーデン・アカデミーの様子と関係している。彼女は私にタバコを差し出し、すべての人々はそのような永遠かつ無条件のコミュニティに属するべきだと言った。

「毎週木曜日に私に会わなきゃならない人たちがいるのよ。私が生きている限り必ず、何があっても。彼らが望もうと望むまいと。私を建物から閉め出すことはできないの」

他の新会員が選出されても、彼女の椅子は不動のままだ。たとえ彼女の著作が不評でも、彼女が病気になっても、あるいは認知症にかかっても。個人的に手配できるリムジンサービスも住居の権利も失うことがない。彼女は、スウェーデン・アカデミーが旧市街に所有する物件の一つに住んでいる。グスタフ三世の侍医が住んでいた広いアパートだ。

同じころ、雑誌「私たちの読書」によるインタビューで、アカデミー会員に選出されたばかりのサラ・ダニウスは、スウェーデン・アカデミーを人間のコミュニティの理想として描いた。「自分から退出することも、多数決で追い出されることもありません」。ダニウスは、かつてセルマ・ラーゲルレーフが座っていた椅子を文字どおり引き継いだ。ローマ数字の7が刻まれたドリンク用のゴブレットも。

もちろん、ルグンとダニウスが描写した組織で働くことにはリスクがある。内部で対立があった場合はどうするのか？　その組織は、けっして分裂することができないのだ。絶対に妥協しない人に対して、どう交渉すればいいのか？

しかし二〇一四年、私を魅了したのは現実の側面だった。排他的な組織は、文化界に対する私の最初のロマンチックなイメージにぴったりだった──そして、私が育った教区にも。

二〇一八年の秋、ホーラス・エングダールもまたアカデミーを宗教団体にたとえた。ただ似ているだけでなく、自分たちは神の子だという信念を持っているサークル。彼はさらにそのイメージを拡大する。

「スウェーデン・アカデミーは役所の一機関ではなく、選ばれた人々の集合体です。私たちは神聖な炎の世話をするように選ばれたのです。炎をチラチラ燃やすだけの人もいれば、激しく燃やす人もいます。ええ、会員は公式には平等ですし、そうでなければなりません。けれども、炎がとくに強い人はいつでもいるものです。万事順調なら、それを文学の天才と呼ぶこともあるでしょう。これは覚えておくべきことですね」

スウェーデン・アカデミーは、私が発表しようとしている記事にどう反応するだろうか？

彼らは批判的な記事にコメントしないことがよくある。たとえば、ストックホルムのアパートが会員の親戚にどう割り当てられているのかについて。

二〇〇四年の新聞「ポリティーケン」に、エングダールの「ジャーナリストはシュタージ〔旧東ドイツの秘密警察〕のようなもの」という発言が載っている。彼は慇懃《いんぎん》にアカデミーを擁護するが、アカデミーとメディアの関係は戦争だと描写する。

私は、スウェーデン・アカデミー会員だったウルフ・リンデ〔一九二九―二〇一三。芸術評論家、一九七七年に会員選出〕の古い録音を聞いた。七〇年代後半、スウェーデン・ラジオの記者に対し、スウェーデン・アカデミーの任務はマスメディアに対抗することだと彼は語っている。まことの力を持っているのはマスメディアだが、その仕事はカゲロウ〔はかないものの象徴〕にコントロールされている、などと述べている。彼の発言を聞くと、ジャーナリズムをリスペクトしていると言いながら、それを低俗で無意味なものと見なしていることがうかがえる。

エングダールとリンデがスウェーデン・アカデミーの世界観を反映しているとしたら、私の記事は宣戦布告だとも、取るに足らない一時的な騒音だとも見なされることだろう。

しかし、現在の事務局長はどのように答えることを（あるいは答えないことを）選ぶつもりだろうか？　想像もつかない。

彼女は、スウェーデン・アカデミーの会員になる前の二五年間、フォーラムに出演した九人の会員の一人なのだ。ホーラス・エングダール、アンデシュ・オルソン、ビルギッタ・トロツィグ、クリスティーナ・ルグン、ペール・ヴェストベリ、イェスペル・スヴェンブルー、サラ・ストリッズベリ、そしてジェイン・スヴェヌングソンと一緒に。

16

記事発表前の一週間は、爆音を立てて過ぎていった。私は記事を絶えず書き直した。テキストは簡潔で明瞭でなければならない。この記事を平凡なものにしてはいけないと私は自分に言いつづけた。スキャンダラスな記事、または閲覧数を稼ぐだけのポピュリズム的な記事でも駄目だ。私はフォーラムとスウェーデン・アカデミー周辺の人間関係を理解しようとして、彼らが書いたものを読み漁った。ジャーナリズムに対する彼らの形容は、私を天邪鬼にし、そのような低俗な表現を受け入れてやろうと思わせた。しかし、この記事を無視できないものにするためには、情報が正しいというだけでは不充分だ。真実はほんの始まりにすぎない。証言のためにできる最善のことは、私が平均的な記者でその記事など無視してもよいと思われないことだ。そう冷静に考えながら執筆を続けた。

私はジャン＝クロードに連絡を取りはじめた。何度も電話をかけた。突然、彼が電話に応答したとき、私は編集部の隅にある部屋に座っていた。彼の声は落ち着いていた。私の脈は速くなったが、台本どおりに自己紹介した。

「あなたとフォーラムに対する批判があるので、その件についてインタビューをお願いできませんか」

「その件についてはコメントできません」

と彼は答えたが、私は会って話せないかと食い下がった。

「そうすれば、どんな内容なのか、あなたにも正確にわかりますよ」

「うーん、考えてみますよ」

「何を考えることがあるんですか?」

「ねえ、お願いですから、僕はそんな質問には答えたくないんです。あなたがそんな記事を書くなんて残念です。もっと優秀なジャーナリストだと思っていましたよ」

アルノーはそう言うと電話を切った。

それでも私は電話をかけつづけ、インタビューの依頼をショートメッセージで五回送った。彼に対する告発は深刻な内容であると説明したが、アルノーは話したくないと言い、すべてを拒否した。

「僕は何もしていない!」

私は #MeToo 運動に関する報道にも追いつこうとした。私ももうすぐその一部になるのだ。不快な記事がいくつかあったが、告発された男性たちに向けられた怒りも見られた。
統計的には、私たちの多くが性的暴行の被害に遭っている。だが、自分の知人の中に加害者がいるなんて、ほとんど誰も考えていない。被害者は永遠に壊れてしまうのだから、加害者を化け物に変えて永遠に罰するべきである。そんなふうに考えると、今度は「強姦犯」は身近な人や愛する人とは何の関係もなく、自分が属する社会集団から遠く離れた場所にいると思いがちだ。しかし二〇一八年の秋、#MeToo運動は彼らの数が非常に多く、ごく一般的であることを見せつけた。この運動には、被害者だけでなく加害者のイメージを現実に近づける可能性がある。だが、その前年の二〇一七年一一月後半には、そんなニュアンスは存在しなかった。

ある日私は、かつて自分の教師だった男性に対する証言が集められているという噂を聞いた。私の目の前には、不安と疲れをにじませている彼の姿が浮かんだ。私の論文を読むときの真剣な顔つきや、そのテーマに取り組む私を励まし、多大な時間を割いてくれたことを思い出した。私は、公共部門で働く一部の男性のあいだに恐怖が広がっていることを知った。自分の過去に#MeTooが関わっていることを知っているか、そう思っている男性たち。そのうち引っ越しまでする人は少数で、多くはただ沈黙するだけだ。ソーシャルメディアをはじめとして、自分に注意が向けられるものは何でも避けるようになる。この行動は、アルノーの被害者たちが取ったものと似ている。たった数ヶ月で、#MeToo運動は被害者と加害者の役割を替えた。

羞恥心を押しつけることは、性的暴行の被害に遭ったと告発する女性たちに対する最も有効な武器だった。彼女たちの性格と信頼性に道徳の観点から注目すること。とくに飲酒習慣と性生活を暴くこと。

#MeToo運動が始まると、今度は加害者として告発された人物が調査の対象になった。当該男

性の個人的特質と犯行の可能性について調べる記事は、スウェーデンのメディアにも外国のメディアにも見られた。

しかし、最も恐ろしいのは、指弾された男性たちの性的嗜好について書いたテキストで、そこからは嫌悪か軽蔑しか感じられなかった。性的暴行に個人の欲求や魅力を混ぜ合わせただけの記事でしかなかった。

歴史を通して女性が（しばしば沈黙の中で）抱いてきた羞恥心が突然、男性に移行すると、その感情がどのような暴力を持っているのかが明らかになった。

この逆転は甘い復讐のように感じられる。だが、集団が個人に羞恥心を押し付けることは危険だ。羞恥心はあなたのしたことではなく、あなたがどんな人なのかということに関わってくる。そして、羞恥心を押し付けられた人間の本能的な反応は、そこから消え去りたいと願うことだ。

記事の発表に向けて、弁護士と編集者が数名ずつ関わるようになった。彼らは悪魔の代理人として、記事を一行ずつ精査する。明かりが煌々《こうこう》と灯る部屋で、私は彼らを前に、あからさまな証言を声に出して読む。「その言い分を信じる根拠は何か？」と問われると、私は紙の山をめくり、写真に撮った日記のページを引っ張り出す。あるいはチャットのスクリーンショット。友人やセラピストに取材した内容の清書。

新聞社の幹部は、アルノーの名前を出さない方向に傾いていた。私は彼を文化界の著名人、略して《文化人》と呼ぶことを提案し、それによってテキストが改善されることに気づいた。真実味が増すのだ。逆説的だが、調査の具体性が強まるのだ。ジャン＝クロード・アルノーの名前は一般的に知られているわけではない。彼の権力の源はスウェーデン・アカデミーであり、彼とフォーラムの周囲に存在する構造なのだ。だから、この仮名はぴったりだった。

ダーゲンス・ニューヘーテル内に新しい役職ができた。突然、トップクラスの経営幹部が、文化部で働く私たちの周りに集まってきたのだ。文化に関することなんて新聞の中核的な情報ではなく、トップニュースになることはめったにない。けれども #MeToo 運動は芸術とエンターテインメント業界で最初に展開した。それは驚くことではない。ユニークな芸術を創作する才能ほど、加害者を守ってくれるものはない。そして、今回の記事にあるように、そのような人と結婚しているという事実も。

私は何度も過去の記憶に立ち返った。文化界の伝説的な男性たちとのインタビューに。彼らの少年時代や成功についての話に。彼らが作品の中で使う力とは切っても切れない闇に。私はいつも、自分の一部を彼らの中に見ることができた。だから記事の中で彼らを「悪評のある」と表現することはできても、なぜ彼らが「豚野郎」と呼ばれているのかを調べたことがなかった。私は無意識のうちに、そして都合よく、そのような告発は司法の問題であってジャーナリズムの問題ではないという結論に達していたのだ。それに何より、「創作者個人とその作品」は区別する必要があるのだから。

しかし、ワインスタインの記事発表は、そのような原則を複雑にした。あのスクープ記事は、そのような調査が実行可能であったこと、そして性暴力がハリウッドの産業に付きものだったということを暴いた。制作された映画にも、圧力をかけられる前に業界を去ることを選んだ人々にも、性暴力は関係していた。素晴らしい作品を創った人の中には、他人の創造性を殺した人がいることに、私ははっきりと気づいた。だから、加害者が性的暴行を可能にした立場を失うことは、芸術全体にとってよいことなのだ。

しかし、告発された創作者の作品や映画を無効にすべきだと唱える人々もいた。そのニュースは私をがっかりさせた。その翌年には、Spotify に楽曲を使わせるなとか、美術館から歴史画を取り除くべきだと主張する小さいながらも声の大きなグループも出現した。今までの「創作者個人とその作品は区別すべき」という考えを覆し、作品は個人に基づいて判断されるべきだと言い張りたいのだ。

私はそれを #MeToo を縮小するもの、新しい答えを提供しないものと感じた。これでは、かつては信用していた真実に異議を唱えるだけの運動ではないか。

＊＊＊

記事がダーゲンス・ニューヘーテルで公開される際に、どんな写真を付けるべきか、私にはわかっていた。私は、調査に参加した人全員の写真を載せたかった。コメディアンのビル・コスビーの犠牲者を特集したニューヨーク・マガジンの表紙のように。もちろん、ほとんどの人は絶対に顔を出さないだろう。だから、見られる程度は各自で決めてほしいと考えた。暗い壁を背に黒い毛布をすっぽり被り写真に納まるのもいい。だが、すべての証言、とくに匿名の証言には、肉体が感じられることが重要だ。私は最後の最後まで証言者たちに写真撮影を依頼するのを待った。あなたは一人ではない、と彼女たちに自信を持って言いたかったのだ。あなたのポートレートの周りに、何人ものポートレートが並ぶのです――八、九、一一、一六人の。

私は定期的にニューヨーク・マガジンの表紙をグーグル検索した。そこにあるのは、椅子に座って背筋をピンと伸ばし、手のひらを膝の上に置いた、さまざまな年齢の三五人の女性の白黒写真だ。全員が豪華なスタジオで個別に撮影された。ニューヨーク・マガジンはこうやって問題の深刻さを表現したのだ。

女性たちの顔には葛藤が浮かんでいる。その視線は、力強さ、ためらい、不快、そして限りない悲しみを表している。自分の存在が、ビル・コスビーに薬を飲まされレイプされた人として要約されるなど、誰も望んでいなかったはずだ。彼の犠牲者として有名になり、人目にさらされるなんて、想像だにしなかったはずだ。それでも彼女たちは写真に撮られることを選んだ。最も深刻な被害を受けた何人かの証言は、その後、大きな変化をもたらすことになる。この表紙は傷ついた人の弱さと、それでも戦うことを選んだ強さの両方を表していた。このパラドックスは、この数週間、私が精力的に取材してきた女性たちの証言の中にも見られた。

この六ヶ月後にスウェーデン・アカデミーが内部崩壊すると、ある外国テレビの男性記者は、私がとても内気な人物に見えると言って驚いていた。調査記者というのはもっとマッチョで強いタイプなんですよ、と言う。彼は、その問題点を理解していない。彼が言うようなジャーナリストたちは、このテーマを深く掘り下げたことがないのだから。


記事公開の一週間前、ダーゲンス・ニューヘーテルのフォトグラファーであるベアトリス・ルンドボリ、アレクサンデル・マームードおよびマーク・アーシーは、スウェーデンと英国のさまざまな場所を訪れ、女性たちを撮影した。多くの人が躊躇したが、最終的には全員が写真撮影を了承してくれた。発表の二日前に文化部編集者の一人が私のデスクまで来て、文化面のトップページのラフスケッチをそこに置いてくれた。これを見るのは初めてだった。

そのトップページには一八人の女性が写っている。全員が異なる場所に住んでいて、ポーズもバラバラにもかかわらず、彼女たちは団結しているように見えた。

後ろ向きのうえに緑色のパーカー、白いパーカー、ニット帽、フード付きの黒いダウンジャケットを着ているため、髪の毛すら見えない人たち。

後ろを向いているが髪は見せている人たち。

二人の女性は、匿名から抜け出すべきかと悩んでいるようだ。どちらも正面から撮られているが、一人は片手で、もう一人は両手で顔を隠している。

その一方で、ガブリエラ・ホーカンソン、エリース・カールソン、アマンダ・スヴェンソン、そしてレーナ・テン・ホーペンはまっすぐにカメラを見ている。

記事公開の前夜、私は眠れなかった。暗いアパートの中をじっと見つめる。ときにはバルコニーでタバコを吸ったり、ソファでうたた寝したりしていた。床は書類で覆われている。新聞記事を大きく印刷したもの。記事は四ページにわたる。表紙には一八人の女性のポートレート。いや、一七人になるかもしれない。昨日、ミラが撤回を表明したからだ。けれども私は、彼女が改心することに賭けていた。新聞が明日中に印刷されない場合でも、記事はデジタル版で発表される予定だった。

八時間後には彼女たちの証言がオンラインで世界中に公開される。そう考えると、何も見えないまま、体が落下していくような感覚に襲われた。私は今回だけは、これから起こることをどうしても想像することができなかった。記事を公開すると、この世の終わりが来るような気がする。だから、その後に存在するかもしれない時間についてなど、まったく考えることができなかった。

朝六時になった。お気に入りのセーターと黒いプリーツスカートを着る。化粧は手早く機械的に。まるでロボット、いや兵士のようだ。アパートを出たあとは後ろを振り返ってチェックする。二〇一七年一一月二一日、その後数日降りつづくことになる雨のせいで空は鉛色だった。地下鉄に乗っていたとき、ミラからテキストメッセージが届いた。記事に参加します、と。記事に登場する女性は一八人のままになった！　編集部に着くと、私は自分の編集者にこう話した。

「記事の中の証言者の数は、スウェーデン・アカデミーの会員の数と同じなんです」

どうして今まで誰も気づかなかったのだろう？

午前中にさまざまな会議がおこなわれた。私のデスクにはプラスチック製カップがずらりと並ぶ。数日前からある自動販売機のコーヒーは原油のように見える。私は、重要な事実誤認があるなんてまったく心配していなかった。

いつも私は自分の書いた記事に何らかの疑問点を抱いていたが、今回は自分の調査は絶対に大丈夫だと信じていた。そして、そのことが怖かった。

この調査記事は大きな真実を証明するだろう。だが、たった一つの事実誤認がそれを粉々にするかもしれない。このことは充分に承知していたので、もう一度念入りにダブルチェックしてみた。すると突然、ドキュメントが一つ足りないことが判明した。すぐにタクシーを呼んでアパートまで往復する。途中のトラーネベリ橋から市内を見ると、稼働中の建設用クレーンが数台、街のシルエットから高く突き出していた。そのうちの一つは壊れた時計の針のように建物上空を異様な速さで旋回していた。数秒間、私の目はその動きに釘付けになった。そして数時間後には吐き気に悩まされた。

ランチ休憩の直後、すべての準備が整ったと言われた。編集者の一人が公開ボタンを押すことになり、彼の周りに編集部の大部分が集まってきた。特別なことが起こる期待感が高まっている。私は二歩下がり、この様子を携帯電話で撮影した。そして、やっと理解した——私が恐れていたのは虚無感だったのだと。この記事のあとにはすぐにまた別の記事が来る。そして、いつもどおりに報道が続けられる。だから私は、この瞬間を想像することができなかったのだ。

ミラ

記事に参加するかどうか、私は最後まで迷っていました。どうにかジャン゠クロードと別れてから、私は彼のレーダーに引っかからないよう注意してきました。視界に入れば、彼の怒りに触れ、とんでもない目に遭うことでしょう。けれども、決定的な出来事が記事公開の数日間に起こりました。ジャン゠クロードが新しい女性関係を通じて、私がとても気にかけている女の子に近づくかもしれないというのです。それで私は目を覚ましました。私には責任があるのです。その女の子であれ誰であれ、傷つかないようにすべきなのです。私が証言することによって新たな性的暴行を防ぐことができるかもしれない。けれどもそれはまた、試練のようにも思えました。私の経験のうち、どこまでが本当なのでしょう？　それとも神経症の結果なのでしょうか？

記事公開の直前、不安もありましたが、勇気が体中に満ちていました。私は思いました。「さあ、さっさと出てきなさい。あんたの持っている力とやらを見せてごらんなさい」

クリスティーン
　あの日の午後、私はアパートのキッチンテーブルに座り、私たち一八人の女性に関する記事を読みました。その衝撃を忘れることはないでしょう。記事の内容は悲惨です。半分読んだところで、体が震えだし、読みつづけることができなくなってしまいました。ですから犬を連れて、あてどなく歩きまわりました。あの事件は私の最大のトラウマの一つであり、数年間、私は立ち直れませんでした。けれども犯行はそれだけではなく、その後も繰り返されてきたのです。私は多くの被害者の一人、匿名の長いリストの一部なんです。この事実はかなり残酷です。

　その日の午後、私はさまざまなスクリーンを食い入るように見つめ、記事がどのように拡散していくのか追跡した。メールが次々に寄せられ、受信トレイは秒速計のようになった。何千人もの人々が証言を信じてくれた。それがわかると、安堵感と解放感が押し寄せた。同時に、昨夜は一睡もしていないことを思い出した。

　二四時間以内に一〇件のセクハラの情報が集まった。そして、深刻な性的暴行も五件。

　サンナは次のように書いている。

「私は一九八五年の秋、二三歳のときにジャン＝クロードにレイプされました。五年後、私たちは何もなかったかのように同じサークルで交流しました」

エンマの話も同様だ。

「もう証言はたくさん集まったでしょうから、私の話に興味を持っていただけるかどうかわかりませんが、私も彼にレイプされました。被害者は一八人より多いはずです」

サンナ

記事を数回読みました。そこに記述されているすべての状況に、私は当てはまると思います。私は大いに泣きました。反応は頭からではなく、腸《はらわた》から来ているのです。体の記憶が活性化されたのです。記事の調査の深さに感動しました。何より素晴らしいのは、彼の正体を暴露したことです。一九八五年のレイプの翌朝、誰かが私のアパートにやって来て、こう言ってくれたかのようです。「ジャン＝クロード・アルノーが捕まったみたいよ。ゆうべ、あなたにあんなことをしたからよ」

私はすぐにインスタグラムに投稿し、それから母に伝えました。母は驚きと失望の表情で私を見たあと、こう言いました。「あなたは強いはずよ。それに正義を信じている。どうして警察に行かなかったの？」

母親の反応は本当にうれしかったですね。いつも私を信頼してくれました。

記事が公開されたあとでも、ラジオやテレビのニュースでジャン＝クロードの名前を聞くと、どうしても泣いてしまうのです。ええ、一日に何回も。そして、自分の責任を感じて苦しむこともありました。私は行動に移すべきでした。一九八五年に通報するべきでした。たとえ当時の法律では起訴できなかったとしても、そこから違いが生じたかもしれません。レイプ被害の通報が重なれば、状況が変わっていた可能性はあります。他の多くの女性が被害を免れたかもしれません。

エンマ

映画理論を学ぶためにストックホルムに引っ越したとき、私は姉と一間のアパートをシェアしていました。私たちの住居はヴァーサスタンにあり、夜はよくその辺を歩きまわって音楽を聴いていました。スウェーデン西部の郊外で育ったので、大都市の中心部に住んでいることが気に入っていました。自分はここから引っ越すことはありえないと思っていました。

一週間ほどチケット切りのボランティアをしたあと、ストックホルム映画祭の打ち上げパーティーに行きました。最初は一人で行く勇気がなかったのですが、都会の雰囲気は好きですし、思い切って出かけることにしました。

広い会場は人でいっぱいでしたが、私は運よく何人かの知人に会いました。一人ではないのでほっとしました。たぶん、私は視線を泳がせながら人と話していたので、ジャン＝クロードは私に目をつけたのでしょう。あの子はボーイハントのために来てるってね。私がビールを買うためにカウンターに行くと、彼が声をかけてきました。「僕の妹にそっくりですよ」。こんな気持ちの悪いナンパ、久しぶりだわと私は内心笑いました。

私は彼のフランスの訛りと年齢に気づきました。若者だけのパーティーに五〇歳の人がいるなんて奇妙でした。映画『アマデウス』のサリエリのようなポニーテールをして、革のジャケットを着ていました。彼は諦めずに奇妙なナンパを試みました――普通は相手のことをほめるものなのに。自分はフランス出身で、家族はヴーヴ・クリコ〔シャンペンのブランド〕を所有していると言っていました。パリでは学生運動に参加し、六〇年代からスウェーデンに住み、ノルランドでは木材を筏《いかだ》に組んで川を下ったそうです。怖い雰囲気はまったくありませんでした。会話を続けるのが上手で、さっき私が話していた人たちよりずっと楽しくおしゃべりできると感じました。

私は昔からグループに加わることはめったにありませんでした。多くの場合、私がそれを選択したためです。けれども、グループとルールの作られ方には興味を持っていました。ですから、ジャン＝クロードのような人に会うのは興味深いのです。明らかに状況の一部になりたがる人、戦略家でありプレイヤーでもある人、そんな人を理解しようと試みるのが好きなのです。同時に私自身を。

しばらくしてジャン＝クロードは、私が一人ならけっして行かないであろうカフェ・オペラに移動することを提案しました。私は他に予定がなかったので、もう少しつきあってもいいかなと思いました。楽しくおしゃべりできるだろうと。

私たちが店に到着したとき、入店待ちの列ができていましたが、ジャン＝クロードはそれをすっ飛ばしました。恥ずかしくなって抗議しましたが、彼は私を店内に引き入れました。

彼のステータスには驚きました。話し上手だけどちょっと滑稽な感じのするこの男性に、なぜドアマンが手招きするのか、私にはわかりませんでした。

私はそれほど酔ってはいませんでした。飲酒についてはかなり自制していました。カフェ・オペラでは、おそらく一杯飲んだのでしょう。正確なことはわかりません。なぜなら、突然、私の記憶が止まったからです。私はずっと、その原因は自分の体がアルコールに敏感だったからだと信じていました。けれども数年前から、実はグラスに何かが入っていたのではないかと疑っています。すべてが真っ暗になったのです。

次の瞬間、私はちょうど止まったばかりのタクシーに座っていました。ジャン＝クロードが支払いを済ませました。ここはどこだろう、どうして私はここにいるのだろう。私は歩くこともままなりませんでしたが、彼が私を抱きかかえるようにして、私たちは集合住宅の共同玄関に入りました。階段を上って室内へ。ダブルベッドの近くに二つの大きな窓がある、整然とした部屋でした。私はめまいがひどく、スライド映写機で現実を見ているような気分でした。各画像のあいだに黒く長い一時停止が入るのです。

ジャン＝クロードは私の服を脱がせはじめました。逃げ出したくても、私にはその力がありませんでした。体の一部は眠っていましたが、目は覚めていました。彼は私を仰向けに寝かせて、セックスを始めました。なんて私は愚かなんだろう、こんな状況に陥るなんて、との思いが湧き上がってきました。しかも相手がこの男、バーにいた老人だなんて。

翌朝、私は自分の服を探しました。私はこっそり去るつもりでしたが、彼は目を覚ましました。彼は私の電話番号を尋ね、私は教えました。自分の意志に反して何かをしたことを、彼に理解されたくなかったのです。自分がコントロールを失ったことを他人に知られるのが嫌でした。彼は私たちと同じ街区に住んでいて、顔が広いようでした。もし彼が電話してきてもうまく終わらせてみせる、と決意しました。

アパートを出たとき、私の体にはパニックの痕跡がありましたが、それでも気持ちのよい朝でした。私は、これが他の人のやり方なんだと考えるようにしました。私は自分の性体験が浅いことにうんざりしていました。私は高尚な世界に属するタイプではない、それに酔って知らない人と寝ることなんて世間にはよくあることだと言い聞かせました。あれはひどいワンナイトスタンドだったのだと。

ジャン＝クロードは私に連絡してくるかもしれない。そのときは丁寧に、だけどきっぱりと、あなたには興味がないと言おうと思っていました。電話がかかってくると、彼はこう切り出しました。自分は既婚者で、不妊手術をしていて、エイズにはかかっていないと。私はほっとしたあと、「既婚男性とは絶対にセックスしないのが私の方針です」と告げました。

彼は私をディナーに招待しました。何回尋ねられても私の返事はノーでした。けれども彼はしつこく、その会話はいつの間にか交渉になっていました。私はついにこう言いました。

「あなた好みのレストランに行くのが嫌なんです」

「じゃあ、君はいつもどこへ行っているの?」

「ペリカン」

彼はしぶしぶ、そこで会おうと言いました。まるで私が会うことを希望していたかのように。

数日後、私はオレンジのブラウスを着ました。玄関の鏡に映る自分を見て、こうつぶやきました。「ちょっと、頭がおかしいんじゃない?」。それから地下鉄の駅に向かいました。

会話は楽しいものでした。私はジャン＝クロードに不倫について尋ねました。彼は私のブルジョア的態度に鼻を鳴らし、妻のカタリーナとは合意のうえだと言いました。

彼女の名前に触れるとき、まるで壊れ物であるかのように注意深く発音していました。「カタリィィナ」

私たちは一晩中おしゃべりをしました。彼がビール代を払わせてくれと言っても、私は拒否しました。家に帰りたいと言うと、彼はすんなり応じてくれました。

そのあとも彼は引き続き電話をかけてきて、私たちは何度か会いました。私は会う時間帯を日中にし、カフェ・リトルノでコーヒーを飲みました。彼は本当に会話上手で楽しい人でした。私がストックホルムに引っ越す前に自分に約束したことの中に、「オープンであること」がありました。だから、新しい人と知り合うことを恐れてはいけない、楽しまなくてはいけない、と自分に言い聞かせました。

私とジャン＝クロードのあいだで性的なことは何も起こりませんでした。私はどうにか尊厳を取り戻しました。限界を設定したのは私だと考えました。こんなふうに、普通の知人として会っていると、あの夜の記憶も薄れていきました。あの出来事はたいしたことではない、私は彼との関係をコントロールできていると思っていました。

私は安全だけでなく、強さも手に入れたのだと。

あるとき、フォーラムで信じられないほど素晴らしいピアノコンサートを聴きました。聴衆は年配の上品な紳士淑女でした。それから中年の男性たち。プラスチックのグラスにワインを注いでまわる、赤い唇をした若い女性。彼女たちはどうしてここにいるのだろう、と私は考えました。たぶん、文化界で地位のある親がいるのだろう。あるいは、何か性的な関係があるのか。私もその一人だとは絶対に思われたくないと切望しました。

レストラン・プリンセンでの集まりにも二、三回参加したことがあります。私は作家グループの端の席に座り、彼らがカタリーナとスウェーデン・アカデミーについて話しているのを聞いていました。ジャン＝クロードが「どうもそうなりそうだね」と言っていたのを覚えています。一ヶ月後、彼女はアカデミー会員に選ばれました。

ある夜、私はオペラ座近くのバーでジャン＝クロードと飲んでいました。もう帰ろうというとき、彼は同じタクシーに乗ろうとしつこく言いだしました。私たちの住所は一ブロックしか離れていなかったので。

疲れていた私は、わかったと返事しました。私は彼を信頼していました。自分は主導権を取り戻したのだと思っていました。

タクシーが停まったのは、彼が住んでいるノルバッカ通りではなく、同じヴァーサスタン地区ですがカールベリ通りでした。ジャン＝クロードは、そこが彼とカタリーナの「執筆アパート」だと言いました。上がってお茶を飲んで行くように彼は勧めます。あまりのしつこさに、私はついに「お茶を飲むだけなら」と答えました。「もちろんだよ」と彼は答えました。彼は「お誘い」をかけてくるかもしれない、でも私はそれをかわすことができると確信していました。だって、酔っていなかったんですから。

アパートはそれほど大きくありませんでした。私はキッチンのソファに腰かけました。ジャン＝クロードは落ち着きなく部屋の中を動きまわり、あちこちの戸棚を開けました。お茶は切らしているけどネスカフェならあるかもしれない、と言ったかと思うと突然、私に近づき、手を私の脚のあいだに入れました。「やめて、私にはその気はないの」と私は大声で言いました。それでも彼はやめず、タイツとパンティーを引き下げ、後ろから私を羽交い絞めにしました。突然、身動きができなくなったことに私は驚きました。あとから振り返っても、どうしてそれが可能だったのかわかりません。この暴行自体も。彼は体重をかけ、私の片足をソファの端に押し付けます。右肩は押さえつけられ、左手の手首はぐいっと握られました。それから股間に痛みが走りました。あとになって、私は自分が最初ではないと確信しました。私が唯一の犠牲者相手だとは思えないほど、彼の動きは速かったのです。

私は彼を振りほどこうとしました。でも、殴ったり蹴ったりしようとは思いませんでした。自分の両手が動かせなかったからだけではなく、彼を肉体的に傷つけるつもりがなかったからです。これはまるでレスリングの試合のようでした。

けれどもレイプされているうちに、私は諦めてしまいました。何もコントロールできない状況に、自分が動物か肉の塊になったような気がしました。

ジャン＝クロードは射精したあと、私を解放しました。私はタイツとパンティーを引き上げるのに苦労しました。すごく時間がかかりました。自分が戦いに負けたこと、それゆえ劣った存在と見られていることに屈辱を感じました。彼に向かって「あんたはとんでもないことをした」と何度も言いました。そして自分自身にも。

急いで共同玄関に行きましたが、ドアを開けることができません。通常のロックのように見えましたが、仕組みが理解できませんでした。キッチンにいたジャン＝クロードがようやく出てきました。私はドアを開けてと頼みましたが、彼は応じません。不意にストレスを感じたようでした。おそらく心配だったのでしょう、動揺した私がアパートから出たらどうなるか。警察に行くかもしれません。私はしばらく黙ったあと、彼の目を見て静かに言いました。「ドアを開けなさい」。彼はロックを解除しました。

性体験が浅いという事実が、私のレイプ通報をさらに困難にしました。男性警察官の前で状況を説明したり、病院で検査を受けたりするなんて、想像するだけで怖くなりました。その夜、シャワーを浴びたあと、私は証拠も流してしまったことに気づきました。レイプ裁判で被害者がどのように尋問されるのかも知っていました。ジャン＝クロードは顔が広いんです。彼を訴訟に巻き込んだら、私はストックホルムに住みつづけることができなくなるでしょう。

レイプの翌日、彼から電話がありました。背後から大きな声が聞こえます。パーティーにいるようです。

私は「あなたがやったことは犯罪です。警察に通報できるんです」と言いました。そこで彼の態度が変わりました。必死に言い訳を並べました。あれほど強い欲情を感じたのは君が初めてだ、君のノーを解釈するのは難しかった……。彼と暴行について話しはじめたことで、私は気づきました。ジャン＝クロードは唯一の証人なのです。その会話はまるで、普通の友人同士のケンカのようでした。友人同士なら、お互いに誤解することもあるし、問題を中立的に見てみようと歩み寄ることもあるでしょう。私の怒りは少し鎮まりました。彼の行為はわざとではない、あれは事故のようなものだったのだという考えが浮かびはじめました。人は間違うこともあれば、ケンカすることもあります。それに、私には選択の余地がありませんでした。だから、誰にも話すまいと決心しました。あのシーンは私の記憶から切り取ってしまおうと。

ですから、しばらくして彼が私の誕生日に現れたときも、何も言えませんでした。彼は、私が警察に通報したのか知りたかったのかもしれません。あるいは謝るつもりだったのかも。私は姉と数人の友人とのディナーの最中でした。ジャン＝クロードはしばらく居間に座っていました。そして私にプレゼントを渡しました。ハンドメイドグラスが四個。あの出来事は現実だったというシンボルなので、私は使ったこともなければ捨てることもありませんでした。引っ越しのたびに持っていきました。夫には、絶対に捨てないでと言ってあります。

記事の公開を知らせるプッシュ通知が来たとき、私は社内会議に出ていました。外では雨が降っていました。スマホで数行読んだだけで、それが彼のことだとわかりました。私の鼓動は激しくなり、会議室で話されていることは耳に入らなくなりました。

私は五〇歳です。自分がレイプ被害者だということは、夫と三人の友人には昔から話してあります。けれども、誰にどのように暴行されたのかは一度も口にしたことがありません。生き延びるため、そしてストックホルムに住みつづけるためには、それが唯一の方法だったからです。けれどもそのせいで、私はずっと秘密を抱えることになりました。自分の内面の奥深く、自分でも触ることができない領域に。

私は夫に頼んで、私が抵抗しても押さえつけることができるか試してもらったことがあります。結果はイエスでした。私は自分をテストしたかったのです。夫はきょとんとして、ちょっとふざけただけだと思ったみたいです。そのあと私は複雑な思いに駆られました。自分の経験を悲しむ気持ちと、自分を許す気持ちです。あのとき、どうしても逃げ出せなかったのですから。

数年後、私たちには二人の子どもがいました。夫は冗談のつもりで私の両腕をつかみ、自分で自分をくすぐるよう動かしました。私は自分の体がつかまれていることに反応しました。子どもたちは何かがおかしいと感じ、黙って後ずさりしました。私は「腕を離して」と叫びましたが、夫は真剣に受け止めませんでした。やっと片手が自由になったので、それを振りまわすと、どうやら夫の顔に当たったらしく、彼は両手で顔を覆うとしゃがんでしまいました。

眼鏡が鼻にぶつかって傷をつけたのでしょう、彼は血を流していました。私を見上げる彼の目は大きく、混乱していました。私は、子どもたちを怖がらせたことは反省しましたが、それでも怒りがなかなか収まりませんでした。怒りと勝利。今回も私は受け身ではなかったのです。抵抗したのです。

五年ほど前、私はレイプについて夫と話そうとしたことがありました。テレビで性的暴行に関する番組をやっていたからです。私は、自分の経験に触れずにこの問題を語るのは奇妙だと感じました。そこで話しはじめたのですが、彼の反応にはがっかりしました。

「えっ、その男と知り合いだったって？　それ以前にもセックスしたことがあるって？　それじゃレイプにならないよ」

ダーゲンス・ニューヘーテルであの記事が発表された夜、私は眠れませんでした。翌日、同僚女性と昼食をとりました。あのこと以外に何も考えられなかった私は、突然、同僚にレイプについて話し出しました。彼女は親しい友人ではなく、会話はぎこちないものでした。でも、そうせずにはいられなかったのです。その次の夜も眠れず、さらにその翌日、私は二人の友人に話をしました。私たちはスパにいました。おだやかそうな顔つきの人ばかりで、みな控えめな声で会話していました。私は自分が八〇歳になったかのように感じました。こめかみと背中が痛みました。私の意識は九〇年代にいました。あのことについて話すのは、気の重いことでもあり、ほっとすることでもありました。けれども、まだ私は眠ることができません。また別の同僚がランチに誘ってくれたとき、私は自分の奇妙な振る舞いを説明する必要を感じました。それで、レストランで向かい合って座りながら、他人に自分のレイプ体験について語りはじめたのです。自分でも驚いています。

17

二〇一七年一一月二一日、私の記事がネットで公開されたその日の午後、カタリーナ・フロステンソンは友人たちに電話をかけた。その中にはホーラス・エングダールと、まもなくアカデミー会員になるジェイン・スヴェヌングソンもいた。フロステンソンは、アルノーは陰謀の犠牲者であること、そして首謀者たちとその目的を説明した。

フロステンソンはまた、アカデミーの全会員に、彼女とアルノーが署名したメールを送信した。会員たちに「嘘の背後にある」ものを知らせるので、木曜の定例会の機会に会ってほしいと。

彼らの提案は、会議場での定例会の前に開かれる交流会で、二人一緒に話をするというものだった。交流会は図書館でおこなわれ、オーク材のテーブルに並べられた新刊書や雑誌についてコメントしたり、おしゃべりに興じたりするのが常だった。これまで国王とアカデミー会員以外、どちらの集会にも参加を許された者はいなかった。

エングダールはすぐさま返信した。すべての「注目された」人々についての噂が広まっているようだが、フロステンソンとアルノーは自ら進んで説明する必要はないと思う。反対に、彼らにはスウェーデン・アカデミーからの援助が必要だろう。誰かが罪を犯したという告発を信じ、「内戦」

と同じやり方で「古い請求書」を持ち出してくる「ヒステリー傾向のある」社会に対処するには、アドバイスが必要だ。

メールのやりとりが続いたあと、サラ・ストリッズベリはサラ・ダニウスに連絡した。合同会議など考えられないことだとダニウスは思っていた。そんなことをすれば、フロステンソンとアルノーの関係がアカデミー内に入り込み、アカデミーが独立して調査することが不可能になるからだ。ダニウスは他の会員に電話した。その中にはフロステンソンもいて、記事は全部嘘だと主張したあと、受話器を夫に渡した。アルノーもすべてを否定した。

当時、アカデミーの議長を担当していたペーテル・エングルンドは、すぐに電子メールのスレッドに参加した。合同会議なんてとんでもない。もしそれが開かれたとしても僕は参加しない。それに、他の会員も反対している。

記事がサイトで公開された直後から、私はダニウスに連絡を取ろうとした。スウェーデン・アカデミーほどアルノーを正当化した機関はない。一部のアカデミー会員ほど、彼にとって重要な人物はいない。その夜遅くなら事務局長にインタビューに応じてもらえることになった。ダニウスから記事発表後初のコメントをもらうのだ。

寝室の窓の外は真っ暗。私はそれまで彼女と話したことがなかった。彼女とスウェーデン・アカデミーは、一八人の女性の証言にどのように反応するのだろうか。

ダニウスは番号非通知で電話してきた。これはその後一年間続くことになる。私から彼女に直接連絡することはできなかった。だが、ときどき彼女から電話がかかってくることがあり、私はどこにいてもそれに応答した。彼女が一度は了承した大型インタビューを撤回してくることは稀ではなかった。そして、結局大型インタビューが掲載されることはなかった。

私たちの最初の会話は、ダニウスが私の居場所を聞くことから始まった。自宅のベッドに腰かけていると答えると、彼女も同じだと言った。

私は、記事を読んだときの彼女の反応を知りたかった。

被害に遭ったと言う女性たちの話をどう思いますか？　とりわけ、アカデミーが所有するアパートで。

記事を読んで非常に動揺したとダニウスは言った。証言者の数が多く、その内容が類似していることから、記事の内容は現実に即していると考えている、とも。

「いわゆる《文化人》の行動は卑劣そのものです。フェミニストでなくても、この問題の深刻さは理解できるはずです。私は #MeToo 運動の重大さに感動しています。大切なことは、他人をリスペクトすること、人間一般に敬意をもって接することです」とダニウスは語った。

スウェーデン・アカデミーからコメントを取ることは大切だが最重要事項ではない。彼らは時間の経過とともに対応策を変えるので、それに応じて回答も変わる。

私はこう質問した。

「文化界のほとんどの人はアルノーの行動を部分的には知っていました。それから、彼が何十年ものあいだアカデミーの近くにいたことも。あなたは何を知っていましたか？　あなた自身もフォーラムで登壇しましたよね？　記事にあったような出来事を目撃したことはありませんか？」

ダニウスはこう答えた。

「《文化人》に関する噂は長らくありました。この業界の多くの人たちの耳にも入っていました。でも、あれほどひどいとは思いませんでした……」

スウェーデン・アカデミーはアルノーの活動に巻き込まれてきたが、いまやそのつながりを断ち切るときだと事務局長は語った。

だが彼女は、そのような決定はアカデミー全体が共同でおこなう必要があり、この問題は木曜日の定例会で協議する必要があると強調した。

「アルノーは素晴らしいライフスタイルのモデルであるとホーラス・エングダールはほめていますが、どう思いますか？」と尋ねると、彼女は冷めた笑い声を上げた。私も釣られてしまった。

「この笑いも引用する？　こう言ってもいいでしょう。現時点では、あの会員と私の意見は一致していません」

彼女のこの返事は、そのあと数ヶ月以内に明らかになる組織分裂の兆候の一つだった。外部に出た兆候はごくわずかだったが、内部ではすでに会員間のメールのやりとりで明白になっていた。

ダニウスは迅速に動いた。記事発表の翌日には、ハマーショルド法律事務所と面会した。ダーゲンス・ニューヘーテルの記事の信憑《しんぴょう》性をどう評価するか。長い相談のあと、彼女は法律事務所に独立調査を依頼した。各会員とアルノーとの関係を調べるようにと。

「目的は徹底調査です。私たちアカデミー会員が、ジャン＝クロード・アルノーについて知っていたことは何か、それから知っていたはずのことは何か」とダニウスは私への電話で説明した。

彼女と話す機会を得たとき、私はその前の会話では文章化することができなかった、重要なフォローアップの質問をすることにしていた。

ダニウスは、アルノーの行為のひどさに驚いたと言っていた。では、彼の軽度の嫌がらせには気づいていたのだろうか？

「私が聞いていたのは、あの人物が女たらしで、エロスとセックスを追い求めているってことです」

「軽度の嫌がらせと聞いて、どんなものを連想しますか？」

「体を触ること。恥知らずな提案をすること」

「《文化人》に関して、そんな話を聞いたことがありますか？」

「ええ、聞いたことがあります。体を触ったり、恥知らずな提案をしたり。でも、今回明らかになったような重大な性的暴行、明らかな犯罪行為ではありません」

「でも、女性たちからセクハラの苦情は聞いていたんですよね。それを知っていながら、スウェーデン・アカデミーが《文化人》との緊密な関係を維持していたのはなぜですか？」

「つまり……彼は文化芸術面に多大な貢献をしてきたからです。ザ・クラブ〔記事内でのフォーラムの呼称〕は、さまざまな文化芸術関係者にとって中心的な集会所であり、重要な表現の場でした……。でも、アカデミーにとって彼は重要ではありません」

ダニウスよりもアルノーと親しかった他のアカデミー会員にもインタビューの依頼をしたが、誰もが「事務局長であるダニウスに訊いてほしい」と言うだけだった。私はエングダールにこう書き送った。あなたが事務局長だったときに起こった出来事について、そしてあなたがそのポストで下した決定についてお伺いしたいと。しかし、彼にとってそんな質問に答えることは論外だった。

「これは私たちのルールです。私はもはや事務局長ではないので、アカデミーのスポークスパーソンとしての役割を果たすことはできません」

法律事務所との面会後、ダニウスは二通のメールを送信した。一つは、フロステンソンを除くすべてのアカデミー会員に宛てたもの。木曜日の定例会で話し合う前に、心に留めておくべきいくつかの事柄があると書いている。

彼女は、ダーゲンス・ニューヘーテルの記事は、証言者の数が一八人と多いこと、「日記、メール、第三者の証言などの補足情報で裏付けされている」ことから、信憑性が高いという弁護士たちの意見を引用している。

容疑者の弁明を聞いてから断罪するのが健全な法律原則としながらも、こう続けている。

「弁護士たちが指摘したように、それは裁判所の問題であって、私たちの問題ではありません。私たちにとって今重要なのはスウェーデン・アカデミーを守ることです。この組織は明らかに不適切な人物と関係してきましたが、いまやそのつながりを絶つべきです」

彼女は二通目のメールをカタリーナ・フロステンソンに、そしてそのコピーを他の全会員に送信した。ダニウスと法律事務所の見解はいずれも、フロステンソンは当面アカデミーの各種の賞の選考に関与すべきではないということだった。「こんなことを言うのは本当に残念です。あなたはかけがえのない存在です」。そしてこう続けた。「明日の定例会にはいつものように参加してください。けれども、新聞記事の内容や、現状の問題を対処する最善の方法を話し合う時間が来たら、申し訳ないのですが退出してください。もし最初から定例会に参加したくないとおっしゃるのであれば、それは理解できます」

その後エングダールはこう返事した。会員を組織の活動から排除することは、事務局長の権限に含まれていないはずだ。だからダニウスは「もっと友好的な口調」を使うべきだ。彼女は、過去の事務局長〔エングダール自身も含まれる〕の過ちの後片付けという「居心地の悪い」仕事をしていると言いたいようだが。

一一月二三日の夕方、ストックホルムではまだ雨が降っていた。しかし、旧市街のアカデミー会館の外では、暗闇と湿った霞がスポットライトで照らされている。スウェーデン・アカデミーの木曜定例会にこれほどメディアが集まったことはなかった。会員がコメントせずに正面玄関を通り抜けようとしても、手でさえぎられる始末だった。

一八世紀には証券取引所だったアカデミー会館の大階段は、暖かい光に照らされている。会議室は二階にあり、高い窓と厚いフレームが、通りのざわめきをどこか遠くから聞こえてくるように感じさせた。大きなテーブルとそれを取り囲む金縁の椅子の上に、大きなクリスタルのシャンデリアが浮かんでいる。

ダニウスは各人に、法律事務所に対する調査依頼書のコピーを渡した。空席が二つあった。アンデシュ・オルソンはスウェーデン・アカデミーがパリに所有するアパートに滞在中だった。カタリーナ・フロステンソンは、ジャン＝クロード・アルノーを連れて事前交流会に参加するという提案を、定例会の数時間前に会員たちにメールを送って撤回していた。会議に出席しない理由は、ダニウスの「手紙およびメディアにおける自信過剰で断罪的な表現」だった。

スウェーデン・アカデミーの会議は厳格な規則に従って進行する。発言したい人は挙手し、議長が指名する。お互いの氏名に「ヘル（ミスター）」「フルー（ミセス）」という敬称を付けて呼ぶ〔現代のスウェーデンでは組織内でもお互いをファーストネームで呼ぶ〕。今夜も彼らはいつものように溜まっていた議題を話し合った――やがて、議長のペーテル・エングルンドがアルノーに関する審議を始めると宣言した。議長の発言は以下のとおりだ――カタリーナ・フロステンソンの夫がスウェーデン・アカデミーとのつながりを効果的に利用して、きわめて汚い利益を得ていた。この危機はラシュディ事件並みに大きくなる可能性がある。だが、（エングダールを念頭に置き）スウェーデン・アカデミーは嵐が去るまで地下室に退避しているわけにはいかない。（ダニウスの意見に賛成して）女性たちの証言の量と重みは行動を取るに充分であり、全会員はこの組織の最善を考えるべきである。

「たとえ痛みを伴うとしても、今は個人的見解は無視してください。それが、みなさんが尊重している、私たちよりも大きなものを維持するために必要なのです」

エングルンド議長はスウェーデン・アカデミーがアルノーとの関係を断つことを要求し、会員はその方針に賛成した。

採決が終わると、会員たちは自由に話しはじめた。自分自身または身近な女性が受けた被害が語られ、会員の多くがアルノーの節度のない行為を見聞きしていたことが明らかになった。

クリスティーナ・ルグンは、娘が犯罪レベルのセクハラをこうむったと言い、クラース・オステルグレンは妻も嫌がらせを受けたと言う。証言の数は増していった。ダニウスも恥知らずな誘いを受けたと語った。エングルンド議長の妻は、アルノーとの不快な出来事のあとスウェーデン・アカデミーのディナーに出席したくないと言い張った。のちにエングルンドが私に語ったところによると、彼はこれに臆病な方法で対処したという。

「妻が家に残っただけで、私はカタリーナやジャン＝クロードに問題提起することはありませんでした。そのときは、今後の利益と起こりうる対立とのあいだに比例関係はないと考えたのです。私も彼の行動の深刻さを理解していませんでした。彼が女性たちに囲まれている場面はよく見ましたし、ブックフェア期間中のスイートルーム・パーティーでお酌をしていたのが若い女性ばかりという噂も聞いていました。けれども私はナイーブで、ジャン＝クロードは不倫をしているだけだと勘違いしていたのです。情報はちゃんと存在していました。私がアカデミーに入る前から、妻は彼に注意するよう言われていたそうです。それでもあの記事が出るまで、私たち会員はこのことについてきちんと話をしたことがありませんでした。一一月二三日のアカデミー内の会話がそれを物語っています。私たちはもっと早く気づくべきだったのです」

サラ・ストリッズベリが会議中に語った自身の体験はこうだ。アルノーから不快な性的コメントを受け取ったため、事務方に問題を提起した。解決策として、ディナーの席が絶対にアルノーの隣にならないようにしてもらった。

「いまだに女性がこんなことを言わなきゃならないなんて想像だにしませんでした。私が事務局にそう言うと、スタッフは同情してくれました。彼らはこの問題を何十年も知っていたんです。でも私は、この問題を定例会に持ち出したことはありません。スタッフにも、この苦情をカタリーナ・フロステンソンの耳に入れないでと頼みました。彼女を困らせたり不快にしたくなかったのです。多くの人がそうするように、私は自分で問題を解決しました。ともかくそれは、#MeToo運動が光を当てた典型例の一つになったのです」

定例会では出席者の大多数が、ダーゲンス・ニューヘーテルに掲載された証言を、程度の差はあれ信用していると述べている。それでもエングダールは異議をいくつか表明した。アルノーの誘惑の技法について語り、匿名の証言がどれほど信用できるのかと疑問を呈した。エングダールはこれまで常に組織内で最も大きな影響力を持っていた。

だがその夕方、彼はいつもより目立たないようにしていた。翌週以後の定例会では別だったが。

会員たちはディスカッションしながら、今まで自分たちの経験をお互いに話さなかった理由を探った。理由として、誰かと対立することや内部の雰囲気が悪くなることへの不安が挙げられた。生涯ともに過ごさねばならないグループ内では、不安はとくに大きくなる。そして、フロステンソンへの同情心も。会員の多くは彼女に強い友情を感じていた。

フロステンソンは会議中にしばしばアルノーの長所を強調し、組織内の重要な任務を彼に与えるよう熱心に勧めていた。

スウェーデン・アカデミー内の二、三の女性は、フロステンソンのこの行為の理由に思い当たる節があった。夫や恋人《ボーイフレンド》よりはるかに優位な地位に達したときに生じる罪悪感だ。

だが、会員の沈黙の最大の理由は、フロステンソンの怒りだった。あるときペール・ヴェストベリがアルノーに関する噂を彼女に話そうとした。しかし彼女が癇癪を起こしたため、ヴェストベリはその話題を二度と持ち出さなくなった。

エングルンドは自分の事務局長時代に、アルノーに関する問題にどれほど注意深く対処する必要があるかを学んだと言う。

「たとえささいなことでもね。彼がアカデミーのグランドピアノを借りたいと言ってきたことがあるんですが、私たちは動かしたくはありませんでした。それでも私たちにはその理由を、じっくり考えて上手に説明する必要がありました。少しでも彼が疑問視された場合、カタリーナの態度が豹変するからです」

クリスタルのシャンデリアの下のテーブルで進行する議論は快適ではなかった。均等には分配されていない責任と債務に関するものだからだ。アルノーからの距離は会員ごとに違う。もうすぐ始まる法律事務所の調査結果次第では、失うものはみな同じとはならない。それでも出席した会員はすべて、この調査に賛成した。

翌年夏のラジオ番組でダニウスは、その場の雰囲気は陰鬱と同時に親しみがこもっていたと描写した。「外の世界に向かって小さな窓が開きました」

グループに亀裂が入ると、会話はとくに親密になるものだとストリッズベリは言う。

「重大で困難なことを経験した直後のように。誰もがちょっと裸になったということです」

他の会員もお互いへの親密さを感じたと言う。アカデミー会館の外では、彼らの運転手が待機していた。黒いスーツを着た運転手たちはこの翌年、会員とその家族のあいだの携帯電話での大量かつ感情的な会話を黙って聞くことになる。

その夜、まっすぐ家に帰ることを選ぶ人もいれば、伝統に従ってレストラン「黄金のやすらぎ」に集まる人もいた。

ダニウスは会議後にプレスリリースを書くために、ストリッズベリとエングルンドとともにアカデミー会館に留まった。

窓の外では雨が降りつづいている。三人は精力的に働き、何度も原稿を書きなおしては、お互いに読んで聞かせた。会議で話し合った内容については透明であるべし、というのが全員の一致した意見だった。自分たち自身を内部調査したこと、自分たちの持っている情報が新聞記事からだけではないことを外部に示したかった。そしてそれを文章で的確に表現したかった。三人は、定例会で会員たちが話した各自の経験をうまく伝えられる言葉を探した。

集会が始まってからほぼ五時間後、ダニウスは正面玄関を抜け、外で待っていた何人ものジャーナリストやフォトグラファーの前に出た。彼女のすぐ後ろを歩くのはエングルンド。

ストリッズベリは子どもたちが待つ家に直行した。

私はあるレストランで、この出来事をフォローしていた。スマホに映る映像は揺れていたが、その後、世界中に拡散した。メディアごとに色の違うマイクの列の前に事務局長が立ち、その上方にエングルンドが青い傘をかざした。伸ばした手にはめている手袋が濡れている。

ダニウスの発表については、とくに期待していなかった。ジャーナリストとして、私は嵐に見舞われた権力者が話すことに慣れていた。それにアカデミーの会員はよく大げさな言葉遣いをする。自己批判を印象づけると同時に、何の拘束力もないスピーチになるだろうと私は予想していた。

ダニウスはプレスリリースを読みはじめた。「スウェーデン・アカデミー全体を代表してお話しします」と聞こえてきたので、私はこの組織を外から観察する気になった。記録を現在から未来へ残さねばならないという使命感が湧き上がってきた。

不規則なシャッター音とともにサラ・ダニウスの声が聞こえ、スウェーデン・アカデミーが全会一致でジャン＝クロード・アルノーとのあらゆるつながりを即座に断ち切る決定をしたと報告した。

「第一の対策の説明をします。その理由は二つあります。一つ目は、ダーゲンス・ニューヘーテルの調査記事です。私たちはこれを歓迎します。二つ目は、今回の会議中に明らかになったことです。アカデミーの会員、会員の娘、会員の妻、および事務局スタッフが、問題の人物から望ましくない親密さ、または不適切な扱いを受けていました。この問題には昨今、大きな注意が向けられていますが、それがなければ、私たちの体験には光が当てられなかったでしょう。

第二の対策は、スウェーデン・アカデミーとこの男性とのこれまでの関係を明らかにすることです。とくにアカデミーの各種文学賞、奨学金、およびその他の助成金の授与、ならびにアカデミーの業務全体に、直接間接を問わず、彼がどのように影響を与えてきたのかを調査します。

第三の対策は未来に関するものです。再発防止のために、慣行や働き方を見直します。私たちはすでに内部の倫理原則に反しており、今後は厳密に従わなくてはなりません。スウェーデン・アカデミーは、本件に関して可能な限り透明性を追求するつもりです」

その後まもなく、レストラン「黄金のやすらぎ」にいるエングダールから、ダニウスに励ましのテキストメッセージが送られた。ダニウスと数人の会員は、このメッセージを団結のしるしと受け取った。

「親愛なるサラ、何か食べるものを手に入れて、今は静かな場所にいることを願っています。私たちはここ『やすらぎ』でプレスリリースを読んだばかりです。素晴らしい内容でした。ダーゲンス・ニューヘーテルのウェブサイトにも掲載されています。状況はやや明るいようです。あなたの奮闘のおかげです。たぶん私たちはどうにか生き残れるでしょう。ホーラスより」

だが、あとからエングダールが私に語ったところによると、彼は送信直後に後悔したそうだ。

「サラの対処の仕方には、最初から不安を覚えていました。あの日の会議の内容は、多くの点で嘆かわしいものでした。けれどもあのメッセージを書いたとき、私の心は事務局長時代に戻っていて、今はどんな犠牲を払っても団結すべきだと考えたのです。でも、それを送った直後に恥ずかしくなりました」

アルノーについて証言した女性の多くもこの放送をフォローしていた。サンナはラップトップをお腹に乗せ、ベッドで横になっていた。

「アカデミーに対する私の信頼は低かったので、サラ・ダニウスが組織としての態度を表明し、アカデミーに縁のある女性の実体験を語るなんて、想像していませんでした。あれは歴史的瞬間です。けれどもまだ充分ではありません。私を含め証言した女性の数は多く、その属性もさまざまです。社会的地位の高さに関係なく、彼の暴行の標的になりました。私に落ち度があったからではないのです」

スウェーデン・アカデミーのプレスリリースを聞き、リディアはアルノーから受けたレイプ被害を通報する決心をした。

「記事発表から数週間、文化界の多くの人は汚いもののように見られることを恐れていました。フォーラムとの接触は最小限だった、まったく何も知らなかったのだと公的には主張しています。彼らの頭の中では、性的暴行はきれいか汚いか、悪か善かにきっぱり分けられるようです。けれどもサラ・ダニウスがプレスリリースを読み上げたとき、スウェーデン・アカデミーは混沌とした複雑な状況の中にあるように感じました。彼女は問題を直視し、この件はアカデミーと関連していると明言したのです。会員自身も被害に遭ったと彼女が言ったとき、立ち上がった私たちをしっかり見ていると感じました。ダニウス自身にもリスクがあるのでしょう。それがどれほど大きいのか、どれほど危険なのかはわかりませんが。私はあの夜、決心しました。警察に行きます。これで三度目です」

18

二〇一七年一一月二六日日曜日、リディアはストックホルムの警察署に行き、アルノーを通報した。翌週には七人の女性が続いた。その中にはエリース・カールソン、ガブリエラ・ホーカンソン、そしてこの調査には関与していなかった女性三人が含まれていた。私はそれに関する小さな記事を書いた。数時間後、以前から私が繰り返しコメントを求めていた、スウェーデン・アカデミーの事務局長からメールが届いた。

「取り急ぎ。警察への通報を歓迎します。勇気を出して立ち上がった女性は賞賛に値します。サラ・ダニウス」

エンマ

どこもかしこも話題はジャン゠クロードのこと。記事が発表されたその日、彼はたまたま我が家に来ることになっていました。夫は私の反応に気づきましたが、子どもたちの前で話すわけにはいきません。その夜遅く、私は切り出しました。一〇年前、私は性的暴行について話そうとしていたわよね。私をレイプしたのはジャン＝クロードなの。夫は沈黙しました。

私たちは三日ほど話をしませんでしたが、やがて夫が一緒に警察に行こうと言い出しました。事件はすでに時効になっていましたが、私は通報することを選びました。通報者が増えれば、何かが変わると思ったのです。待合室は狭く、三つの窓口の向こうには制服を着た男性警察官がいます。窓口のガラスには小さな穴がポツポツあり、話の内容は筒抜けです。

私は自分の要件を静かに、しかしはっきりと述べ、女性警察官に対応してもらえるよう依頼しました。取調室では、性的暴行について詳しく話さねばなりません。私は直前の数日間に精神的にも肉体的にも一連の出来事を何度も再体験していたので、警察官への説明は思ったよりうまくいきました。警察はレイプ二件を確認しました。二件とも被害届を出しますかと問われ、私はノーと答えました。私には、失神の理由がわかりませんでしたし、被害者が「無力状態」だった場合、当時の法律ではレイプ罪が成立しないことを知っていたからです。夫は私の隣に座り、ずっと手を握ってくれました。この翌年、私たちは手紙や長いテキストメッセージを通じて性的暴行について話し合いました。夫の疑問は、なぜ私がジャン＝クロードに電話番号を教えたのか、そしてなぜ彼のアパートまでついて行ったのか、ということでした。これらの質問は、二〇年以上にわたって自己嫌悪の原因になっていました。#MeToo 運動の力を借りて「恥」と決着をつけようとしていたところだったので、夫に質問されるのは辛いことでした。それでも私は答えるようにしました。あの出来事が私に与えた影響、だから夫が私にいたずらしたときに彼を殴ってしまったこと。私の秘密の多くは絡み合っているので、あのレイプについて話すことは、人生の他の部分についても話すことになります。

二〇一七年一二月、私はまだ編集部の白い防音室で日々を過ごしていた。仕事内容はフォローアップ。私が目を覚ましていられたのは、それまで地中にあったものが地表に出てきそうな気配を感じたからだ。

フォーラムの近くにいた人たちによると、二人の共著のうち、アルノーのパートはフロステンソンが書いていたそうだ。彼らのエッセイ・シリーズを出版したエルサッツ社の編集者は、アルノーの仕事はごく限られていたと考えている。

記事公開後、別れるのなら進路を断つとアルノーに脅されたミラが元雇用主二人に連絡したところ、どちらもアルノーから電話があったことを認めた。それゆえ記事に登場する女性の一人がミラだとわかったという。アルノーはミラを使うなと彼らに要請してきたが、どちらもそれを聞き流したという。ミラは、ほかにも影響を受けた人がいたはずだと確信した。だが、本当のことはわからない。アルノーが「進学を阻止した」と主張した芸術学部には、彼女は応募していなかった。

私の調査では、何人かの女性が、アルノーがノーベル文学賞受賞者を事前に漏らしていたと述べている。二〇〇四年のエルフリーデ・イェリネク、二〇〇五年のハロルド・ピンター、二〇一四年のパトリック・モディアノである。ちょうど私と同僚のヒューゴ・リンドクヴィストは、彼女たちの主張を立証しようとしていた。事務局長が正式に授賞者を発表する前に、その名前を他の人に話していた女性たちがいた。アカデミー会員以外がその名を事前に知っていることの意味には考えが及ばずに……。そのうちの一人は日記にそれを書き留めていた。

一二月四日、私たちは情報漏洩《ろうえい》に関する調査記事を公開した。スウェーデン・アカデミーから委託されたばかりの法律事務所の報告書には、このあと、アルノーが文学賞受賞者に関する情報を合計七回漏洩したという結論が載るようになるだろう。

アルノーはアカデミーの事業に実際どれくらい食い込んでいたのだろう? 本当にアカデミーの力を借りて、気に入らない人たちのキャリアをつぶすことができたのだろうか? それを証明する書類は残っていない。

スウェーデン・アカデミーの作家支援委員会の長として、フロステンソンは、スウェーデンの作家や詩人への経済的支援の決定に大いに関与していた。私の調査記事を読んだ一部の会員は、アルノーと対立していた二人の女性への助成金支給に関し、フロステンソンが断固として反対していたことを思い出した。この二人はアカデミーからまったく助成金を受け取っていない。だが、助成金の決定は共同でおこなわれるので、彼女の反対だけが原因だったと断ずることはできない。それでもアルノーがスウェーデン・アカデミーの名前を出して脅すことにより、原稿を出版社に送ることを諦めた女性たちがいる。アルノーが創りあげた〝帝国〟以上にスウェーデンの文化界で影響力を振るった人や組織はほとんどないだろう。

私の記事の影響で、別の記事が注目を集めはじめた。エクスプレッセン紙の「文化エリートのセックス・テロ」というタイトルの記事が、すでに一九九七年四月にアルノーを調査していたのだ。この記事では、スウェーデンの職業安定所からフォーラムに送られた若い研修生たちが、有名な文化人からセクハラの被害を受けたと主張している。

また、別の女性（匿名のアーティスト）は文化界に「必死の思いで書いた手紙」を送って警鐘を鳴らしたと語っている。手紙の送り先は、問題の男性の事業を支援する複数の機関。その中にはスウェーデン・アカデミーも含まれていた。当時の事務局長ストゥーレ・アレンがその手紙を受け取った。その女性は「依存的な立場」にあったときにこの男性からセクハラや虐待を受けたと手紙の中で語っている。

「私は二年にわたって被害をうけてきました。そこで貴組織に連絡する次第です」

どうしてこの記事の公開が可能だったのだろう？　それなのに、なぜ何の変化も起こらなかったのだろう？　九〇年代にアルノーの行動を問う勇気を持っていたのはどんな女性たちなのだろう？　悲しいことに彼女たちに返ってきた答えは二〇年にわたる沈黙だった。そのあいだ、どのような人生を歩んできたのだろう？

アーティストの名前はアンナ＝カーリン・ビールンドであることがわかった。彼女はリードシェーピング〔ストックホルムから三五〇キロ離れた人口四万の都市〕郊外で裁縫教師〔中学校の家庭科教師の一種〕として働いている。

彼女の芸術の多くは宗教的モチーフを扱っている。古い写真には、大規模なテキスタイル・インスタレーションなど、フォーラムの展示室を埋め尽くしているものもあった。

私がコンタクトを取った数日後にアンナ＝カーリンは返事をくれた。彼女は私の記事のことはまったく知らなかったので、私がアルノーの名前を出すと防御姿勢に入った。自分の経験は大海の一滴にすぎず、メディアとの接触は望んでいないと彼女は言った。私たちがふたたびコンタクトを取るようになるのは、ずっとあとになってからだ。

＊＊＊

記事公開の三日後にフォーラムでおこなわれるはずだったパフォーマンスは「病気のため」キャンセルされたが、新しいプログラムは発表されなかった。カーリンと私がフォーラムの美術展を訪れたとき、大ホールへの廊下は閉鎖されていた。だが今、どうしてもその大ホールを見たくなった。私をそこへ入れてくれるのはフォーラムの元従業員しかいない。さんざん迷った末、ルーヴェ・デルヴィンゲルに電話すると予想どおりにノーと言われた。今さら廃墟を見たいと言われても……と彼はモゴモゴつぶやいたが、機会があれば会って話すのはかまわないと言ってくれた。その後、私たちは何度か会い、メールを交わした。

フォーラム最後の数年は難行苦行だと感じることがあったよ。常に新しい企画を立て、短期間で難しい曲をものにするには大きなエネルギーが必要だった。それに歳を取る一方だしね。僕たちのプログラムはいつでも出来立てほやほやだった。上演のほんの二、三週間前に準備が始まるんだ。ストレスレベルが高いうえに、ジャン＝クロードのイライラは増すばかりだった。彼の神経は以前から弱かったみたいだけど、あのころは眠れないとも言っていたね。彼の精神状態が悪いのは明らかで、まるで何かに追われているようだった。

彼は相変わらず「あれしろこれしろ」とうるさく言ってきたけど、それを面白いと思う気力はもうなくなっていた。僕の仕事を当たり前だと思っている――そう感じはじめていた。グランドピアノともどもフォーラムを離れようかという気持ちが衝動的に湧いてくることもあった。それでも演奏会が成功すると、フォーラムに対する不満は消えてしまった。今回もうまく行ったという達成感が充満し、彼のいささか冷酷な面を見落とすことになった。

多くの女性と関係を持っていることをジャン＝クロードは隠さなかった。複数の真剣な恋愛関係が同時に進行していることもあった。彼は本当にそれが好きだったんだろうね、お相手はとっかえひっかえだった。彼が見つけてくる女性たちは若く、一定期間オフィスで働けるよう彼は手配した。僕の考えでは、あれは女性たちを監視する手段だったんだろうね。ジャン＝クロードには嫉妬深いところがあった。あるいは、一緒に働くというロマンチックなアイデアに根ざしていたのかもしれない――一緒に何かを創造するという。ある時期、カタリーナとそうしていたように。女性たちとの関係は永続しない運命だった。彼は一生、カタリーナから離れるつもりはなかったんだから。驚いたことに、女性たちはギリギリまでその立場に耐えていた。だけどその理由は、女性たちにとって自由になるのが難しかったからかもしれない。ジャン＝クロードは振られて黙っているタイプじゃなかったから。

彼はいつもタクシーを利用した。たとえどんなに短い距離でもね。彼はストックホルムを歩くのが好きじゃなかった。パリでは何も問題ない。でも、ここは違う。彼は街の雰囲気が険悪になったと言っていた。とくに外国人に対して。

夜に練習が終わったとき、オフィスに明かりがついていたら、僕はドアをノックしてさよならと言うことにしていた。毎回、彼は大急ぎで出て来た――それもひどくおびえて。

僕はよく考えたよ、彼の恐怖は本物なのだろうかと。つまり、迫りくる脅威が現実に存在するのか、それともただのパラノイアの症状なのか。

二〇一七年の秋、ワインスタインに関するスキャンダルが暴露され、ジャン＝クロード周辺で何かが起こっているという噂を耳にするようになった。最初はびっくりしたよ。僕の目には、#MeToo 運動はもっぱら権力の座にある男性を対象としているように見えていた。だけどジャン＝クロードに権力があるとは思えない。芸術、演劇、それに音楽の世界でも、彼には影響力はなかった。そして、フォーラムに出演していた僕たちと彼の関係は、まったく正反対だ。僕たちは実際の出演料を受け取っていなかったので、依存的立場にあり、常に感謝しなきゃいけなかったのは彼のほうだった。

文学の世界では、また違っていただろうね――カタリーナがいたから。それでも、彼がその分野で重要な発言ができるとは想像しにくかったね。とはいえジャン＝クロードには、権力を連想させる品々が贈られていた。国王からのメダルとかパリで管理するアパートとか。彼は誇大妄想に陥り、どうやら無敵感も湧いてきたみたいなんだけど、メダルやアパートはそれを強化する呪具みたいなもんだったんじゃないかな。

一一月二一日、僕は地下サロンにあるグランドピアノの前に座った。三日後に予定されていたコンサートの練習だ。そこへチェリストがジャン＝クロードに関する記事を送ってきた。スマホでざっと読んだだけで、衝撃のあまり体がすくんでしまった。頭がうまく回らない。ほとんど無意識に僕は思った。〝そんなに悪いことか？〟。最初に頭に浮かんだのは、なんぴともフォーラムの活動を脅かしてはならない、ということだった。芸術はどんな犠牲を払っても存続させるべきだ。戦争なら歓迎する。爆弾が建物を崩壊させるまで、僕はグランドピアノを弾きつづけてみせる。そう、沈みゆくタイタニック号で演奏を続けた弦楽四重奏団のように。だけどそこへヴァイオリニストから電話がかかってきて、僕は悲壮な最期の空想から目が覚めた。

「エージェントから、演奏会には参加しないようにアドバイスされました。ジャーナリストが群がってきて、地獄絵になるだろうって」

それからローランド・ペンティネンからも電話があり、僕たちは公演をキャンセルすることにした。ぼうっとしたままバスに乗って家に帰り、夕方になってその記事を注意深く読んだ。衝撃を受けたよ。どの証言も完全に信用できそうだった。ほとんどの人は強い自責の念に駆られていた。その語りは大声でも感情的でもなく、ただ胸が締め付けられるほど哀しかった。どうしてそんなことが可能だったんだろう？　どうしてあんなに長期間続いたんだろう――つまり、隠すことができたんだろう？　恐怖や恥ずかしさから、女性たちが性的暴行を自分の胸に秘めておくことを選んだのは、もちろん理解できるよ。でも、どうして公共の場所や出版社のパーティーで起こったことが僕の耳には入ってこなかったんだろう？

翌日、ジャン＝クロードに電話したよ。僕が思っていたより落ち着いていた。女の子たちと寝たのは本当だけど、それ以外のことは何もしていないと主張した。弁護士と連絡を取ったそうで、僕にジャーナリストとは話をするなと言った。まるで誰かに「開けたドアは閉めろ」と言うのと同じくらいラフな口調で。でも、ジャーナリストから電話があれば答えないわけにはいかないよ、と僕は返事した。駄目だ、と彼は言った。ジャーナリストと話をするなんてとんでもない、ずっと口をつぐんでおけってね。

僕はジャン＝クロードを少し気の毒に思ったよ。あの記事に書いてあることは本当だろう。でも、だからといって一人の人間をああまで吊るし上げてもいいのか？　メディアには力がある。僕には、あの記事がフォーラムの二八年の活動を一瞬で灰にするシーンが想像できた。だけど、

――反対側から見て考えてみた。セクハラや性的暴行が続いていた年月を考えると、あの記事が書かれるまでにどれだけ長い時間がかかったんだろうって。僕の頭の中は、すごい混乱状態だった。

記事公開から数ヶ月間、電話をかけまくった私は、もはや新しい番号にかけても緊張しなくなった。私の名前を聞くと、人々は動揺し、怖がる。いきなり電話を切る人。自分は後世の一部に属すると信じていて、インタビューを受けるくらいなら自分の資料を王立図書館〔日本の国立国会図書館に相当〕に寄贈し、永い保存期間を設定すると言う人。歴史はどのように書かれるのか知っているかと説教を始める人。だが、たいていの人は、引用しないという条件なら喜んで話してくれた。長年にわたるほのめかしは、集団的抑圧と化していた。

いつでもジャン＝クロードは話題になっていた。とりわけ女性たちのあいだで――お互いに警告するためだ。取材を進めるうちに、私のもとに集まるセクハラや性的暴行の件数が増えていった。

一方、ストックホルムで驚くほどの速さで広まっている憶測やセオリーがあった。

ゴシップには大きな力がある。研究によると、それは人々のあいだに家族のような強い絆を一時的につくりだしたり、または超ハイになれるクスリとして機能したりするらしい。私は文化界の人々に電話をかけまくっていたが、なかには私と話をしたがる人たちもいる。

「せっかくあなたから電話がかかってきたんだから、あのことを訊いておきたいんだけど……」

私は自分がゴシップセンターになったようで恥ずかしくなった。でも、自分が業界内に入り込んだという感覚はたまらない。何人かと話したあと、私がある監督に伝えたスウェーデン・アカデミー観を、まったく別人の女優から聞かされたことがあった。

「パブでそれを聞いたばかりなの。面白い解釈だと思わない?」

嘘も百回言えば真実になると言うが、真実も繰り返せば嘘になるらしいと私は考えた。

日照時間はどんどん短くなり、街は日に日に暗くなっていく。コンラード山公園では、黒くて揺れている枝に覆われた木の幹はほとんど見えない。だが、地下鉄の通路には照明が灯り、キオスクの壁に貼りだされた夕刊紙の見出しには、多くの人が私に話したがっているカップルが載っていた。青く冷淡な目をした彼女と、革のジャケットを着た彼。

今は誰もが彼女とアルノーの関係について知りたがっている。カタリーナ・フロステンソンについて読めば読むほど、彼女が人目にさらされているという現状が強烈な皮肉に思える。フロステンソンは常に隠れる権利を手にしてきた。彼女の詩は、可視性と開放性にとりつかれている社会を批判している。心の奥底にあるものを語らせようとする社会。告白が人間の「暗部を体外に押し出す」と信じている社会。

他人を完全に理解することは絶対に不可能というのが彼女の詩の大きなテーマだ。彼女はインタビューでこう語っている。最も身近な人でさえ、あなたとの「違いを示し、自分の立場を取る」瞬間がある。それを表現したいのだと。

一二月下旬、私はスウェーデン・アカデミーに関するドキュメンタリーを観た。その中でフロステンソンは、見られることなく影響を与えるのが好きだと言っていた。私はその考えが怖かった。そして、人々が急に彼女とアルノーに背を向けたことも。何十年も畏敬の念を捧げ忠実に見て見ぬふりをきたことは、あっという間にクローズアップ写真と距離を取ることに置き換わった。

リディアによると、あの調査記事の最大の功績は、性的暴行がストックホルムの文化界にまで及んでいたことを証明したことだそうだ。

「アルノーを悪魔として描くこと──または証言者としての私たちを理想化すること──は、全体像を見ないための手段です。そのメカニズムは、性犯罪に関してますます強くなっていると思います。おそらくその理由は、昔から性的暴行が社会的立場と大いに関係してきたからでしょう。歴史上、犠牲者と加害者の両方が集団から追放された例はたくさんあります。このような反応をするのは、自分の立場を守りたい場合や、自分がどのような役割を果たしたのかを自問したくないからです」

ルーヴェ

その後の生活は大騒動だったよ。ジャーナリストからひっきりなしに電話がかかってきた。メインはダーゲンス・ニューヘーテル。長年、大量の記事やレビューでフォーラムを最もサポートしてきた新聞からね。それに、あれはインタビューじゃなくて尋問だよ。まるで取調室に入れられたみたいだった。僕はきわめて誠実に答えたよ。フォーラムの活動内容を説明し、ジャン＝クロードをポジティブな面からもネガティブな面からも描写した。自分が何を知っていたのか、何を知らなかったのかを話した。でも、僕の話はどれも記事にするほど面白くはなかったみたいだね。新聞社が見出しにしたかったのは、別のことだった。彼らはローランドの子どもたちにまで電話して、情報が欲しいと詰め寄った。最初からフォーラムをストックホルムの悪の中心として描く予定だったんだ。地下サロンを運営し、文化界を操作する、黒き影の伯爵ジャン＝クロード。セックスと猥褻の雰囲気漂う薄汚れた部屋で、若く純粋な女の子といちゃついているアカデミーの男性会員。これはまったくの誤解だ。フォーラムの観客の大部分は詩や音楽を愛するおじさん、おばさんたちだった。いちばん熱心だったのは、少々ご年配の三人の女性たちで、最高の観客席を手に入れようとドアの外で何時間も待っていた。若者の来訪は珍しかった。アカデミー会員が来るのはたいてい、彼らが演壇に立つときだけだった。

大勢の人が同じ方向に突進するとき、僕は本能的に立ち止まるか、その流れから逃げ出すことにしている。僕は一種の集団恐怖症で、ロックコンサートには行ったことがないし、サッカーの試合も観戦したことがない。いまや誰もが「もうバレたぞ！」と叫びながら一点に向かって走っている。目的地はアカデミーだ。自分たちは正しいと信じるその姿勢が僕を怖がらせる。あの記事の女性たちの証言と、その哀し気な声を忘れてしまったのだろうか？

しばらくして、僕はまた地下サロンに行ってみた。フォーラムの前で待機していたジャーナリストたちは諦めて旧市街に移動していた。ドアの鍵を開けるのは、いけないことをしている気分だったよ。

　もう夜になっていて、屋内は真っ暗だった。心臓がドキドキした。スマホのライトを使って階段を下りた。グランドピアノは残っていたけど、他のすべては分解中だった。コードや壊れたスポットライト、段ボール箱、そしてあらゆる種類のゴミが床に散らばっていた。保管室にあった美術品は梱包され、壁際に並べられていた。僕はピアノを弾きはじめた。憂うつのあまり神経が壊れそうだったけれど、音楽が少し救ってくれた。四時間くらいそこにいたよ。

　建物内の片付けは、ジャン＝クロードのスタッフや友人の一部が担当した。重労働だからゆっくりとね。どうやらその計画は、一個ずつ廃棄していくことのようだった。カーペットは一枚ずつゴミ処理場に運ばれる。翌日、椅子がいくつかなくなっていた。指示はパリにいるジャン＝クロードが出していた。どうしてだか引っ越し業者は雇わなかった。だけど彼にしてみれば、わめきつづけることに大きな意味があったんだろうね。そこから生きる力を得ていたんだろう。

　ジャン＝クロードとはもう連絡を取っていなかった。電話で話すことがなくなったあとは、フォーラムの財政に関する短いメールのやりとりをした。稼働中のフォーラムには明らかに大きな財政支援が入ってきていたのに、そこでパフォーマンスをした作家、音楽家、哲学者、俳優に相応の分け前がなかったのはなぜなの？　プログラム立案者の中で出演料が払われなかったのは僕一人だったけど、その理由は何？

　別にお金が欲しくてフォーラムの活動をしていたわけじゃないけど、封筒に入っていた金額は本当にスズメの涙だった。

それは不誠実だ、いいように使われていただけだと感じたよ。

代筆したのはカタリーナだろうね。あんなスウェーデン語、ジャン＝クロードには書けないはずだ。僕のメールを読んでショックを受けたし悲しくなったそうだ。そして、僕のフォーラムへの関与については、事前に明確な合意があったはずだと言ってきた。僕は自由に会場に出入りできたし、原則的に二四時間いつでも練習することができたじゃないかと。それに、彼によると、フォーラムの活動のために一一〇万から一三〇万クローナ〔約一四三〇万円から一六九〇万円〕もの費用がかかったそうだ。だけど、どんな種類の費用なのかは明らかにしなかった。

僕たちの合意はごく単純なものだったと僕は答えた。僕が毎日そこで練習することと引き換えに、父のレンナートがグランドピアノを置いていっただけだ。一九九一年秋に署名した契約書を見てくれと言ってやったよ。それが最後のメールになった。ジャン＝クロードとカタリーナからは二度と連絡がなかった。

最後にどこかの引っ越し会社が来たみたいで、地下空間を空っぽにしていった。フォーラムはまた立ち入り禁止になった。グランドピアノはすでに教会に運ばれていた。僕の混乱は続いた。教会に行こうとして、どういうわけだがシグトゥーナ通りに来てしまうことがあった。オフィスに人影はなく、看板は取り外されていた。

19

二〇一七年一二月六日、毎年恒例のノーベル文学賞受賞者の記者会見の場で、世界中のメディアを前に座る作家のカズオ・イシグロは、ジャン＝クロードの性的暴行疑惑についてコメントするよう求められた。

「この賞の権威と品位が影響を受けたと思いますか？」

イシグロの隣に座る事務局長のサラ・ダニウスはノーベル賞週間のあいだ中、ストックホルムに飛んできたジャーナリストたちからの同様の質問に答えなければならなかった。

ノーベル賞晩餐会に関するコメントの中には、ダニウスの外見と壮大なドレスを、スウェーデン・アカデミーの罪悪感に結び付けるものがあった。スウェーデン・ラジオの番組「文化ニュース」では、彼女はきっと今年のパーティーに「タールと羽根を身に着けて」出席するだろうと発言する人がいた〔封建時代にタールと羽根を使った刑罰があったことから〕。ダーゲンス・ニューヘーテルには、事務局長の清掃任務に必要なのは「シルクとリボンではなく、作業着と安全靴」だというテキストが載った。スウェーデン・テレビではある評論家が、その年の晩餐会でゴシック・ドレスに身を包んだダニウスを「ホラー映画の中にいるようだ」とコメントした。一方、ストゥーレ・アレンとホーラス・エングダールのノーベル賞晩餐会での外見や礼服の選択は、彼らの精神状態、すなわちジャン＝クロード・アルノーの性的暴行を可能にしたことにまつわる感情について何かを語っているとは解釈されなかった。

スウェーデン・アカデミーのその年最後の定例会で、事務局長は前任者たちを鋭く批判した。一九八六〜九九年に事務局長だったストゥーレ・アレンはアンナ＝カーリン・ビールンドの手紙を受け取ったのに真剣に対処しなかった。一九九九〜二〇〇九年に事務局長だったホーラス・エングダールは、パリのアパートの管理とその報酬が親友のアルノーのものになるよう計らった。また、フォーラムにほかに類のない、永続的な財政支援をすることを決定した。

ダニウスは、組織倫理と友人を厚遇する汚職について述べ、組織全体が変わる必要があると話した。状況は厳しいが、事務局長と他の何人かの会員は、スウェーデン・アカデミーが団結していると感じていた。

だが、彼らには知らないことがあった。一部の会員が密かにグループをつくり、カタリーナ・フロステンソンと話し合いをしていたのだ。表立っては事務局長と同じ意見を表明していたが、裏ではグループ内でメールやテキストメッセージを交換し、事務局長を批判していた。その理由は、フロステンソンが定例会から締め出されたこと、および一一月二三日の会合でアルノーと一緒に弁明することが許されなかったことだ。さらにダニウスが独自に法律事務所に調査を依頼し、会員たちの承認がその翌日だったこと、アカデミーに非があることを公式に認めていることも、このグループには不満だった。

スウェーデン・アカデミーの二〇一八年初の定例会の前に、フロステンソンは全会員に向けて長いメールを送信した。概要は次のとおりだ。

——会員の中には夫についての馬鹿げた主張を信じている人もいるようですが、それはきわめて不快です。いったいそんな疑問はどこから出てきたのでしょう？　誰かが大騒ぎをして、私たちをスケープゴートにしたいようですね。

どうやら私はスウェーデン・アカデミーから信頼されていないようです。事務局長は「恣意的に」法律事務所に調査を依頼し、アカデミー会員を「糾弾」しようとしています。

私はスウェーデン・アカデミーの業務に関してアルノーに話したことはありません。このような疑問を投げかけられるのは、ほとんど侮辱です。会員のみなさんは私の「誠実さ」をご存知ですよね——

新年初の定例会は一月二五日に開催された。ダニウスは会議を中座する必要があり、彼女が去ると、エングダールが発言し、進行中の法律事務所の調査をただちに取り消すことを要求した。この調査はダニウスが「恣意的に」依頼したのだからと、フロステンソンのメールと同じ内容を繰り返した。

独自に連絡を取り合っていたダニウス批判派に属さない会員たちにとって驚きだったのは、エングダールの演説ではなく、彼に対する抵抗が大きくないことだった。エングダールは基本的に何人かの支持を得ているようだ。だが、その支持者たちでさえ、エングダールがあまりにも極端な言葉遣いをし、弁護士による調査を批判しすぎていると考えた。

エングダール側についたのは、ストゥーレ・アレン、クリスティーナ・ルグン、ボー・ラルフ、ヨーラン・マルムクヴィスト、新人会員なのに以前にこの部屋であった議論にやたらと詳しいジェイン・スヴェヌングソン、今期からペーテル・エングルンドに代わって議長を務めるアンデシュ・オルソン、事務局長になりたかったが二〇一五年の内部選挙でダニウスに負けたトーマス・リアド。法律事務所の調査を取り消せというエングダールの要求に強く抗議したのは、サラ・ストリッズベリ、ペーテル・エングルンド、シェル・エスプマルク、クラース・オステルグレン、ペール・ヴェストベリ、イェスペル・スヴェンブルー。彼らは、今さら法律事務所の調査を取り消すことは隠蔽工作にしか見えないと力説した。白熱した議論がストップしたのは、数人の会員が、エングダールの意見が承認されるのならアカデミーを去ると表明したからだった。

結局、定例会は調査を継続することを決定した。

だが、会議室には不穏な空気が張り詰めていた。ストリッズベリはこう表現する。アカデミー内の何かが急な斜面を転がりはじめたようだった。突然、あらゆるものが動き出し、止めることも理解することもできなかった。会話の大部分はすでに会議室の外でおこなわれていたと感じた。

エングルンドにも、手続きがオープンだとは思えなかった。こんなに急激に会議の流れが変わるなんて、おかしいではないか。

だが、エスプマルクほど動揺した会員はいなかっただろう。彼は何十年間もエングダールの友人だったが、目の前で猛烈な口調で話している男が同一人物だとは思えなかった。

一月二五日の定例会は二つのグループをつくりだした。次回二月一日の定例会の前に第二グループも連絡を取りはじめた。ダニウスもそれに加わった。

二月一日の定例会で、通常議題の採決が終了すると、エングダールはふたたび発言を求め、今回は数ページにわたる原稿を大声で読み上げはじめた。声には怒りがこもっている。彼は、ダニウスが対処しなければならなかったのは「安っぽいゴシップ」だったにもかかわらず、まるでアカデミーに責任があるかのように振る舞ったと批判した。ダニウスは独裁的であるだけでなく、プレスリリースを読んだときには弱みを見せてしまった。現在アカデミーは戦時下にあるというのに、ダニウスは攻撃してくれとばかりに立ち回っている。

＊＊＊

一一月二三日にサラ・ダニウスが発表したアカデミーのプレスリリースは、どのようにして陰謀だと言われるようになったのだろう。私はその過程を追ってみた。

アンデシュ・オルソンはこの日、定例会に出席していなかった。だが、会議の内容は他の会員たちから聞いたと、のちに私に語っている。

「私が聞いたのは、プレスリリースには確実な論拠がなかったということです。ちょっとしたトラブル程度のことしか起こっていなかったのに、そのプレスリリースの内容は何に基づいているのだろうかと、みんな不思議に思っていました。問題になるとしたらクリスティーナ・ルグンの娘の件くらいですが、そのトラブルは彼女が会員に選ばれる数年前にアカデミー外で起こっていました。ですから、私たちには何の関係もないのです」

この陰謀説はどのように広がり、強化されていったのだろうか。ある会員の近親者は、事務局長が自らの主導で会員の「妻と娘を犠牲者に加えた」ことで「余計な敵」を刺激したと言う。何十年もアカデミー会員たちの近くにいた男性は、報道陣を前にしたダニウスの開口は「クーデター」だったと説明する。

「ペーテル・エングルンドでさえ何も知らなかったのですよ。私が理解する限り、彼はたまたま近くにいたので、ダニウスと一緒に正面玄関から出るかたちになったんです。ええ、報道陣の前で彼女が言うことを聞いたとき、彼もほかのみんなもすくみ上がりましたよ」

だが、一一月二三日の会議中にセクハラの経験について語った会員たちは、この陰謀説を不快に思っている。とりわけ、ダニウスと一緒にプレスリリースを書いたエングルンドとストリッズベリはそうだ。

＊＊＊

二月一日の定例会で延々とスピーチを続けるエングダールは、スウェーデン・アカデミーはスクープ記事後の行動についてフロステンソンに謝罪するべきだと主張した。彼女が無実であると主張するのであれば、我々は彼女を信じなければならない。しかも、スウェーデン・アカデミーはその会員をけっして告発してはならない。その人物がどんな罪を犯したのかにかかわらず、彼女を擁護するのが当組織の役目だと。

このスピーチは定例会で多くの質問と強いリアクションを引き起こした。彼の論拠は、無条件にメンバーを擁護する共同体とそこへの忠誠心だけではない。

エングダールの頭の中では、かつてのクリース編集部のロマンチックな芸術的見解が最高潮に達していたようだ。彼によると、将来、私たちの時代の文学を定義するのはフロステンソンなのだそうだ。

冬のあいだ中、激しい議論が続けられた。詩人としての偉大さを理由にフロステンソンを繰り返し擁護する会員たちは、エングダールのほかにもいた。

二〇一八年九月に私がエングダールに会ったとき、彼は自分自身にこう問うていた。

「一〇〇年後にこの時代を振り返った人々はなんと言うでしょうね? 今日《こんにち》私たちがエサイアス・テグネルやエリック・グスタフ・ジェイエル〔どちらも一九世紀のスウェーデンの詩人でアカデミー会員〕時代のスウェーデンのアカデミーについて話すのと同じように、彼らはカタリーナ・フロステンソン時代のアカデミーについて話すでしょう。間違いなくね。彼女は傑出した詩人です。これほど明らかなことはありません。

未来の人々は私たちと同じくらいモラル的に動揺することはないでしょう。そして最高の文学はオーラを維持します。フロステンソンをアカデミーから排除すれば、時《とき》の評決は厳しくなると確信しています。それゆえ、多数派は彼女をサークルに取り戻したいと願っているのです――それに、多くの会員の認識では、彼女に対する事務局長の対応は不公平です。私たちを裁く法廷は後世なのです。ですから慎重に考えてほしいと、私は同僚たちに呼びかけたわけです」

インタビュー後に音声ファイルを聞くと、それはほぼ四時間続く独白だった。どうにか台詞に割り込もうとする私の声も聞こえるが、それが「でも」より長くなることはなかった。まるで私が発言する体力さえないように聞こえるが、そんな経験は初めてだった。

そもそもエングダールがインタビューに応じてくれたことが驚きだったが、彼は私の記事に対する意見を述べたかったのだろう。

エングダールは、フロステンソンは八〇年代から「詩の女王」だったと語る。

「彼女の友人になるためなら何でもするという女性作家は無数にいます。彼女のバッグに触れるだけでも感激する人たちがね。現在、彼女の顔に泥を塗りたいだけの誹謗中傷キャンペーンが渦巻いていることを彼女は知っています。しかし、最終的にはすべてが調査されるでしょう。彼女を失脚させようとした人たちは罰せられるはずです」

この記事の全調査を実行したのは私だと告げると、エングダールはポカンとした顔つきで私を見た。

「いやいや、カタリーナはあなた個人に対して悪い感情を持っているとは思いません。あなたのことは道に迷った人だと思うでしょう。簡単に言うと、ジャン＝クロードに危害を加えるチャンスを長いあいだ狙っていた多くの女性に利用されただけです。そしてその結果、カタリーナを詩人の女王の座から転落させたいと」

エングダールによると、ダーゲンス・ニューヘーテル紙とその文化部長は、自分たちの利益のためにあの記事を発表したのだそうだ。

「つまり、影響力と名声の点でスウェーデン・アカデミーと競合している編集部が、大衆を煽り、ある種の疑似意見をでっち上げたのです。私たちを傷つけるために。私たちにとってメディアに巻き込まれることは戦争なのに、古典的な過ちを犯してしまいました。私たちは長いあいだ誰からも好かれ、それを大いに享受してきましたが、そのうちに危険な状態に陥ることがあります。注意を怠るようになるのです。兆候が見えなくなるのです。最後列のつぶやきが耳に入りません。だから実際に攻撃されたとき、私たちには準備ができていませんでした」

似たような理由づけは、作家のスティーグ・ラーションからも聞かされた。エングダールの直後に、私はラーションにもインタビューした。場所はラーション行きつけのレストラン「ばら色の夢」。彼はダーゲンス・ニューヘーテル社があるクングスホルメン島の隣の島、小エッシンゲン《リラ》に住んでいる。この二つの島は小さな橋でつながれている。仕事帰りの私がてくてく歩く彼の姿を見たとき、スウェーデンとその首都はいかに小さいかを感じさせられた。

その村では誰もが役割を持っている。ラーションは八〇年代の退廃と天才的カルトを象徴するさまよう記念碑だった。同時に、男女の差についてメディアで挑発的な発言をする人物でもある。だから友人のアルノーに何が起こったのかを彼が説明しはじめたとき、私はあまり注意して聞いていなかった。彼によると、男性は年齢とともに魅力を増すが、女性は価値を失うそうだ。

「だから嫉妬を生み出すんだよ。ごく稀な例外に対してね。カタリーナはその一例だ。彼女は歳を取っても美しく、その上、大きな権限を持っている。彼女は何千もの女性作家のモデルなんだ。俺たち男性は一種の競争に明け暮れてきた。女性はまだそれに慣れていない。だからカタリーナに追いつけないことがわかると、ジャン＝クロードを攻撃するんだ。俺はインターネットには詳しくないんだが、一本の〝スレッド〟とやらを作って彼についてやかましく騒ぎ立てたんだろうなあ。だから、一八ものストーリーを新聞社に送ることだって簡単にできたんだろうよ」

また、エングダールとラーションの陰謀説の出所《でどころ》はフロステンソンとアルノー自身だと私に教える人たちもいる。あの夫婦は——調査記事発表以来、外見上は沈黙しているが——この記事は多くのフェミニスト作家によって画策されたと信じているそうだ。そのフェミニスト作家グループは、若い世代の有名な一《いち》女性詩人のイニシアティブの下《もと》、オンラインで結成されたそうだ。

こんな主張を聞かされることはシュールレアリスティックだ。言葉を失ってしまう。

あの記事の企画は私の発案であったこと、調査は自分自身でおこなったことを力説すべきだろうか？　女性たちは悩みに悩んだ末、自分の証言を新聞に載せる決心をしたことを代弁すべきだろうか？　彼女たちの大部分は、お互いの存在さえ知らないことを説明すべきだろうか？　それでどうやって陰謀を企てることができたのだろう？

極端な状況においては、共通の現実認識を持つのは難しい。だが、文化界が戦争状態にあるという人には、陰謀説は採りやすいだろう。八〇年代、エングダールとラーションは七〇年代のイデオロギー文学と戦った。彼らは権力の移譲に成功した。その結果、新しい美学の――そして政治指向の――風潮が生まれたが、今度はそれが彼らを攻撃しはじめた。彼らにとってはこれ以外の理由など考えられなかったのだろう。

つまり、発信源がたった一人の記者だということは想定外なのだ。スウェーデン・アカデミーとその地位を脅かしているのは性的暴行に関する具体的な情報であることなど、絶対に認めたくないのだ。あの記事が引き起こした反応は、実はもっと大きな世界に関係していることが理解できないのだ。

この本に、私が聞いた数々の陰謀論を詳しく書くべきだろうかと考えてみたが、見送ることにした。それらはあまりにも大げさなのだ。だが、フロステンソンは同じ考えではなかったらしい。二〇一九年五月二三日、彼女は詩集『K』を出版し、全体主義社会から追放された、世界史に名を残す有名作家たちの仲間入りをしようとした。詩の女王である彼女は、「性悪女たち」に迫害され、流浪の身となってしまった。その「ハイエナ女たち」は承認欲求過剰で、心の中ではスウェーデン・アカデミーへの入会を望んでおり、安定を壊し権力を握るという「課題」あるいは「文学的または政治的目標」を持っている。すなわち「政権交代」を狙っているのだ。『K』はダーゲンス・ニューへーテル紙にも言及し、その新聞の目的は、スウェーデン・アカデミーに手を伸ばし「それを分解すること。おそらく最終的にはそれに対する支配権を得ること」だとしている。

20

法律事務所による調査は二〇一八年二月中旬に終了した。機密保持の観点から、アカデミー会員でも法律事務所まで出向かないと報告書を読むことができなかった。それによると、アルノーは合計七回、ノーベル文学賞受賞者の名前を事前に漏らしたとされている。このほかにアカデミー会員の人選にも関与していたと考えられている。証言者の多くは匿名だが、実名で発言した人もいる。その一人、サラ・ダニウスは二〇一三年の冬に受けた電話について述べている。アルノーは、君の履歴書がもらえないだろうか、アカデミー会員候補として議論されているから、と言ってきたのだ。彼女は驚いたが、そのときは真剣に受け止めなかった。しばらくすると、ダニウスはアルノーからテキストメッセージを受け取った。「すぐに電話がかかってくるから楽しみにして」。スウェーデン・アカデミーに関することだ、とダニウスにはピンときた。その後まもなく、ペーテル・エングルンドから電話があり、彼女はアカデミーの椅子を提供された。

クラース・オステルグレンも調査に参加し、一九九六年の秋にアルノーから——オステルグレンがアカデミー会員になる〔二〇一四年〕ずっと前に——電話があり、ヴィスワヴァ・シンボルスカ〔一九二三—二〇一二。ポーランドの詩人。一九九六年にノーベル文学賞を受賞〕がノーベル賞を受賞すると伝えてきたという。そのころ、二人は知り合いではなく、この電話は不意にかかってきたとオステルグレンは言う。

情報を漏らしたとされているのはカタリーナ・フロステンソンで、もしこれが真実ならスウェーデン・アカデミーの規約に反している。また共同所有者としてフォーラムに下りた助成金の一部を受け取っておきながら、スウェーデン・アカデミーの助成金支給決定に関わっていたことから、経済犯罪の疑いも持たれている。法律事務所はスウェーデン・アカデミーに対し、フォーラムを警察に通報することを勧告した。

この調査により、多くの会員が避けたいと思っていた事態が生じた。議論の主人公がジャン＝クロード・アルノーではなくカタリーナ・フロステンソンになったのだ。

経済犯罪と守秘義務違反の疑いがあるので、スウェーデン・アカデミーとしては彼女の処遇を考えるべきだろうか？　それは除名の理由になるだろうか？　会員が組織の「名誉と栄光」に反すれば会員資格を剝奪すべきだが、実際には一七九四年を最後に発生していない。

ダニウスと何人かの会員は除名の考えで、今後の調査を経済犯罪対策庁に任せるよう院内で呼びかけた。スウェーデン・アカデミーには国内法を無視する権利はないのだから。

しかし、調査報告書自体に疑問を投げかける会員たちもいた。多くの証言が匿名であるため、法的な有効性に欠けると主張した。友情も議論のテーマになり、すでに窮地に陥っているフロステンソンをアカデミーは擁護するべきだという意見もあった。また、今は敵を城内に入れるときではないと経済犯罪対策庁の介入に反対する会員もいた。

ともかくスウェーデン・アカデミー内部ではフロステンソンと話す必要があることは一致していた。そこで、三月一日と八日の定例会に来てもらうことにした。

非公式の事前交流会の場所である図書館に彼女が現れると、多くの人が視線を泳がせた。サラ・ストリッズベリは、来てくれてうれしいわと声をかけた。ホーラス・エングダールは彼女を抱きしめた。フロステンソン自身も周囲の会員たちに挨拶したが、ダニウスは無視した。

法律事務所の報告を読んだ会員の何人かは、フォーラムの財政に絞って質問を準備していた。彼らは、フォーラムの財政を管理していたのはアルノーだと考えていたので、このような質問をした。「ミセス・フロステンソンの夫《フルー》は財政を管理していましたか？　少なくとも責任者でしたか？」。だが、フロステンソンはどんな質問にもスラスラ答えたので、彼らは驚いた。防衛策になるはずだったものが皮肉なことに逆の効果をもたらしたと、ある会員は言う。

「彼女は、夫が置いていった書類にサインするだけの浮世離れした詩人ではありませんでした。残念ながらね。実際、私たちの多くはそれを望んでいました。ジャン＝クロードが邪悪な天才で、彼女はただ操られているだけだと私たちは信じたかったのです。そのとおりなら、どんなによかったことか」

ペール・ヴェストベリも落胆した。

「彼女が自分の不注意や過失に同意してくれていれば、和解の要望も聞きやすかったのですが」

だが、疑問視されたのはフロステンソンだけではなかった。彼女はスピーチの中で、アルノーの側に立っていない会員をなじった。自分を何様だと思っているの？　誰の指示でそうしているの？　ダーゲンス・ニューヘーテルの罠にまんまと引っかかってしまったことを、どうして見抜けないの？

フロステンソンは、エサイアス・テグネルの詩『一八三六年四月五日の歌』を引用する。それはスウェーデン・アカデミーの創設まもない時代へのオマージュで、「幻想的で異国風で華やかなグスタフ朝時代のきらめき」について語っている。彼女はその詩で賞賛されているのはフランスの影響だと思っているようだった。アルノーが体現し、スウェーデンが嫌悪し、この組織が追い出そうとしている華やかなライフスタイル。フロステンソンは、アルノーを人種差別の犠牲者にたとえ、彼をエイリアンと呼んでいる。彼女のスピーチは長々しく、会員の何人かは内容をほとんど覚えていなかった。彼女のスピーチはあまりにも修辞的で論点が理解しがたいため、経済犯罪や守秘義務についての具体的な質問は空中分解してしまった。

＊＊＊

スウェーデン・アカデミーが重要な問題について決定を下す場合、会員は白または黒のボールを箱に入れることになっている。

三月二二日木曜日に、六人のメンバーがフロステンソンの退会に賛成票を投じた。サラ・ダニウス、ペーテル・エングルンド、シェル・エスプマルク、イェスペル・スヴェンブルー、ペール・ヴェストベリ、そしてクラース・オステルグレンが黒玉を選んだ。反対に「残留」を意味する白玉を入れたのが以下の八人。ジェイン・スヴェヌングソン、クリスティーナ・ルグン、ボー・ラルフ、アンデシュ・オルソン、トーマス・リアド、ホーラス・エングダール、ヨーラン・マルムクヴィスト、そしてストゥーレ・アレン。サラ・ストリッズベリは棄権した〔エークマンとロータスは以前から活動に参加していなかった〕。

四月五日にさらに投票がおこなわれ、その結果、フロステンソンはパリとベルリンにあるアカデミーのアパートを使用できなくなったが、会員資格に制限はなかった。

さらに、スウェーデン・アカデミーは法律事務所の勧告に従って、調査を経済犯罪対策庁に委ねるべきか。

それも投票で否決されたとき、ダニウスは、以前に外の世界に開かれていた窓が閉じられ、ブラインドが下ろされたと感じた。オステルグレンは会議室を離れた。

私の同僚たちはアカデミー会館の外で待機していた。フォトグラファーは旧市街の小路に消えるオステルグレンの写真を撮った。その一枚がのちに象徴的な写真になることを知らずに。

法律事務所の調査結果を待っていたそれまでの数ヶ月間は、アカデミー会館の周辺は閑散としていた。スウェーデン・アカデミーの会員以外の者は、進行中の紛争に気づかなかった。

しばらくすると、エングダールがオルソンと一緒に正面玄関の外に出てきた。彼らもまた、自分たちが二四時間以内に新たにメディア報道の中心になるとは思っていなかった。

大きな対立事項では勝利を収めたとエングダールは信じていた。彼自身も、意のままにならなければスウェーデン・アカデミーを離脱すると何度も脅したからこそ、周囲を〝納得〟させることができたのだと理解していた。おそらく彼の頭の中では、自分であれ他人であれアカデミーを離脱するなんてありえないことだったのだろう。

＊＊＊

二〇一八年四月六日金曜日、曇り。午前一一時の数分前に、スヴェンスカ・ダーグブラッデト紙がクラース・オステルグレンからの声明を発表した。

「スウェーデン・アカデミーは長きにわたって深刻な問題を抱えていました。そして今では規約ではなく、あいまいな思いやりを適用して問題を解決しようとしています。これは、機関の設立者〔一八世紀の国王〕とその高貴な後援者《パトロン》〔現国王〕に対する裏切りであり、とりわけ才能と美意識を持つ人材の育成という組織の目的に反しています。そのため、私は組織の活動に今後参加しないことを選択しました。『（英語で）私はテーブルを離れます。私はゲームを下ります』〔カナダのシンガーソングライター、レナード・コーエンの歌“Leaving the Table”の一節〕」

三〇分後、今度はシェル・エスプマルクが自分の声明をダーゲンス・ニューヘーテル紙に送った。

「誠実さはスウェーデン・アカデミーの生命線です。アカデミー内の主流派が、誠実さに対する責任よりも内輪の友情や思いやりを優先するのであれば、私はもう活動に参加することができません」

午後二時、ペーテル・エングルンドもアカデミーの活動を辞める旨をブログで発表した。

「私が信用することも弁護することもできない決定が取られたため、今後はスウェーデン・アカデミーの活動に参加しないことにしました」

離反者が出たことは、ペール・ヴェストベリを失望させた。やはりフロステンソンの排除に投票したイェスペル・スヴェンブルーとともに、彼は戦いに取り残されたと感じた。

しかし、ホーラス・エングダールほど強く反応した人はいなかった。五ヶ月後の二〇一八年九月のインタビューでも、彼はまだ激怒していた。

「アカデミー会員は、投票の結果、多数派に負けたことを理由に造反してはなりません。絶対にしてはならないのです！　もしどうしてもそうしたいのなら、少なくとも口は閉じておいてください。私が今話していることは、あなたが思っているよりもはるかに深刻です。内側の状態が外側よりずっと悪いということですから。崩壊するアカデミーに座っているなんて、悪夢を見ている気分です。それはまるで信仰を失うようなものです」

同じ日の午後三時、私はエンマにインタビューする予定だった。私たちが座るダーゲンス・ニューヘーテル社の会議室では、音声のないテレビモニターが、理由のわからない危機を報じている。

彼女は、離反者のニュースを聞いて脈が速くなったと言う。

「私が働いているオフィスでは、他に反応する人はいませんでした。クラース・オステルグレンがアカデミーの椅子を受け取ったとき〔二〇一四年〕、私はがっかりしました。スウェーデン・アカデミーに注目が集まると、私はすぐさま閉塞感に襲われ、誰かに話したくてたまらなくなるのです。自分のことを時限爆弾のように感じていました。サラ・ダニウスが一一月の雨の夜にアカデミー会館から出てきたとき、私は懐疑的でした。何か世間体のよいことを言い、それから沈黙を守ると思っていました。ニュースが沈静化するのを待つつもりだと。けれども今では、何かが本当に変わりつつあると感じています。だから職場でもじっと座っていることができず、こっそりジムに逃げ出しています。あの記事が出てから、ランニングは必要不可欠なものになりました。真実が明るみに出たとき、私はパニックと心的外傷後ストレスを発症したのですが、それを軽減するには走るのがいちばんなんです。そしたら今度は、エスプマルクの離反のニュースを知りました。これまでのトレーニングではいつも自作のプレイリストをかけていました、それも大音量で。けれども今ではラジオのニュース専門局に耳をそばだて、何が起こっているのかを説明しようとするさまざまな人の話を聞いています」

21

同日（四月六日）の夜、私のスマホのスクリーンで振動したのはアンナ＝カーリン・ビールンドの名前だった。自分の話を公の場で語る決心がついたと彼女は言う。彼女の中で膨らみつづけた思いが、三人のアカデミー離反表明で決定的になったのだ。

「今日起こったことがどんな意味を持つのか、私にはわかりません。スウェーデン・アカデミーに何かがあったということしかわからないのです」

翌日、私はアンナ＝カーリンの正面に座っていた。彼女の家はリードシェーピング郊外にあり、周辺には大きな牧草地が広がっている。居間はアトリエになっており、針山、刺繍糸、布地が所狭しと置いてある。

構造を変えたかったから手紙を送ったのだ、と彼女は話しはじめた。

「私が各種助成金団体に伝えたかったことは、彼らの作ったフレームワークのおかげでジャン＝クロードが人を傷つけるようになったということです。芸術の世界は無法地帯のようなものです。被雇用者ではないので保証がありません。フォーラムに出品したときには契約書はありませんでした。でもアルノーには自分の王国があったんです」

アンナ＝カーリンは、以前は話さなかった個人的理由があると言う。

「他にも被害に遭ったという人たちの話を聞いて、私は手紙を書くことにしました。けれどもそれが私に起こったとき、私は抵抗しませんでした。取っ組み合いになっていたら、展示会は実現しなかったでしょう。私にはその選択肢しかなく、その負い目は辛いものでした。それなのに、私は二度もフォーラムで展示会をしてしまったのです。自分の愚かさが恥ずかしくてなりません」

この数ヶ月間、彼女はラジオを聞く時間が増えたと言う。

「何人かの女性が自分の経験を語っているのを聞きましたが、どの話も明確だったわけではありません。誰もがうまく自分を弁護できるわけではないのです。現状のシステムでは、人は自分を責め、そして沈黙してしまうのが落ちなのです。今こそ私は自分の名前を出して話をしようと思います」


九〇年代半ば、アンナ＝カーリンは工芸大学の大スターだった。

「彼女は壮大かつ繊細だった」と元クラスメートの何人かは記憶している。

「彼女の作品には膨大なスペースが必要でした。部屋全体を埋め尽くす織物のインスタレーションに取り組んでいましたね」

「彼女は各種奨学金を片っ端からゲットしていました。たまに例外もあったみたいですね。ある奨学金が同じ学年の別の学生に与えられたとき、彼女はあわてて教室にやって来るなり、その奨学金は自分のものだと一席ぶったんです。彼女はクリスチャンでもあり、それゆえいっそうエキサイティングな存在でした」

アンナ＝カーリンは、ペンテコステ派教会で育ったことで、他人を疑わず、大きな信頼を寄せるようになったという。

「人生は天国へ続く道だと教えられ、愛されて育ちました。教会では信仰のためには立ち上がるようにとしつけられました。他人の目には奇妙に映るでしょうけれどね」

アンナ＝カーリンは卒業する前から注目を集めていた。あるテレビ番組では、何百ものブイヨンキューブの光沢のある包み紙を使用して作成した巨大な祭壇画とともに「キリストそのものが霊的存在である」と語った。作品プロジェクトの一環として、彼女はブイヨン会社にスポンサーを依頼したが、それ自体がアートの世界ではまったく新しいものだった。

学位取得後、工芸大学から一年間の助成金を受け取ったアンナ＝カーリンは、自らアルノーに電話してフォーラムでの展示会に出品させてほしいと頼んだ。

彼女はそこでの美術展のオープニング・パーティーに行ったことがあり、そのホールは彼女が創りたい架空の部屋にぴったりだと感じたからだ。

「ある知人女性から、ギャラリーのオーナー〔アルノーのこと〕には注意するようアドバイスされました。しかし、私は聞いていませんでした。作品の制作に没頭していました」

フォーラムでの展示会の計画を立てる前の二年間、アンナ＝カーリンはリネンの研究をしていた。

さまざまな国の文学や神話の中で、強くて薄い色のこの素材がどのように扱われてきたのかを調べた。その知識に基づいて、彼女は、聖ビルギッタやアンナ・カレーニナの義理の姉ドリーなど、実在した女性や架空の女性へのオマージュを作成しようと考えた。展示会までの製作期間は九ヶ月。彼女はシングルマザーで、日中から夜中までフォーラムの地下で過ごした。締め切りの数週間前にアルノーが、彼の家でディナーを食べながらプロジェクトについて相談しないかと提案してきた。

「展示会のために細部まで完璧に準備できるとわかり、私はほっとしていました。そこで彼は私とセックスしようとしたのです。私にとって彼はオジサンだったので、このとき私の頭の中は大混乱しました。けれども私ははねつけませんでした。不可能だったし、する勇気もありませんでした。不安のあまり心身機能がシャットダウンしたと言ったほうがいいでしょう。終わったとき、彼らのアパートにいる自分を汚れた存在のように感じました。それからギャラリーでも。だけど、私は制作に夢中でしたし、自分はこの出来事の結果を受け入れる必要はないと思っていました。私はただクリエイティブでありたかったのです」

アンナ＝カーリンは展示を完成させた。一九九四年の秋、『私の最愛の人』は彼女の出世作となった。

天井に取り付けられた、いくつもの砂時計型のフォルムからリネンの糸が流れ、地下空間全体に模様が広がった。作家であり新聞社の主幹でもあるオロフ・ラーゲルランツがカタログを書き、批評家は「女性と織物、身体の一時性と織物の永続性」をめぐる彼女の神聖な瞑想を絶賛した。皮膚を思わせるその芸術を、非日常的で舞台の背景のようだと評した。

アンナ＝カーリンは、フォーラムで二度目の展示会も開催することにした。アルノーの家であんなことが起こったのは、自分がそれを許したからだ、と彼女は考えた。もう一度展示会をしないほうが、周囲は奇妙に思うだろう。展示会場は彼女の芸術的ビジョンにもマッチしていた。

一九九六年の秋、アンナ＝カーリンはフォーラムで二度目の個展を開いた。床は、数千のネズミ捕り器と同数の獲物で覆われた。彼女はリネン生地を丸めてネズミを作り、ネズミ捕り器に捕らえさせた。

地下会場の白い壁には黒い尼僧ベールがずらりと並んでおり、批評家たちはこの展覧会を男女間の闘争だと解釈した。

その年の冬が近づくころ、アンナ＝カーリンは告発の手紙を書く決心をした。ジャン＝クロードの性的暴行の被害に遭った女性がほかに複数いると聞いたからだ。

「彼が私のことを『プッシー・アーティスト』と呼んでいたとフォーラムのアシスタントの一人から聞きました。それが限界でした。私の作品は、女性たちの声を表現することに重点を置いていました。あの手紙を書くことは、私の芸術のために立ち上がることでもありました」

アンナ＝カーリンは、どの団体がフォーラムに財政支援しているのかを調べ、スウェーデン・アカデミーとストックホルム県庁を突き止めた。息子が眠りにつくと、彼女はタイプライターに向かった。手紙の要約はこうだ――理念としてのフォーラムは「滋養を与えてくれるものであり、興味深い」が、アルノーは芸術監督としての立場を濫用し、「知り合った女性、とくに若い女性を搾取し屈辱を与えました。この手紙について質問がある場合は、私に連絡してください」。

アンナ＝カーリンは彼女の名前、住所、電話番号入りで署名し、翌朝、手紙を投函した。

もう二度とフォーラム周辺の人脈とその活動に戻れないかもしれないと覚悟した。それでも彼女は、その手紙が変化を起こせると信じていたのだろうか？

「私の宇宙――そこで私の人生の残りを過ごす場所――ではそれが正しい判断だったからです。それに当時スウェーデン・アカデミーの事務局長だったストゥーレ・アレンのような尊敬すべき男性は何らかの行動を取るだろうと思っていました。これも私が教会から学んだことです。正しいことのためには声を上げ、行動しなければなりません」

その後、アンナ＝カーリンは二〇年続く沈黙に遭遇することになる。残念ながらこのとき、アルノーを問題視していた人が他にもいることを、彼女は知らなかった。

一九九六年の秋、ヘレン・ヘルストレムは職業安定所の文化・メディア部門の部長だった。そのオフィスはストックホルムのセルゲル広場そばにあった。彼女は電話を受け、そのあと面会したことを覚えている。

「二、三人の若い女性が私のオフィスに来て、職業訓練生として職業安定所から派遣されたフォーラムでセクハラに遭ったと言うのです。上司が彼女たちに触ったり、バーのカウンターで体を押し付けたりすると聞きました。ゲストは誰も反応しなかったけれど、それがフォーラムでは当たり前になっているって。とても不安そうだったので、私は警察に通報するよう勧めましたが、実現しませんでした。彼女たちは、自分たちの名前が表に出ることを恐れていたのです」と現在は年金生活を送るヘルストレムは言う。

彼女はその日、職業安定所とフォーラムとの協力関係を一時停止した。最終的な決定をする前に、彼女はアルノーに連絡した。そちらの意見も聞かせてくれと頼んだが、アルノーは返答しなかった。数ヶ月経ってからようやく面会が実現した。彼女は当時のストックホルム市市民局の文化部長にも同席を頼んだ。この問題は非常に厄介なのでストックホルム市の責任者も同席すべきだと考えたのだ。だが、その文化部長がアルノーと一緒に面会場所に到着したので、彼女は驚いた。

「彼らが一緒に廊下を歩いていたとき、熱心に業界用語を交わしていました。アルノーの言い分は、それは女の子たちのでっち上げであって、そんな話を真に受ける私は愚かだということでした。ストックホルム市役所の文化部長も同意見で、彼女たちを信用した私は馬鹿だとまで言いました。大人とスウェーデンの文化的生活にとって重要な人物は、若い娘の言い分を鵜呑みにしないのだと。それでも私の考えは変わらなかったので、ジャン゠クロードと文化部長の顔色が変わりました。安定所から実習生が来ないということは、フォーラムはタダで働いてくれる人を失うということですから。彼らは連れ立って会議室を離れました」

一九九七年の春、エクスプレッセン紙に職業安定所がフォーラムとの提携を打ち切ったとの情報が入った。情報源については覚えていないと記者のニクラス・スヴェンソンは言う。

「でも、何人かの女性とは話ができると教えてもらった。そこで電話をしたり、街中で会ったりして、彼女たちの話を聞いた。みんな自分の名前が表に出ることをひどく恐れていた。だけど最大の記憶は、カタリーナ・フロステンソンに電話してアルノーと話をしたいと切り出したときの激怒っぷりだ。『そんなことを言い出すなんて、そっちは何様のつもり？　どこの女がそんなことを言ってるの？』。九〇年代後半、僕はエクスプレッセンの一般ニュースの記者だった。文化界を理解するのは難しいと感じたね。当時の僕には信じられないようなニュースだったけど、すぐに別のニュースに取り組むことになった。残念ながら、当時の働き方はそんなふうだったんだよ」

スヴェンソン記者は、アンナ＝カーリンの手紙を知ることになった経緯も覚えていない。彼女はメディアから取材を受けたことはなく、エクスプレッセンの記事も見ていない。

アルノーを告発した人がほかにもいると彼女が知ったのは、二〇一七年一二月に私からの連絡を受けたときだった。

一九九七年にエクスプレッセンの記事に登場した匿名女性たちを、私が探しはじめたのは二〇一八年の早春だった。ヘルストレムは、彼女のもとを訪れた実習生たちの名前を覚えていなかった。職業安定所にもそのころの書類は保存されていなかった。

一方、文化界で話を聞いてみると、この事件に関してアルノーが口にしていたという三人の名前が浮上してきた。記事のネタ元は「年上の」女性だとアルノーは言っていたという。「陰謀を画策した」のは、あの女に違いないと。調べていくうちに、ついにある人からその女性の名前を教えてもらった。

ここでは彼女をエリサベトと呼ぶことにしよう。その後、私が調べていくうちに、彼女の友人の二人が、彼女がその記事の実現に関わっていたと証言してくれた。だが、彼女が果たした正確な役割については不明のままだ。友人たちが知っていることは、一九九六年の秋にエリサベトが職業安定所の文化・メディア部門からフォーラムを紹介されたことだ。彼女は三〇代で執筆活動もしていた。また、性的暴行などの問題に取り組むフェミニストだった。「九〇年代後半にそんな話題を持ち出すと人気者にはなれなかったですね」と彼女を知る人々は語る。

エリサベトがあの記事の実現に決定的であったかどうかは不明だが、それはアルノーにとって真実になった。その話題が持ち出されると、記事の背後にいるのはあの女だとアルノーは憤慨した。若い女性たちと一緒になって、自分を陥れようとしたのだと。ある女性はこう語った。

「あの女は年寄りで性格も悪かったから寝る気にならなかったとアルノーは言っていました。だから彼女は仕返しをしたいんだろうって」

エリサベトの友人たちによると、アルノーに関する記事が新聞に載ったのに他のメディアがフォローしないので、彼女は落胆していたそうだ。書くべきことはたくさんあるはずなのに、新聞各紙はこの問題を見逃すつもりだと話した。

エリサベトは、フォーラムに近い作家仲間たちから離れることを選んだ。だが、彼女の執筆とフェミニズム活動は続いた。エリサベトは二〇一二年に自らの命を絶った。だから彼女自身から話を聞くことはできない。友人の一人は、彼女に #MeToo 運動を体験してもらいたかったと語る。

エクスプレッセンの記事は、アルノーの友人たちのあいだで大騒ぎを引き起こした。ルーヴェ・デルヴィンゲルは、「文化エリートのセックス・テロ」の大きな見出しを覚えている。

「ジャン＝クロードの写真はマズかったね。南フランスのどこかのプールサイドに立って、まるでギャングのように見えたよ。フォーラムの近くにいた僕たちは話し合った。確かに彼には、ちょっと粘着っぽいというか馴れ馴れしいところがある。それに彼の専門用語がうまく通じないときもある。だけど性的暴行？　セクハラ？　ありえない、と僕たちは思った。あのゴシップ新聞は「文化エリート」の記事を取り下げるべきだ。ところでエリートって何なんだ？　スポーツ選手なら、試合で大活躍したことがスノビズムの表れだなんて取り上げられることはない。僕たちの最初の考えは『フォーラムを何とかして救わなくては』だった。でも、心配する必要はなかった。記事の内容を深く掘り下げた記者は誰もいなかった。ダーゲンス・ニューヘーテルも他のメディアも『欠席したことでいっそう目立つ』状態だった。アカデミーは肩をすくめ、それですべてが終わった。告発は沈み、やがて霧散した。すぐに僕たちはいつもどおりの生活に戻った。それが時代の精神だった」

フォーラムによく出演していたある男性学者は、記事についての議論は覚えていないと言う。

「正直にお答えしようにも、私たちのほとんどは、よく覚えていませんとしか言いようがないと思います。私たちはただ流されていただけです。なんとか記憶を絞り出してみれば、あれはジャン＝クロードとフォーラムに対する復讐だと言われていましたね。その活動はあまりにもお上品でハイカルチャーすぎると思われていたので。社会の風潮も、セクシャルハラスメントの話は公にするもんじゃないというものでした。メディアで取り上げるなんてとんでもないと。歴史を振り返っても、よくわからないことは多々あります。私たちは、当時は実際よりも自由だったと考えています。でも、何が可能だったのかを知りたければ、特異な行動をとった個々人を見てみましょう。コントラストに注目するのです。この場合、職業安定所に苦情を申し出た女性たちがいました。スウェーデン・アカデミーに手紙を書いたアーティストがいました。つまり、その人たちには選択肢があり、一般の人たちと別の行動を取ることが可能だったのです」

数名のアルノーの友人たちは、エクスプレッセンの記事のあとにアピールを書くことにした。アルノーとフォーラムを守るためだ。ホーラス・エングダールが中心になり、署名が集められた。フォーラムで長年働いていたあるアシスタントは、アルノーがオフィスでそれを手にしていたことを覚えている。

「彼はそれを私に見せてくれました。署名していたのは、アカデミー会員、芸術家、学者たちでした。彼はそれをすごく誇らしく思っていました。だって有名なフェミニストたちでさえそれに署名していたのですから。でも、それはどこにも送る必要がありませんでした」

その記事はすぐに忘却の海に消えていった。フォローアップ記事を書いたメディアはなかった。このスクープ記事についてコメントした文芸欄も一つもなかった。エクスプレッセンですら。

一方、〝フォーラムの夜〟は敬意を持って論評されつづけた。一九九七年五月、スヴェンスカ・ダーグブラッデトの批評家はこう表現している。どんなに言葉を尽くしても、トーマス・トランストロンメルを囲むある夜のイベントの偉大さを説明することができないと。しかし、彼の斜め前の椅子には「淡い色のカーディガンを着た一八歳ぐらいの少女」が座っていて、詩人の比喩を聞くたびに「全身で」微笑んでいたそうだ。

一九九七年四月、作家のペール・ヴェストベリはスウェーデン・アカデミーの新しい会員になることに同意した。同年一〇月、ホーラス・エングダールがそれに続いた。

一九九七年の夏、エンマは数名の同僚たちと一緒にレストラン・ストゥーレホフにいた。「ジャン＝クロードが私をレイプしてからほぼ五年が経っていました。突然、彼が人ごみの中にいた私に近づき、うれしそうにこう言いました。『エクスプレッセンに載ったレイプ犯のことを聞いたかい？　それは僕のことだって、もっぱらの噂だよ！』。彼との再会はうんざりするシーンでした。でも私は『やっとこのときが来た』と思いました。私はその記事を読んでいませんでしたが、それがスキャンダルにつながるだろうと期待しました。そうなったら私も表に出よう。自分の体験を話してニュースの信憑性を高めようと決心しました。けれども、実際には何も起こりませんでした。誰と話しても、あの記事に関する後日談なんて聞いたことがないと言うのです」

エンマもまた、その記事を見つけることができなかった。グーグルはまだ存在していなかった。ソーシャルメディアもなかった。インターネットが普及したとき、彼女が真っ先に検索した名前の一つがジャン゠クロード・アルノーだった。彼女はそれを定期的に繰り返した。たいてい夜に。だが、彼女が望むような情報は得られなかった。巨大掲示板「フラッシュバック」でさえ。

時間が経つにつれて、彼との最後の経験がますます不快に感じられるようになった。

「私への暴行直後、彼は不安そうにしていました。私が警察に行くかもしれないので、自分がさらされるリスクについて考えたのでしょう。でも、ストゥーレホフで私に近づいてきたときは、面白がっているように見えました。あるいは安心していたのかも」

アルノーの近くにいた人々は、エクスプレッセンの記事は逆効果をもたらしたのではないかと考えている。自分は何でもできる、しかも暴露記事が出てもうまく逃げることができるのだとアルノーに思わせてしまったのだ。

彼は、どのように振る舞えばいちばん効果的かを常に考えるようになった。

文化界の有名人の未成年の娘たちとやりたいことを大声で話し、自分の特性をあからさまに示すようになった。

しかし最大の〝逆効果〟は、アルノーの行動がエスカレートしたことだ。バーやレストランで、彼は自分の知人たちを遠慮なく脅した。同じ台詞を何度も使って。

「僕が誰と結婚しているのか知っているの？」

「そのうち、この街で火あぶりになるだろうよ」

「あんたの頭はおかしい。すぐに誰もがそう言うだろうけどね」

彼が女性の胸に手を当てたり、ヒップを撫でたりすることは、ある種のパーティーでは当たり前のことになった。

文化界の一部では、彼の奇行は当然視された。ヨーテボリ・ブックフェア期間中のアルノーのスイートルーム・パーティーの常連客の中には、その状況は話題にすらならなかったと語る人もいる。

「それはまあ本能に基づいているし、お互いさまだよね」という感じで片付けられた。彼が近づこうとしている女性があなたの知り合いなら、あなたは彼女をこっそりと自分の会話に引っ張り込み、起こりうる事態を避けようとする。被害者があなたとは関係のない人なら、あなたは他の人たちと同じくそれに背を向け、新しい人とサークルをつくる。

私は、フォーラムに何度か出演したアーティストに取材したことがある。アルノーの女の子に対する扱いは「一種の障がい」だったと彼は言う。

「その人独自の特徴ってありますよね。たとえば、足をひきずらないと歩けないとか」

二〇一七年の秋、アルノーに対する告発が深刻さを増していく中、私はあることに気づいた。彼にはそれまで一般的だった二面性を持つ犯人のイメージが当てはまらないのだ。意外な犯罪者といえば、「昼と夜では別人」、「同じ人物の中に善良な市民と残忍な加害者が同居している」ものだったのだが。

アルノーは、大げさな台詞で女性の体をほめながら、その体を恥ずかしげもなく触りまくる男だ。そのため、周囲の人々は彼にレイプ疑惑をかけることをためらった。発言と行為に二面性はないと思われていたのだ。誰もが彼のニックネームを知っていた。「情け容赦ないジャン＝クロード《ジャン＝クロード・ウータン・ノード》」、「かゆみ《クローダン》」、「ヤンネ・クラッド」〔「不愉快なヤンネ」の意。ヤンネはジャンのスウェーデン語愛称〕。多くの人が、あいつには近づくなと娘たちに釘を刺した。しかし、少なくとも彼は隠しごとをしない男だった。手持ちのカードはすべてテーブルに並べていた。

時間が経つにつれ、これが反論をますます封じていったに違いない。アルノーは確かに女好きだが、それは態度に現れているだけでそれ以上のことはないと周囲の人々は信じていた。つまり三〇年以上、現実を見ていなかったのだ。

「ほら、女の子たちが来たぞ！」

カーリンと私が一一月に展示会のオープニングに足を踏み入れたとき、アルノーの仲間が彼の発言を聞いて微笑んでいるのを見た。

一年経ってこのシーンを振り返ると、そこには大きなアンビバレンスがあるように感じる。何人かの男性はその友人を恥ずかしく思っていたのかもしれない。あれは微笑みではなく、動揺の現れだったのかもしれない。

ジャン＝クロード・アルノーは、見る人によってまったくその姿が違うのだ。

社会経験の浅い若者は、彼が権力の中枢にいるように感じる。成功した友人たちは、彼を無防備で害のない人物と見ている。エングダールにとって、アルノーは常に自由と楽しい人生の象徴だった。だが多くの人々は、彼のパラノイアが増大していくことに気づいていた。眠ることができないと愚痴をこぼしていた。女性から拒絶されると、彼の精神はひどく荒れ、周囲を心配させた。治療を提案する人もいたが、彼は興味を示さなかった。友人の一人は、アルノーの「躁病の度合いを増していく乱交」は彼の不安や内面の虚無感の現れだと解釈した。アルノーが他人に危害を加えるとはとても思えなかった。友人たちの目には、アルノーの癇癪と他人を操作しようとする態度は、不安や虚無感を埋めるためのものだと映った。「だから僕たちは彼を気の毒に思っていたよ」

スウェーデン・アカデミー内にもそのような見方があった。会員の多くは、アルノーは馬鹿なことをやるコミカルな人物だと認識していた。「だから、彼にはいささか寛大な心で接する必要があるんですよ」

アルノーがガブリエラ・ホーカンソンの股間に手を入れたとき、周囲には数人の目撃者がいた。だが、彼女の見るところ、この行為もまた彼のジョークの一つになってしまった。

「たいていの女性はセクハラまがいの行為に慣れています。しかしあれは非常にたちが悪く、しかも人前だったので、大騒ぎになりました。それでもその後、繰り返されてしまったのです」

アルノーの近くにいた男性の目には、彼は自らコミカルな役を買って出ていく人物として映っていた。

「まるで劇中人物を演じているようでしたね。若い女の子が入ってくると、すぐさま近づいて、大げさなほめ言葉をかけるんです。まるでいつでも面白いことをやってやろう、気の利いたことを言ってやろうと構えているみたいに。でも、そのたびに雰囲気は気まずくなったのですが」

＊＊＊

自分の告発に対して何の返事もないと孤立感が生まれる。アンナ＝カーリン・ビールンドはそう振り返る。

「ほかの人は誰も認めないことを自分の中に長年抱えている場合はとくにね」

沈黙は彼女の人生を変えてしまった。

「工芸大学卒業後の数年間、私はとてつもないエネルギーを持っていました。なのに脱線してしまったんです。大きな団体と警察に、あんな事件が起こるのは女性が悪いからではないと認めてほしかっただけなのに。ジャン＝クロードとの経験は、私の自尊心をめちゃくちゃにしました。『初めての展示会が性的搾取〔二〇一八年の刑法改正前にあった罪状〕で汚されちゃったね』とささやく声がするのです。自分の才能や力量の価値が下がってしまったという感覚は私の中にいつまでも残っていました。何かがうまくいっても素直に喜べなくなってしまいました」

私はストゥーレ・アレンに電話をかけた。

彼は一九九七年当時のスウェーデン・アカデミーの事務局長であり、エクスプレッセンの記者に対し、アンナ＝カーリンの手紙を受け取って読んだことを認めていた。しかし、彼は一切コメントしなかった。「セクハラや性的暴行の告発があったあとでも、スウェーデン・アカデミーはアルノーの活動に資金提供していたのか」と記者が問うと、アレンは「私にはそれに答える理由がない」と突っぱねた。

アレンが私に語ったところによると、その手紙については内部で話し合ったが、すぐに棚上げされたとのことだ。

「重要な内容には思えませんでした。私たちは膨大な量の手紙を受け取ります。そのすべてに返事をしていたら、ほかのことをする時間がありません。それに、アルノーには大きな信頼が寄せられていましたから」

私はさらに質問した。一九九七年には現在とは異なる時代の精神があったと思います。でも振り返ってみて、当時の対応をどう思いますか？

「先ほども言いましたように、大量の手紙が来ていたのです。アカデミーと連絡を取りたい人や機関の数は膨大です。そこで働くことの意味は、あなたにはわからないでしょう。あれは、大きな業務のほんの小さな一部分だったのです」

二〇一八年四月一一日水曜日午前、ストゥーレ・アレンは以上のように語った。

その日の夕方、スウェーデンの作家アグネタ・プレイエル〔一九四〇―〕が「スウェーデン・アカデミー北欧賞」〔スウェーデン・アカデミーが北欧諸国の作家に贈る賞。一九八六年発足、現在の賞金は四〇万クローナ（約五二〇万円）〕を受賞した。私の記事でも証言してくれた作家のエリース・カールソンは、授賞式のあと開かれた交流会で、これまでアカデミー会館に招待されたことがない人がたくさんいることに気づいたと言う。

「もっぱら女性とフェミニストです。作家であっても学者であっても。ダニウスがサポートを欲しがっているような気がして、私は考えつづけました。この部屋は最終的には変化を受け入れるのだろうか？　一連の出来事に基づいて改革を起こすことは本当に可能なのか？　あの夜はまるで敵情視察に行ったような気分でした」と、のちにカールソンは私に語った。

ダニウスは土壇場でいくつもの招待状を送った。自分の事務局長としての能力が翌日の定例会の議題になっていることは知っていた。議長のアンデシュ・オルソンがそれを議題に追加し、彼女は承諾していた。

授賞式の前日、オルソンは国王との会談のために王宮に招待された。王室はアカデミーの問題について多方面からの情報を集めていたと、のちにオルソンは私に語った。

「国王はそれまではダニウスとしか話をしていませんでした。つまり、この状況の非常に単純化された不完全な絵しかご覧になっていなかったわけです――そこからは、フロステンソンを追放する必要性だけしか読み取れません。実際には、会員の過半数がそれに反対票を投じたというのに。王室は、リーダーシップの深刻な危機について何も知らされていませんでした。それで私がその絵を完成しようと思ったのです。私たちには二つの問題があり、どちらも解決する必要があることを、陛下は理解されました」

国王との会談からオルソンは、スウェーデン・アカデミーの内紛をどのように解決すべきかのヒントを得た。彼はフロステンソンに連絡した。

私もスウェーデン・アカデミー北欧賞の授賞式とその後のパーティーに参加していた――ただしネットを介して。他の多くの人たち同様、私も何が起こるのかと期待し、眠りにつくことができなかった。スマホの青い光の中に、お馴染みの顔となったアカデミー会員たちが建物に出入りする様子が映る。

昨年一一月の初めに、ある知人がこう予言した。「この調査記事が出た結果、毎週木曜日のスウェーデン・アカデミーの定例会には夕刊紙の記者たちが会館の外に張り付くことになるかもしれないね。カメラマンが旧市街までこっそり付いて行ったりして」。私は笑い飛ばした。石畳の上を歩く白髪の地味な男たちを追いかけるジャーナリストなんて、冗談としか思えないほど馬鹿げたイメージだ。だがダニウス事務局長が会館の外でプレスリリースを読み上げた二〇一七年一一月二三日、そんな写真が現実に現れ、メディアの中で広がっていった。そして翌年の春になってもその熱は収まらなかった。

路地が入り組む旧市街の暗闇にはフラッシュライトが必要だ。写真には年配のアカデミー会員がサーチライトに捕らえられたかのように写っている。ビデオでは、クリスティーナ・ルグンが記者に囲まれ、まるでカトリックの司祭が香炉を振ったときのようにタバコの煙を吐き出し、「私はタバコを吸うから、あんたたちは死んじゃうわよ〔欧米では「喫煙は人を殺す」とタバコのパッケージに書いてある〕」と単調な声で言う。また別の写真には、ホーラス・エングダールが頭をそらし大声で笑っている瞬間が撮られている。まるで不気味な即興劇のように。

私は携帯電話をサイレント・モードにした。

突然電話をかけてきてインタビューを申し込んでくるジャーナリストには答えないようにしていた。私が調査を実行し、スウェーデン最大の朝刊紙に何ページにもわたって掲載された記事が与えた影響についてコメントが欲しいと言われても断ってきた。最終的に私は返事代わりにショートメッセージを送ることにした。「記事そのものが答えです。個人的意見を表明することは私の仕事ではありません」

私の自己イメージの中に、そのような影響力は含まれていない。振り返ってみると、私の反応はアルノーのあり方と関係していたようだ。彼の行為を可能にしたメカニズムの一つは、自分たちが権力を持っていることを認める意思と能力のない文化界だった。

そうして私は数週間、沈黙した。今後の展開が不安でもあったが、自分の中に矛盾したイメージを抱えていたくなかったからだ。

＊＊＊

その年の後半に私がインタビューしたとき、オルソンは、アルノーの犯罪容疑がスウェーデン・アカデミーに関連していることへの驚きを少しイライラしながら表明した。その半年前に事務局長に就任したオルソンは、アカデミー会館の執務室で私を迎えた。彼は、アルノーの性的暴行とアカデミーは何の関係もないと主張した。アルノーはけっして会員ではなく、事件の多くはアカデミーとは関係のない状況で発生している。オルソンの無理解ぶりは、権力闘争に突っ走るエングダールの発言と同じくらい私の神経を逆なでした。

スウェーデン・アカデミーの危機が最悪の状態だったとき、エングダールは黒いコートと慎重に選んだサングラスを着用して木曜日の定例会に到着した。

エングダールの弁では、悪人とアウトサイダーの役を演じると故郷に戻ったような気がするらしい。「自分はいつも悪人でアウトサイダーだったことを確実に思い出させてくれる」そうだ。その戦闘状況のおかげで精神が若返ると言う。二〇一六年のテレビのインタビューで彼は、人生における原動力は「勝ちたい」という意欲だと語っていた。私の考えでは、エングダールが定義する権力とは、この世界における何かを変えたり守ったりするものではないようだ。それは子ども時代のケンカを思い出させる。そのケンカ以上に何かの目的があるわけではない。「勝つ」か「負ける」かがすべてなのだ。

ダニウスにとって、事務局長の任務は重く象徴的だった。彼女は、歴代の局長と異なり、自分が文化界で最も影響力のある人物であるという事実を隠そうとはしなかった。反対に、それが誰の目にも見えるようにした。

彼女は大胆に振る舞った——スウェーデン・アカデミーに変化をもたらすために。

一八人の女性の証言が発表されたとき、ダニウスは彼女たちを信じると公言した。セクハラと性的暴行の問題は深刻だと考えた。彼女は、アカデミーの対応次第で、被害者が警察や関係機関に通報することが容易になるということを理解していた。彼女は迅速に行動し、自分の発案を軌道に乗せたが、最終的には会員の過半数の支持を得られなかった。

「アカデミーでは重要事項は共同で決定されます」とオルソンは言う。「事務局長の仕事とは、それを実行することです——個人的見解には関係なく。ダニウスは私たちのスポークスパーソンでした。けれども彼女は、アカデミー内部とは関係のない、私たちが支持しない見解を公の場で口にしたのです。これはゆゆしき問題です。事務局長が私たちの考えを代弁していないのですから」

スウェーデン・アカデミー北欧賞の授賞式の前日、エングダールの主張がエクスプレッセンに掲載され、大きな注目を集めた。「現在アカデミー内部で広がっている亀裂の大きさを考えてみれば、サラ・ダニウスは一七八六年以来、最悪の仕事をした事務局長の一人と呼べるだろう」

エングダールの怒りの矛先は、離反者のエングルンド、オステルグレン、エスプマルクにも向けられていた。それでもダニウスについて厳しい言葉遣いをするのは必要なことだと続ける。

「さもなくば、アカデミー内の過半数はすでに事務局長の策略にはまっていたことだろう。どうやらアカデミー内で不快になっているのは私だけのようだ。それでも会員の多くは私を支持してくれる。この原稿を新聞社に提出するに際し、私は大いに躊躇した。何時間もそれを寝かせておいた。そしてアンデシュ・オルソンに読み聞かせると、彼は励ましてくれた。そして最後に、私は自分の闘争精神に相談し、今は非常事態であることに気づけ、という回答を得た。私が持っている弾丸は一つしかない――サラ・ダニウスが一七八六年以来最悪の事務局長だと述べることだけだ。今、その弾丸を発射し命中させなければならない」

22

授賞式の翌日四月一二日木曜日の定例会は、サラ・ストリッズベリのスピーチで始まった。

「この密室における協議は非常に困難になったと私は考えます。このことは、本日みなさんに同意していただけるでしょう、たとえ他のことには賛成できないとしても。つまり、私たちにはもう手に負えないということです。

難事を解決できないのは人間らしいとも言えます。私は人間の顔をしたアカデミーを信じています。私は自分の責任を果たしたく思います。私はこの春ゆっくりと沈黙の海に沈んでいきました。ここでの話し合いがとても衝撃的な方向に進んだので、私は黙っていました。代わりに、ここから抜け出す方法について考えはじめました。スウェーデン・アカデミー史上革命的な変化、すなわち退会の可能性に貢献できることを非常にうれしく、誇りに思います。これは本日この部屋に座っている私たち全員が誇りに思えることとなのです。私たちがこの歴史的な退会の可能性を生み出すのです。それは長期的かつ自動的に、開放性と刷新を生み出し、この機関が生き残るために必要な光を取り入れるでしょう。

ペール・ヴェストベリは美しい文章でこう表現しました。これほど外部からの影響を受けずに自由を保っている機関はヨーロッパでは珍しい、その機関の美学と尊厳をダニウスとともに守ってゆきたいと。

私は、事務局長についてもお話ししたいと思います。彼女はこのアカデミーの真の救世主です。昨年の一一月も、今年の一月も、そして今でも。彼女はその明晰さと正義感ゆえに立ち上がりました。彼女が示した勇気と強さは非常に印象的です。あなた方の多くがサラ・ダニウスの仕事と彼女個人に反感を持っていることに、私はひどく動揺しました。残念ながら、こう言わずにはおれません。できるだけ注意深く、敬意を忘れずに話すつもりです。それは、このアカデミー内でのホーラス・エングダールの支配力です。エングダールは無礼さについて公の場で語りましたが、エングダールが事務局長に示した無礼さはどうなのでしょうか。その点において彼は一人ではありませんが、彼が事務局長に反対する勢力を仕切っていることは議論の余地がないでしょう。この会議室内で彼が持っている途方もない力と、それをコントロールすることの困難さを痛感しています。とにかく私には無理です。

今年最初の定例会は、エングダールがダニウスに対する猛烈な怒りを爆発させ、一一月のアカデミーのすべての決定は承服できないと言うことから始まりました。エングダールによると、性的暴行とセクハラの告発は陰謀に違いないそうです。また、こんな発言もありました。このアカデミーには積極的な世代交代など、そのまま引用しますが『くそくらえ』なんだそうです。エングダールは定例会の会議中に何度もダニウスを見ながらグラスをテーブルに叩きつけるように置きました。

私はこれを自分の議事録に軽微な暴力行為として記入しました。エングダールが公の場でダニウスを激しく攻撃したことは、アカデミーに最大の損害を与えたと言わざるをえません。申し訳ないのですが、私はこの椅子が神聖であるとも特別であるとも思えないのです。これは普通の椅子です。人はそこに座り、仕事をし、責任を取ります。神聖なものなら、ほかにあります。スウェーデンの法律です。アカデミーの名の下に性的暴行やセクハラの被害に遭った女性たちを保護することです。司法制度は社会をコントロールする最終手段ですが、すべての人間関係には通常、判決よりも厳しい規則が適用されます。

私はアカデミーでの仕事を続けるつもりかどうか尋ねられました。私にはその質問をオープンにしておく権利があります。ご存知のように、今ではアカデミーを離れることは可能です」

ストリッツベリがスピーチを終えると、ものごとは素早く進んだ。

この定例会の前にダニウスは、スウェーデン・アカデミーに取り入れたい対策を盛り込んだプログラムをまとめていた。彼女の希望は、倫理原則を強化し、自浄機能とセクハラ防止対策を確立することだった。だがエングダールは彼女の提案を「まるで警察」と表し、そんなことをすれば「スウェーデン・アカデミー用の棺桶の最後の釘を打つ」ことになると反論した。それから彼はトーマス・リアドの方を向いて、彼にスピーチをするよう促した。リアドは書類を手にし、ダニウスのリーダーシップに対する批判を読みはじめた。イェスペル・スヴェンブルー、ヴェストベリ、ストリッズベリはこれに抗議し、アカデミーをこの危機から救い出せる事務局長はダニウスしかいないと主張した。

しかし、リアドの背後には七人もの会員がいるのだ。オルソンはフロステンソンと話し合ったことを表明し、サラ・ダニウスが事務局長を辞めた場合、フロステンソンは一時的に職務から離れるつもりだと説明した。出席していた会員の一人はそれを「調和の取れた対策」と呼んだ。

ダニウスに対する見解は、国王でさえ同じなのだとオルソンは強調した。だが王室は翌日――そして私とのインタビューでも――会議中にその情報が引用されたことに難色を示した。しかしダニウスにとって、スウェーデン・アカデミーの高貴な後援者《パトロン》が、彼女を事務局長の座から引きずり下ろしたい会員たちの背後にいるということは決定的要因になった。

彼女は立ち上がり、他の会員たちに向かって一緒に過ごした時間を感謝した。

「会議室には下界とかけ離れた雰囲気があり、そこでは時間が止まっているようでした」とあとからストリッズベリは語った。「会議室に足を踏み入れるたびに、私は現実を見失わないよう戦う必要がありました。サラがその職務を解かれたとき、彼女は会議室から出ていきましたが、私は留まりました。そしてこう発言したんです。彼女を事務局長の座から追い払ったことは、スウェーデン・アカデミーにとって裏目に出るだろうと。フロステンソンとダニウスをコンバートするなんて理不尽だとも言ってやりました。会員の多くは私の好きな人たちで、私は彼らを守りたいと思っています。まだサラを引き留めることはできます。私は彼らに訴えました。今、サラは執務室で自分の荷物をまとめています。今ここで起こったことは、あと数分で歴史になります。やがて時《とき》の試練がスウェーデン・アカデミーのこの閉じた空間にやって来るでしょう。けれども会員たちは微動だにしませんでした。私にできることはもうありません。サラが一人で出ていかないように、私は会議室を離れました」

ダニウスはハイヒールの音を響かせて階段を下り、一九時五七分に正面玄関の外に出た。彼女はふたたび、大勢の記者とフォトグラファーに囲まれた。ボウタイ付きの白いブラウスを着た彼女は、事務局長の職を離れると語った。

「それがアカデミーの意志なのです。そのため、私は自分の椅子、スウェーデン・アカデミーの七番目の椅子を去ることにしました。私は即座にそう決心しました」

証言した女性の多くが、ダニウスの辞任に反応した。

エリース・カールソンは、事務局長がスケープゴートになったと言う。

「あの最初の定例会でアカデミーは、長年の出来事に対する罪悪感と恥を埋め合わせようとしました。けれどもその具体的な対応が難しすぎると気づいたとき、ダニウスに対する当初の感謝は怒りに変わりました。彼女が辞任を余儀なくされたニュースを聞くたびに私は悲しくなります。いつまでたっても」

この記者会見を観たリディアは呼吸困難になったと言う。

「ダニウスは五ヶ月前と同じように建物から出てきました。私はこの直前に弁護士から、検察はアルノーを起訴する予定だと聞いたばかりでした。同時に、法廷では苦しい戦いになる予感がしました。スウェーデン・アカデミーの会員の一部が、私たちの証言を権力闘争に変えてしまったのです。自分たちはこんなことができるんだと見せつけたのです。あの女たちの味方になると、こんな目に遭うんだぞってね。人には強い心構えを持たねばならないときがあり、今の私がそうです……あのときの彼女のように。あの厳しい状況の中、私が彼女の中に見たものは絶対に忘れません。彼女の不屈の精神とプライドは、私にも伝わってきました」

集まった記者たちを前にダニウスは、自分はアカデミーを続けたいと思っているが、人生にはほかにもやるべきことがあると語った。

そのときストリッズベリも建物の外に出てきて、ダニウスに声をかけた。

「さあ、行きましょう」

そのイメージもまた、大衆の意識に刻まれた。ダニウスとストリッズベリは、まだ明るいがひんやりとした夕暮れの大広場を腕を組んで歩いていく。イヤホンを付けたガードマンが一人そのあとを追う。

ダニウスとストリッズベリがアカデミー会館を去ってから三〇分後、他の会員も建物の外に出てきた。オルソンは、自分が事務局長の仕事を引き継ぐこと、そしてフロステンソンがスウェーデン・アカデミーの仕事から離れることを発表した。オルソンはすべては妥協の策だと説明した。あとになってエングダールは、エクスプレッセンの記事で発射した弾丸がこの日の夕方に標的に当たったと表現した。

「事務局長を辞めるようダニウスを説得できなかったら、あの組織は崩壊していたでしょう。でも、今はこうして生き残っています。たとえ、やりなおすことがいくつかあり、同じ状態には二度と戻れなくてもね。私の考えでは、道は一つしかありません。それは自分たちを再訓練し、もっと強くなることです。警戒心を高めることです。この新しい社会とメディア環境では、それが必要なのです」とエングダールは語った。

オルソンのあとにヨーラン・マルムクヴィストも正面玄関から出てきて、多くのマイクの前で、自分たちがスウェーデン・アカデミーを救ったと述べた。

事務局長が追放されたことに対する怒りと彼女への支持は、たちまちソーシャルメディア上で燃え上がった。学者と作家は電話やメッセージで連絡を取り合った。四日後、二〇〇〇人を超えるスウェーデンの研究者が、残留したアカデミー会員たちを信用しないというアピールを発表した。

「その主要メンバーは二〇年以上にわたり性的暴行の申し立てを無視してきた。被害に遭ったと主張する女性たちの訴えにまったく耳を貸さず、縁故主義、利益相反、友人の偏重による汚職のすべてにつながる『沈黙の文化』が育まれてきた」と研究者たちは鋭く批判した。

スウェーデン・アカデミー初の女性事務局長が追放されたというニュースは、世界中に広まった。すぐさまノーベル賞全般に責任を持つ組織が反応した。ノーベル財団だ。

何人かのアカデミー会員を前にして、ノーベル財団は二〇一八年のノーベル文学賞の発表を中止する提案をおこなった。翌週の定例会である四月一九日の会議で、スウェーデン・アカデミーに残留した会員たちはこの問題を話し合うことになった。会議は秘密の場所でおこなわれた。アカデミー会館前の大広場でダニウス支援派が大規模な抗議をおこなうとの噂があったからだ。

五月四日、二〇一八年のノーベル文学賞の中止が決定された。第二次世界大戦以来、こんな事態は初めてだった。

二〇一八年初夏、ノーベル財団はまったく新しいノーベル委員会の設立を要求したが、スウェーデン・アカデミーは反対した。しかし、ノーベル財団が他の機関に授賞者の選考を委任する可能性はある。このことを考慮してアカデミーは、授賞者の選考に外部の専門家が加わるという妥協点に到達した。

たとえ何世紀も続いたユニークで独立した地位を失うとしても、これがスウェーデン・アカデミーの崩壊を防ぐことになるだろうと多くの人は信じている。

23

二〇一八年春、警察への被害届は一つずつ却下されていった。いずれも「証拠不充分」、または時効が成立していたためだ。それでも六月一二日、アルノーは二件のレイプ容疑で起訴された。地方検事のクリスティーナ・フォイトは証拠は充分かつ確実だと評価している。原告はリディアだ。裁判を数週間後に控えた八月、アルノーの弁護人は、リディアのカルテと服用した薬のリストを要求した。だが、彼女は応じたくなかった。

「インターネットで広まったり、新聞に載ったりするのが怖いのです。セラピストには子どもたちのことも話しています。雇用主、友人、すべてについて。でも私がカルテの提出を拒否すると、今度は私にとって不利になる可能性もあります。いったいどうすればいいのでしょう」

私たちが会った場所はリディアの自宅だ。少し前から彼女は在宅勤務をしていた。のちに二つの外部調査が開始され、そのうちの一つは、警察への通報とそれに対する大学の反応が原因で、彼女が「職場にいられなくなった」ことを確認した。彼女が私をアパートに招いた理由はもう一つあり、屋外で私と一緒にいるところを人に見られたくなかったからだ。私とリディアはパラノイアに関する冗談を言い合ったが、同時にそれと闘う方法についても真剣に話し合った。ジャーナリストたちから電話がかかってくるようになり、アルノーの弁護人が熱心に証人を探していることに加え、さまざまな疑惑や憶測が飛び交っていた。彼女自身、自分の職場で陰謀説を聞いたことがある。そこには、スウェーデン・アカデミーとアルノーの両方に近い数人の高名な学者たちがいる。

彼女は他人への猜疑心《さいぎしん》がけっして消えないのではないかと恐れている。

「私について話したい人って誰でしょう？　私と個人的な話をした人たちが背を向けて、私に不利な証言をするのでしょうか？　その不安はこれからずっと頭の片隅にあるでしょう。警察に通報したことが、私の人間関係や現在の雇用関係にどのような影を落とすのか、まだわかりません。被害を職場や友人知人に話さないということは、多くの場合、その人たちと加害者が友人関係にあるからです。そんなことをしたら注目の的になります。自分の個人的な経験が他人に品定めされてしまうのです。そして、被害者としてメディアに載ると、自分は孤立します」

裁判が始まると、一八人の女性の証言に向けられていた注目がリディアに集中しはじめた。彼女は地下鉄で見知らぬ人々が「あの女性」について話しているのを耳にした。

「でもね、私が原告であることを知らない親戚や知人もいるんですよ。裁判は非公開なのに、多くの人は何が起こったのかを知っていると思いこんでいる。だって、批評家たちが私の行動や人となりについてオピニオン記事を書き、それが定着していますから。地下鉄で目の前の席に座っているのがその原告だということを知らない人たちが、あれこれ話すのを聞くのは本当に妙な気分です」

リディアは世評を前に孤独を感じている。だが、それは彼女だけではない。エンマは夜な夜なパソコンやスマホのスクリーンに張り付いていると言う。

「私たちについて書いてある記事は全部読みました。そして原告、言ってみれば私たちに関するコメントは、どれも悪いのは女のほうだと言っているのです。アルノーと知り合いになることで恩恵を受けたじゃないか？　レイプ犯にまたのこのこ会いにいくか？　私は言葉を失いました。もし私がオープンに話せば、名誉毀損だと非難されるでしょう。#MeToo 時代には、『匿名の証言』を論拠にした質の悪い記事がいくつも作られてしまいました」

ダーゲンス・ニューヘーテルの記事の写真では、クリスティーンは背を向けて立ち、髪を見せただけだった。その後、彼女は正面から写真を撮られなかったことに感謝している。

「新聞を開くたびに性的暴行の記憶がよみがえるなんて耐えられないことです。でも、パーティーではその話題が登場します。私はディナーの席で、私たちの原動力や消極性についての憶測を黙って聞くしかありませんでした」

議論が白熱していたこの時期、私はアルノーの個人史を調査するためにマルセイユに向かっていた。教会や風景を写真に収める。有名な港も。ブイヤベースは、カニが端にぶら下がったバケツで供された。旅行の目的にもかかわらず、私の心はスウェーデンにあった。何度も接触した女性の一人から、あるショートメッセージを受け取ったからだ。彼女は、私が書きはじめた本に載せてほしくないと言う。真実が明らかになったことは誇りに思っているが、それを前進させるだけの力がないのだと。私の記事発表前にすでに彼女は治療に入り、自分のために新しい人生を築こうとしていた。だが今では、すべてがふたたび引き裂かれたようだと書いている。そして、もうこの話は終わりにしたいと。

ダニウスに続いてアカデミーを退会する会員が出るだろう。マルセイユを歩きまわりながら、出版プロジェクトは果たして実現するのだろうかと不安になりはじめた。私も疲れが増しており、その兆候が出ていた。現実を受け入れるのが難しくなったので、すべてを撮影することにした。そうすれば、あとからこの都市について説明できるだろう。

彼女の容体が深刻になり、ふたたび入院したと聞いたのもその旅の途中だった。その三週間前に彼女から番号非通知で電話があった。今はインタビューは無理だけれど、いつか実現させましょうと伝えてきたのだ。今は疲れ果てているの、と彼女は言った。彼女が事務局長としてスウェーデン・アカデミーの内外で経験したことに私は思いを巡らせた。彼女の気持ちが痛いほどわかる。この旅行の前日、彼女はメールで、自分の家で話し合いましょうと提案してくれた。しかし、私の都合は悪く、フランスから帰ったあとなら大丈夫です、いつでもどこでも、と返事するのが精一杯だった。

スウェーデンに帰国する前に、パリで二日間過ごした。二〇一八年の冬以来、ジャン＝クロード・アルノーの名前は彼の母国の新聞にも大見出しで載ったが、フランス人にとって彼はよそ者だった。

スウェーデンでアルノーが語った経歴の多くは嘘だった。ストックホルムで暮らしはじめたころ、多くの人は彼の話に批判的だった。だが、クリース編集部のサークルでは、彼はまったく疑問視されず、反対にきらびやかな青少年期とパリでのキャリアが尊重された。その男が何者でどこから来たのかを、なぜクリース編集部のメンバーは解明しようとしなかったのだろうか？

アルノーとフロステンソンは九〇年代半ばのテレビ・インタビューで、彼女の詩と彼の写真を組み合わせた新しい本を出版したことを報告している。二人は隣同士に座り、彼は黒、彼女は明るい色のニットのセーターを着ている。フロステンソンは、放棄された風景や忘れられた人々に惹かれ、それが詩のテーマになるのだと語る。彼はうなずき、番組が終わりに近づくころにこう言う。死よりも怖いことがあるとしたら、それは誰にも記憶されず、「語ってもらうことなく消える」ことではないだろうかと。

嘘をつく動機が、グループの中心になりたいという願望や、孤独やのけ者になることへの過度の恐怖であることはよくある。

だが、自分の現実を詩で表現することは、必ずしも罪悪感や後悔が伴うわけではない。代わりに、自分の嘘は何か独創的なもの、たとえばある種の芸術にすらなるかもしれない。あなたがそのような人の近くで長く暮らすと、真実でないことを容易に受け入れられるようになる。あなたたちは共依存——または共創造——の関係になる。その役割は魅力的で、膨張しつづける嘘の宇宙にいることを楽しいと思うようになるだろう。

クリース編集部のメンバーが現実のアルノーに興味を持たなかった理由の一つは、彼のイメージと関係があるのではないか。彼はシンボルなのだ。強い影響力を持つ友人の何人かは、彼の傷つきやすさ、そして生命力とカリスマ性について仰々しい口調で語る。アルノーはあまりにも非スウェーデン的だったので、この社会に統合されることがなかったのだと。彼は「外国人」であることをけっしてやめなかった。その役割は珍重され、彼を最高級の社交の場に連れ出してくれた。だがそれは、家族の中で彼だけ別の姓だったという子ども時代の疎外感の現れではないだろうか？

フランス最後の夜、私はパリのマレ地区にある、アルノーが常連客だったレストランへ行ってみた。私はウェイターたちにアルノーについて語ってもらおうとした。だが、レストランのスタッフがゲストの情報を明かすことは職業倫理に反する。彼らはプロだった。それでも私が新聞の写真をいくつか見せると、彼らは頷いてその客が店に来たことを認め、彼を「スウェーデン人」と呼んだ。

24

二〇一八年九月一九日水曜日、朝日がチラチラと差す地方裁判所の階段に行列ができた。ジャン＝クロード・アルノーがタクシーから降りてくる。性犯罪で起訴され、係争中の裁判所に向かうのは彼だけではない。スウェーデンではよくあることだ。ここでの違いは、裁判所の外に人々が詰めかけていることと、行列を飛ばして建物に入れてくれとアルノーが警備員にこっそりと合図を送ったことだ。私の横を彼が通り過ぎ、セキュリティチェックに向かうのが見える。髪は後ろになでつけられている。

法廷の外には報道陣が待機しており、アルノーはそこでマイクとカメラの放列に囲まれた。三〇分後、リディアも同じ目に遭い、彼女は本能的に髪で顔を隠した。

多くの人と同じように、私はアルノーが無罪放免になると思っている。一〇代のころから――実際には子ども時代から――私はレイプ事件で勝訴することはほとんど不可能だと認識している。この裁判に関しては、身体的損傷を記述した診断書すらないのだ。犯行現場の捜査もなされていない。だが、一年前にこの調査を始めたときに、物証が不足しているレイプ裁判の記録を読んだことがある。言葉だけでは有罪判決を勝ち取るのに充分ではない。だが、他の多くの人々の信頼できる証言によって裏付けられた信頼できる陳述は、証拠の要件を満たすことができる。

リディアのケースでは、検察官は七人の証人を呼んだ。また証拠として、彼女のセラピストが作成したカルテも提出された。これは、最初のレイプ被害の二週間後に作成されたものだ（リディアは二件のレイプ被害届を出している）。裁判は非公開で三日間おこなわれた。

審理終了後、クリスティーナ・フォイト検察官がアルノーの勾留を請求したとマスコミに報告すると、私を含む多くの女性に衝撃が走った。

手錠をかけられたアルノーの写真を見たミラは、彼の髪を撫でながら「万事うまくいくわよ」とささやきかけたくなったそうだ。

このニュースを知ったクリスティーンは、〔アルノーが収容されている〕クロノベリ拘置所についてグーグル検索したという。

「独房と卓球台が見え、私の頭は混乱してしまいました。けれどもしばらくして、私は会議のためにストックホルムに旅行することになりました。私が二〇年近くヴァーサスタン地区に足を踏み入れるのを避けてきたのは、彼とばったり出くわさないためです。けれどもアルノーは閉じ込められているんです。彼に会う危険がないので、私はあの地下サロンの前を歩くことにしました。ドアが開いていて、階段の下は建設現場のようでした。突然、私は感じたんです。どのストリートもみんな私のものになったと」

二〇一八年一〇月一日、私は地方裁判所の入り口にいた。スウェーデンでは判決が下りると、裁判所内にある昔ながらの窓口が開き、そこで発表されるのが通例だ。この裁判はメディアで注目されているので、その窓口の前には、ライブ放送のためのジャーナリストとテレビカメラが詰めかけていた。多くの人が落ち着かない様子で足踏みしたり、スマホに没頭したりしている。今すぐか、それとも三〇分後に報道できるニュースを前にして、裁判所内には言いようのない緊張感が充満している。判決が下りたと伝えられると、ジャーナリストたちは堰を切ったように判決発表用の窓口に向かった。

地方裁判所の大きな玄関の向こう側に、エンマの姿が見えた。目立たないよう建物の影にたたずむ彼女の傍らには夫がいる。クリスティーンは親しい友人を招いて自宅にいた。

「もし無罪判決だったら、一人ではいられないと思って。たとえ原告が他人であっても、これは私の、いえ私たちの裁判です。ですから判決を聞いたときには、やっと救われたと思いました」

判決が発表された。ストックホルム地方裁判所は、一件のレイプ事件で彼の有罪を認め、二年の拘禁刑を言い渡した。

＊＊＊

二〇一八年一一月一四日、カタリーナ・フロステンソンは、旧市街のアカデミー会館から石畳の通り数本分離れたビリエル・ヤール広場にタクシーから降り立った。彼女の夫の控訴審をおこなう高等裁判所は、この広場に面して建っている。

　彼女自身はスウェーデン・アカデミーと交渉中だった。最終的に彼女はアカデミーの椅子を手放すことを条件に、ヴァーサスタン地区にあるアカデミー所有のアパートに住みつづけることを許されるだろう。椅子を返上することと引き換えに毎月約一万三〇〇〇クローナ〔約一七万円〕の報酬を受け取り、詩人として暮らしていくことができるだろう。スウェーデン・アカデミーは、もはや高貴な魔法に囲まれていない。この半年間にサラ・ダニウスが目指した対策のいくつかを実現し、さらに大きな開放性を目指すと公言している。

　アカデミーへの法的調査は経済犯罪対策庁に引き継がれた。クラース・オステルグレン、サラ・ストリッズベリ、ジェイン・スヴェヌングソン、シャスティン・エークマン、ロッタ・ロータスの正式な退会が認められたあと、アカデミーは新会員の選出を始めた。

　高等裁判所に向かうフロステンソンは蛇の皮のコートを着ている。質問に答えず、誰とも目を合わせようとはしない。彼女の視点は、降りつづく午後の霧雨と集まった記者たちのはるか上方にあるようだ。

　フロステンソンと彼女の八〇年代は、芸術の自由および作品と作者を区別することの重要性を強調してきた。インタビューの中で「あなたの詩にはあなた自身や子ども時代が反映されているのでしょう」とレポーターに言われると、彼女は何度もそのことを否定した。

　それなのに控訴審で彼女とアルノーおよびその弁護人は、リディアが書いた小説を彼女に対する反証の一部として提出した。その中のいくつかのセックスシーンが、著者がセックスと暴力を同一視している根拠だと主張したのだ。彼らはフィクションである小説を法廷に持ち込んだ。

スウェーデンの裁判所で芸術作品が証拠として採用されるのはきわめて珍しい。この裁判でもう一つ特異な点は、被告人の「キャラクターについて証言する」ため、その妻が召喚されたことだ。夫の疎外感についてよく語るフロステンソンが、他の女性と一緒にいるときのアルノーの行動をどうして知っているのかと尋ねられたとき、自分は彼を知っているからだと答えた。

「私は彼を知っています。彼の存在、彼の人柄、そして彼を取り巻く世界も知っています」

同じパラドックスが、彼女が二〇一九年五月に出版した詩集『K』でも繰り返されている。人々が彼女だと思っている人物は彼女ではないそうだ。またアルノーについては完全に無実だと力説している。

フロステンソンは何十年ものあいだ、あらゆる理論を超越した方法を用いて、いったい何を守ろうとしてきたのだろう?

この夫婦の近くにいた人々は、それは愛だと言う。高貴でありながら子どもっぽい親密さを含む人間関係――しかも彼女の執筆活動と切り離すことができないもの。

アルノーの役割は伝統的な作家の妻と同じだったとエングダールは振り返る。フロステンソンは、人生の実際的な面を手放し、詩の創作に完全に没頭することができた。

「具体的に彼女を守ること以外に、ジャン＝クロードは彼女の詩の原動力となっていました。欲望の対象として。優しい殺し屋《テンダー・アサシン》として。私はそう解釈しています」

別の友人はこの夫婦をこう見ている。

「カタリーナは自己を抑制したクールな人間です。彼女が殻を何度も破るためには、きわめて大きな力が必要なのでしょう」

アルノーはフロステンソンのミューズだったという表現を聞くと、私はサルペトリエールでのシャルコーの火曜日の公開講義を思い出す。そこにいた女性たちは、「狂った」または「壊れやすい」女として多くの芸術家を惹きつけた。つまりアルノーは自然と欲望に近く、フロステンソンはカオスを導くことができる自制心のある芸術家なのだ。このダイナミズムを考えると、現代とは男性のヒステリーが認められるほど自由なのだと言うこともできる。


二〇一八年一二月三日一四時〇〇分、高等裁判所は二件目のレイプ容疑にも有罪判決を下した。アルノーの刑期は二年半に伸びた。七つの証言の信憑性は、個別と合同の両方で審査された。裁判所はまた、リディアが被害届を出すまでに非常に長い時間がかかったことについて、彼女の説明を合理的だと認めた。自分の職場にアルノーの知人が大勢いること。文化界におけるアルノーの影響力への不安。最初の暴行のあとに感じた肉体的恐怖。これは友人たちの証言やセラピストのカルテによって確認された。

スウェーデン・アカデミーの事務局長オルソンは、当初判決についてのコメントを拒んだ。「これはアカデミーとは関係がないので、何も言うことはありません」と彼はTT通信社に語った。しばらくすると彼は書面による声明を公表した。その中で、公正な裁きが下されたのは暴行の被害者にとってよいことだと述べている。「たとえ高等裁判所の判決の根拠となる犯罪が私たちの活動と関係がないとしても、スウェーデン・アカデミーはあらゆる種類の性的暴行から当然、距離を置いています」。しかし、さらに三日後、公共ラジオの番組「文化ニュース」のインタビューを受けたオルソンは、今度は「アルノーが地位を築く上でスウェーデン・アカデミーが果たした役割」について語っている。

「それでもスウェーデン・アカデミーは全体像に責任があると思います。私たちは長年にわたってフォーラムおよびアルノーと交流関係を持ってきましたが、その事実には責任があるからです」

高等裁判所での審理中、アルノーは護送車でビリエル・ヤール広場に到着し、警備員に伴われて建物内に入っていった。彼は痩せてやつれたように見え、体の正面で手錠をかけられていたため、祈るように両手を合わせていた。

アルノーの友人たちは、裁判から広まった弱々しいイメージに反応した。このイメージは、彼は人一倍傷つきやすい心を持っており、常に疎外感を感じていたという説を強化した。二人が私に語った。

「#MeToo 運動に蔓延していたリンチ・ムードは犠牲を求めていました。ジャン＝クロードはスケープゴートにされたのです」

「手錠をかけられて法廷に連れてこられる姿なんて、連続殺人犯以外で見たことがありません。あれは大衆を満足させるためにやったんですよ」

しかし、それは正しくない。スウェーデンでは、勾留された容疑者を護送する際には手錠をかけるのが一般的だ。また、アルノーへの判決は際立って特異なわけではない。司法がレイプへの見解を変えたわけではない。

有名な専門家によると、裁判所は長年の審査ガイドラインに基づいて本件の証拠を比較検討したそうだ。アルノーに下された刑罰は統計上妥当だ。アルノーはまったく普通の男性としてレイプで有罪判決を受けたのだ。それでもエングダールは私とのインタビューで、アルノーの無実を信じていると言い切った。なぜならレイプの告発は、その友人に関する個人的かつポジティブな思い出に一致しないからだ。

ラーションは、アルノーは自分の「友人」だから信じていると述べた。彼が唯一躊躇し、用意していた台本から外れて話しているように見えたのは、私がサンナに言及したときだった。「サンナでさえもアルノーにレイプされたと言っていますが」と私が言うと、彼は数秒間、沈黙した。そして私が嘘をついていると言った。それとも冗談か。だが、彼は何度も同じ質問を繰り返した。

「君は本気でそう言っているのか?」

「ええ」

「つまり、彼女が一九八五年にジャン＝クロードにレイプされたと？　サンナはとてもいい人で、当時は俺の友人でもあった。それなのに、なぜ俺には何も言わなかったんだ？」

私の携帯電話はテキストメッセージで溢れている。一八人の女性がダーゲンス・ニューヘーテル紙の文化面で団結して証言してから一年が過ぎたが、その大部分は他の女性が誰であるかを知らず、何人かは原告に声援を伝えてほしいと私に頼んできた。サラ・ダニウスが二〇一九年一〇月一二日土曜日に亡くなったときも同じことが起こった。彼女が一度も会ったことのない、名前も顔も知らない女性たちが、ダニウスに感謝や哀悼の意を表したいのだがどこにメッセージを送ればいいのだろうかと尋ねてきた。

＊＊＊

この裁判には多大な費用がかかり、名前を変更することも何度か考えた。二〇一九年の冬、リディアはそう振り返る。しかし、その判決がレイプ事件に対する彼女の考えを変えたことも事実だ。

「私の裁判の証言者たちは、一人ずつ法廷に足を踏み入れ、各自にとって困難な話をしなければなりませんでした。そこは『正しい』行動をした人々の集まりではありません。あの事件において、彼らの役割は複雑です。ジャン＝クロードを知っている人は彼を人間として描きます。また彼らは、自分を美化することもありませんでした。それらの証言を聞くことは、私にとって救いでした。そして気づいたんです——この法廷は、白黒はっきりしない出来事について人々が話せる空間なのだと。モラル的には適切に行動できなかった状況でも、あとから法的に善悪の区別をすることは可能なのだと」

ルーヴェ・デルヴィンゲルは夜な夜なフォーラムの夢を見ると言う。

「同じ夢なんだけど、ちょっとずつ違うんだ。ドアを開けてみると、階段は残っていない。ここを買い取った建設会社が粉々にしたんだ。でも不思議なことに、どうにか大ホールには行くことができる。そこは以前のままだった。グランドピアノも定位置にある。ジャン゠クロードもそこにいて、壁の隙間から隣の部屋のパーティーのざわめきが聞こえてくる。みんな楽しんでいるようだ。ジャン゠クロードが僕のところに来て、すべて解決済みだと告げる。フォーラムは以前と同じように継続するのだと。彼は温かくて思いやりのあるいい人だ。僕の潜在意識は、彼を善人にしたいんだろうね。彼が恋しくなるときもあるよ。彼の愛すべき側面にまた触れたいね。あのおかげでフォーラムの長い歴史が可能だったんだ。驚くべきことだよね。小遣い程度の金を渡し、ヴァーサホフでちょっとした食事にありつかせるだけで、何十年ものあいだ、ストックホルムの文化エリートの大部分を一つ屋根の下に集めることができたんだから。彼がいなければそれは無理だったし、今からフォーラム現象を再現することも不可能だろう。よく考えてみれば、ジャン゠クロードは抵抗に遭うことはめったになかった。彼は、夢の実現に手を貸してくれる権力と能力の両方を持つエリートたちに囲まれていた。閉じられていた扉が次々に開いた。だけど、どこかで消え入りそうになりながらも、弱い抵抗の火がゆっくりと燃えていたんだ。そして、一一月のごく普通の日に、その火が彼に飛び移った。フォーラムはジャン＝クロードとともに立ち上がり、彼とともに倒れた。彼の場合は地面に激突だったけど」

ミラは、二〇一七年の秋以降の人々の反応は、彼女の傷をいやしてくれたと言う。

「文化の世界がスクープの対象になったことは、芸術への脅威だと言う人もいます。文化に対する軽蔑が高まるとも。けれども私にとっては、その逆でした。あの秋以降に起こったことは、私には別の効果をもたらしました。世の中には守るべき価値があること、そのためには自分の立場を危険にさらす覚悟ができる人々がいることを知りました。誰もが臆病なわけではありません。私はもう一度、創作活動に打ち込めそうな気がします。世界を信頼する人になれそうな気がします」

私がその場をふたたび訪れたのは二〇一九年四月だった。私は、ヴァーサ公園を通過してシグトゥーナ通りに入った。あの地下サロンは今では写真ラボ、つまりポートレート専門の現像スタジオになっている。赤いドアが開いたとき、そこが同じ場所だとはとても思えなかった。壁は光沢のある白に塗られていた。ザラザラで汚れやシミが無数にある床を除き、すべてが改装されていた。階段を下りて左に曲がり、展示室だった部屋に足を踏み入れる。二〇一七年一一月、ここでジャン＝クロード・アルノーはワイングラスを持ち、友人男性たちに囲まれて立っていた。それから私は廊下を歩き、もう存在しない大ホールに向かった。今ではその空間はいくつかの暗室になっていて、黒い通路を通って各部屋に入ることができる。私が過去一六ヶ月間に取材した人々の中には、フォーラムを新しい作品を生みだすインスピレーションに溢れた場所として語る人もいる。その反対に、ここにあった地下サロンは芸術が死ぬ場所だと思っていた人もいる。暗室の赤い光の中で私が思い出したのは、そのうちの何人かは現在、執筆活動に取り組んでいるということだ。化学薬品の入った容器に大きなネガが入れられ、撮影された顔がゆっくりと浮かび上がってきた。

謝辞

自分を犠牲にして、この歴史が後世に語られるために、果てしない時間と労力を費やした人たち。私はあなた方を通して考えました。この本を作ったのは、みなさんです。

私の毎日を支えてくれ、いちばん重要な読者だった愛するヨアキム・スンデル。

愛情を注いでくれた私の家族。

二〇一七年一〇月一一日以来、無条件に私の調査を支援し、原稿を批判的に読んでくれたオーサ・ベックマン。

マルセイユとフランス各地の取材の重要なパートナーだったアントワーヌ・ジャコブ。

フォーラムの財政について解説してくれたマックス・シェデール＝パルムグレン。

情報と人脈の橋渡しをしてくれたアンヌ＝フランソワーズ・イヴェールとアクセル・ユルデーン。

原稿を鋭い目で読んでくれたマティルダ・E・ハンソン、クリスティーナ・リンド、ルードヴィグ・シュミッツ、そしてS。

この本の出版を立案し、私を励ましつづけてくれたマッティン・カウニッツ。

七〇年代の知識と八〇年代の文学についてそれぞれ教えてくれたロルフ・レイヨンマルクとヴィクトル・マルム。

翻訳をしてくれたガブリエラ・ティンス。

調査報道を可能にしてくれたビョーン・ヴィーマン、ハンナ・ファール、マーリン・ウルグレン、グレタ・トゥルフィエル、そしてダーゲンス・ニューヘーテル文化部のみなさん。

二〇一七年秋に強力なフォローアップ記事を書いてくれ、そのあとも予想のつかない歴史の転換をカバーしつづけたヒューゴ・リンドクヴィスト。

私に部屋を使わせてくれたフリーランス集団「救貧院」のアニカ・ラーベとカルミラ・フロイド。

時間と戦いながら仕事をしてくれた翻訳者のみなさん。

出版エージェンシーのアストリ・フォン・アルビン・アーランデルとカイサ・パロ。

情熱をもって仕事をしてくれたアルベット・ボニエ社のサラ・ニーストロムとウルリカ・オーケルンド。

それから、この本の完成を信じて待っていてくれた国外の出版社のみなさんにもお礼を申し上げます。

訳者あとがき

本書の概要

本書の原題は"Klubben - En Undersökning"（ザ・クラブ――ある調査報道）といい、二〇一九年一一月に刊行された。著者のマティルダ・ヴォス・グスタヴソンはスウェーデン最大の日刊紙ダーゲンス・ニューヘーテルの文化部記者で、アメリカの映画界を揺るがした性犯罪事件、ワインスタイン事件の調査報道（二〇一七年一〇月五日）に刺激され、スウェーデンの文化界における性犯罪の隠蔽について調査を始める。匿名または実名で証言してくれる被害女性が一八人見つかり、二〇一七年一一月二一日、《文化人》の性的暴行に関するスクープ記事を発表する。《文化人》が長らく文化の世界で影響力を行使できたのは、妻がスウェーデン・アカデミーの会員であり、夫婦共同で人気の文化サロン「フォーラム」を運営していたからであった。この記事は伝統ある機関スウェーデン・アカデミーを揺さぶり、女性事務局長サラ・ダニウスを筆頭とする改革派と、《文化人》と親交のあった男性会員率いる守旧派が対立。紛糾の結果、スウェーデン・アカデミーの活動に参加しない会員が続出し、二〇一八年のノーベル文学賞の発表は中止に追い込まれた。

この調査記事の発表当時、著者は三〇歳だった。それに対し《文化人》ことジャン＝クロード・アルノーは七一歳、その妻カタリーナ・フロステンソンは六四歳、スウェーデン・アカデミー会員の守旧派のリーダーであるホーラス・エングダールは六九歳だった。本書はスウェーデンにおける#MeToo運動、性暴力に立ち上がる女性、古い体質の組織を改革しようという女性vs.特権にしがみつく男性、閉鎖社会で振るわれるインフォーマルな権力についてのドキュメンタリーであると同時に、親世代の退廃ぶりをシビアに見つめる若い世代の物語としても読めるだろう。

スウェーデンの #MeToo 運動

この調査記事は #MeToo 運動の申し子である。本書では以下のような説明がある。

スウェーデンでは次々に別の流派が生まれた。最初に、ハッシュタグ #tystnadtagning（沈黙の撮影）の下《もと》に四〇〇人の女優が集まり、仕事関係で受けたハラスメントや性的暴力を告発し、被害者に沈黙を強いる文化を非難した。
次に、弁護士、教師、考古学者、建築労働者、麻薬中毒者や路上生活者たちが続いた。さらには女子生徒、警官、飲食店従業員たちも。売春経験者たちは #intedinhora（あんたの娼婦じゃない）を旗印にした。

最も注目を集めたのはエンターテインメント界の動きだろう。二〇一七年一〇月からテレビ・ラジオの司会者を名指しで告発する動きがあり、スウェーデン在住の訳者が知る限り三人の男性司会者が休職に追い込まれた（一人は起訴されたが判決は無罪。二人は捜査打ち切りで復職）。また、告発された男性（劇場支配人）が自殺したり、告発した女性が名誉棄損で訴えられたりするなどの諸事件も生じた。

二〇一七年一一月八日には七〇三人の女優が集まり、映画演劇界でセクハラや性的暴行に遭った経験をスヴェンスカ・ダーグブラッデト紙上で発表した。

その一一日後の一一月一九日、スウェーデンの一三の劇場に女優たちが集まり、各自の経験を舞台上で朗読した。ストックホルムの「南劇場」には二〇〇人以上の女優が集まり、観客の中には当時の文化大臣クンケ（女性）やヴィクトリア王女、シルヴィア王妃もいた。

本書の著者グスタヴソンの調査記事が発表されたのは、この三日後のことである。

調査記事のインパクト

二〇一七年一一月二一日、ダーゲンス・ニューヘーテル紙で公表されたグスタヴソンの調査記事の正確なタイトルは『一八人の女性：私たちは《文化人》の性的暴行の被害に遭った』（https://www.dn.se/kultur-noje/18-kvinnor-kulturprofil-har-utsatt-oss-for-overgrepp/）。見出しはこのように続く。

「スウェーデンの文化界の中心的人物からセクシャルハラスメントや性的暴行に遭ったと一八人の女性が告発する。その男性はスウェーデン・アカデミーと密接な関係にあり、アカデミーがストックホルムやパリに所有するアパートが事件の舞台となった。この男性の行為は、一九八〇年代から文化の世界では知られていた」

小見出しには「彼は自分のことをスウェーデン・アカデミーの一九番目の会員だと思っている」ともある。「スウェーデン・アカデミー」が二〇回登場するこの記事が出たあと、メディアの注目は当然、スウェーデン・アカデミーに向かった。一八世紀に国王によって創設され、現代ではノーベル文学賞を選考する、秘密の多いこの組織に。そのニュースは世界を駆けめぐり、日本でもAFP通信が二〇一七年一一月二五日に「ノーベル文学賞選考機関に激震、関係者にレイプ疑惑　スウェーデン」という記事を公表している。

訳者は、#MeToo 運動の影響で各業界の女性たちが立ち上がり、問題行動のあった男性を告発するさまを「さすがはスウェーデン」と感心しながら眺めていた。そしてこの調査報道のあとは、ほぼ連日「クルトゥールプロフィーレン」（文化人）の名をニュース番組で聞くことになる。二〇一八年四月二八日、《文化人》はヴィクトリア王女のお尻まで触ったことがあるとの報道があった。この事件のあと王室はスウェーデン・アカデミーに対して「王女と彼を二人きりにしないよう」要望を出したという（この報道について王室はノーコメント）。その六日後の二〇一八年五月四日、スウェーデン・アカデミーは二〇一八年のノーベル文学賞の決定を延期すると発表した。訳者はフェイスブックに「この人物は将来、ノーベル文学賞をストップさせた男性として名を残すだろう」と投稿した。また、この日からスウェーデンの大手メディアが《文化人》ではなく「ジャン＝クロード・アルノー」と本名を使って報道するようになったことには驚かされた。スウェーデンでは、容疑者はもちろんのこと有罪判決が出たあとでも、犯罪者の本名を伏せて報道するのが普通だからだ。しかしこのルールは、その人物が社会にとって大きな関心事である場合には適用されない。公共放送スウェーデン・テレビは「ノーベル文学賞の決定の延期というのは世界的なニュースであり、その原因には公共の関心が集まっている」と氏名公表の理由を説明した。

刑法のレイプ罪の変革

二〇一八年の刑法改正によりスウェーデンでは同意のないセックスはレイプとみなされるようになった。だが、二〇〇五年の法改正前では飲酒などの影響で意識朦朧状態のときに性交されてもレイプ罪にはならず、「性的搾取罪」が適用された。そうなると周囲の人々は「あれはレイプじゃなかったんだ。女のほうにも落ち度があったから」と思い込んでしまう。被害女性の当日の服装や酒量、場合によってはそれまでの飲酒癖や男性遍歴までもが審理の対象になってしまうことを、ジャーナリスト出身の作家カタリーナ・ヴェンスタムは著書『少女と負い目』（二〇〇二）で鋭く批判している。

長らく「抵抗したかどうか」が法廷での注目点の一つであったため、本書に登場する、一九九二年に被害に遭ったエンマは「あのとき私は抵抗した」と納得したいがために後年、夫に協力してもらうことになる。彼女は、当時の法律では被害者が無意識状態の場合レイプ罪は成立しないことを知りつつ、被害者の声が増えれば変化が起きることを期待して警察に通報する。対応した警察官は、おそらく事件発生が二十数年前だということを失念していたのであろうが、エンマにレイプの被害届を出すように促す。リディアの場合も警察官から被害届を出すように勧められている。このような対応ばかりではないかもしれないが、本書ではレイプ被害者に対するスウェーデン警察の対応も垣間見られる。

スウェーデン・アカデミーの内紛

今回のスウェーデン・アカデミーの内紛の原因は、「女性蔑視」と見ることもできる。アカデミー守旧派の代表であるホーラス・エングダール（一九九九～二〇〇九年）とストゥーレ・アレン（一九八六～九九年）はともにスウェーデン・アカデミー事務局長経験者だ（カッコ内は在職年）。エングダールはジャン＝クロード・アルノーと親交が深く、アレンは性的暴行を告発する手紙を無視した。二〇一七年一一月にアルノーの性的暴行を暴露する記事が公表され、社会からアカデミーとの関係が批判されても、それに真剣に対応しようとはしなかった。それどころかスウェーデン・アカデミーの体質を近代化しようとした女性事務局長サラ・ダニウスの手から権限を取り上げた。

だがこれは国際的なニュースになり、またスウェーデン国内の女性から大きな怒りを買った。スウェーデン・アカデミーを追われたサラ・ダニウスが好んで着ていたボウタイ付きブラウスはアカデミーへの批判のシンボルとなり、大勢の女性がそれを着用した姿をSNSに投稿し、ダニウス支持を表明した。二〇一八年四月一九日の定例会の際にはアカデミー会館前に二〇〇〇人以上の市民が集まり、「アカデミー会員は全員辞任しろ！」と抗議の声を上げた（この集会の呼びかけがあったため、実際の定例会は別の場所で行われた。本書参照）。

スウェーデン・アカデミーの改革

アカデミー会員の定員は一八名で終身制だが、本書にもあるようにシャスティン・エークマンは一九八九年に退会を表明して以来アカデミーの活動に参加していない。また、ロッタ・ロータスも「自分が適任だとは思えない」との理由で二〇一五年からアカデミーの活動に参加していなかったことを、二〇一七年一一月二六日に地元の新聞で表明した。このように以前から活動に不参加だった会員が二名いたうえに、二〇一八年四月六日には三名が「今後の活動には参加しない」意思を表明した。四月一二日には事務局長の職を追われたダニウスも退会の意思を表明し、フロステンソンが退会はしないものの任務には就かないことになった。さらに四月二八日にはサラ・ストリッズベリも退会を表明した。その結果、スウェーデン・アカデミーの活動に参加できる会員の数は一〇人となった。

スウェーデン・アカデミーの規約では「新規会員の選出には一二名の会員が出席すること」が原則となっている。つまり活動に参加する会員が一一人以下になることは組織の自滅を意味する。

このような動きの中、二〇一八年四月一八日に国王カール一六世グスタフが「スウェーデン・アカデミーの規約を変更し、会員の退会を可能にする」と声明を発表した。

この規約は一七八六年にスウェーデン・アカデミーの設立者である国王グスタフ三世によって定められて以来、時流に合わせて解釈を変えるだけで、内容の変更はおこなわれなかった。したがって二三二年ぶりの規約変更となる。

一方、法律家の中からは「スウェーデン・アカデミーの規約を変更する権限が現国王にあるのか？　一九七四年の制度改革以来、国王の権限は制限されているはずだが」と訝《いぶか》る声も上がっていた。国王はスウェーデン・アカデミーの「高貴な後援者」とされているが、これは名誉職であり、実権を握っているわけではない。

すなわち、ノーベル文学賞を決定するという重要な組織の規約が二〇〇年以上前のもので、終身制の会員によって解釈運用されており、それを変更する権限を誰が有しているのか現代では不明だったことになる。とはいえスウェーデン・アカデミーは「ロイヤル・アカデミーの一つ」（ほかにスウェーデン王立科学アカデミーなど）であること、組織改革の必要性が叫ばれていたことから、国王の介入は社会に受け入れられた。

二〇一八年五月二日、スウェーデン・アカデミーの規約に第一一条aが追加され、「会員の自発的な退会の容認」および「二年以上、活動に不参加だった会員を退会したものとみなす」旨が記された。

二〇一八年四月六日、エクスプレッセン紙が「株式と不動産を合わせたスウェーデン・アカデミーの資産は一五億クローナ（約二〇〇億円）近くある」ことを報じた。「これほどの資産を有する団体はめったにない。とりわけ文化の世界で」とある専門家は語る。しかし財団法人の一種なので資産には課税されず、年次会計報告を公表する義務もないという。

スウェーデン・アカデミーは一七九一年（！）に官報を発行する権利を取得し、その利益をスウェーデン語辞典の発行資金に充てていた。二〇〇七年以後、官報の発行は政府の企業登録局の任務となり、そこからスウェーデン・アカデミーに対し対価が支払われている。その金額は二〇一八年度は一三〇〇万クローナ（約一億七〇〇〇万円）であったが、二〇一九年度は八〇〇万クローナ（約一億四〇〇万円）と減少した。

二〇一八年九月一四日、スウェーデン・アカデミーは規約の解釈を見直し、「会員は自分の利益よりもアカデミーの利益を優先すること」、「会員外の者でも定例会に参加できること」など組織改革に向けた文章を盛り込むと発表した。

また二〇一八年一〇月五日には、退会した作家ロータスの後任に、最高裁判所の判事を務めたエリック・E・ルーネソン（一九六〇―）を迎えると発表した。ロータス以前の席次一番の会員はずっと法律家だったので、伝統に立ち返ると同時に、今後の同組織のコンプライアンス強化にもつながることが期待されている。

また、二〇一八年度分からスウェーデン・アカデミーの年次活動・会計報告が公表されるようになった。スウェーデン・アカデミーのホームページに掲載されている。

スウェーデン・アカデミーが変革を受け入れたのは、本書にあるように、ノーベル文学賞の選考機関から外されるかもしれないという危機感からだろう。また、改革しなければ政府の介入を招くかもしれないと言われていた。

#MeToo運動とグスタヴソンの調査報道が、二〇〇年以上の歴史と権威を持つ組織の体質を変え、近代的な組織体制に近づけたのは大きな功績である。

訳者が残念だと思うのは、ホーラス・エングダールがアカデミー会員に居座っていることである。この人物の権力志向や攻撃性を目の当たりにした著者は、半ば呆れながらその様子を描写している。二〇一八年五月二二日、ダニウス、エスプマルク、エングルンドの三名が「エングダールが退会するのなら、自分たちはアカデミーに戻ってもよい」という声明を発表した。だがエングダールは「下手な駆け引き」と切り捨て、「会員は終身制なのだから私は辞めない。彼らも戻ってこられるはずだ」と反論した（結局、エスプマルクとエングルンドは復帰した）。

人口一〇〇〇万人のスウェーデンで作家として生活することは難しい。一方、スウェーデン・アカデミーの会員になれば毎月の報酬*のほかにさまざまな経済的恩恵が受けられる。それに社会的名声も。会員を辞めるということは、それらを手放すことである。サラ・ストリッズベリはまだ四〇代だったが退会した。その決断には悩みが多かったであろうと訳者は想像する。

*二〇一九年一〇月一〇日のエクスプレッセンの報道によると、スウェーデン・アカデミーの会員基本報酬は月額六〇〇〇クローナ（約八万円）から二〇一九年七月以後は八〇〇〇クローナ（約一〇万円）に増加した。このほかアカデミー内にはさまざまな委員会があり、委員になると別手当がつく。一般的な委員の手当は月額一万クローナ（約一三万円）、ノーベル文学賞を選考するノーベル委員会議長の月額報酬は約一万五〇〇〇クローナ（約二〇万円）であるが、一会員が複数の委員会の委員を兼ねることもできる。また、事務局長の月額報酬は一二万四〇〇〇クローナ（約一六〇万円）である。

アルノーの裁判

ジャン＝クロード・アルノーは二〇一八年一〇月一日にストックホルム地方裁判所で一件のレイプ事件の有罪判決（拘禁二年、損害賠償一一万五〇〇〇クローナ（約一五〇万円））を受けた。その後、双方が控訴し、二〇一八年一二月三日に控訴審で二件のレイプ事件で有罪となり、刑期も損害賠償金額も増加した（拘禁二年半、損害賠償二二万五〇〇〇クローナ（約二八〇万円））。犯行が七年も前で、証拠が証言しかない（物証がない）裁判にもかかわらず有罪判決が下りたのだ。

少し詳しく説明すると、地裁はリディアが二〇一一年一〇月五日に受けた暴行については有罪だと判断したが、二〇一一年一二月三日の就寝中に受けた侵入については彼女が睡眠中で無意識状態であったことが確実だと判断できないとして被告人を無罪とした。控訴審ではこの二件とも原告の主張を認めた。

リディアの代理人を務めたエリサベト・マッシ・フリッツ弁護士はレバノン系移民の子として抑圧的な家庭で育てられ、それに抗うために法律を勉強したという経歴を持つ。控訴審判決直後のインタビューで「この判決は私の依頼人だけでなく、この問題と闘うすべての女性にとって重要です」と述べたあと、依頼人の反応についてこう語っている。

「判決を聞いたあと、彼女は完全に沈黙し、それから泣きはじめました。『エリサベト、これは本当なの?』と尋ねるので、『ええ、これは本当のことよ』と私は答えました」

二〇一九年五月七日、最高裁判所が上告を棄却し、アルノーの刑が確定した。二〇二〇年五月二二日、刑期を三分の一残してアルノーは釈放された。ただし監視は続き、性犯罪更生プログラムに参加することが条件となっている。

カタリーナ・フロステンソンは二〇一九年五月二三日に詩集『K』、二〇二〇年一一月三日に小説『F』を発表し、夫の無実を主張しつづけている。

原著と著者について

原著『ザ・クラブ──ある調査報道』が二〇一九年一一月二〇日にスウェーデンで発売されるとたちまちベストセラーになった。書店組合が作るベストセラー・リストのノンフィクション部門では発売後半年間もベスト5入りしていた。また、書店員協会の二〇一九年の「今年の本」に選ばれた。読者投稿サイト goodreads.com では二〇二一年七月現在、六〇〇〇人以上が投票し、平均評価は五点満点中四・三四となっている。

本書の魅力は、ノーベル文学賞中止の内幕を描くというドキュメンタリー要素のほかに人物の描写が素晴らしいことだろう。うつを経験し性格も内気な著者が、見知らぬ人たちに電話をかけて取材し、著名人には大胆な質問をぶつけながら記事を書いていくことに私の興味は尽きなかった。

著者のマティルダ・ヴォス・グスタヴソンは一九八七年生まれ。本書刊行後に結婚し、現在は一児の母でもある。二〇一七年の調査報道および本書の出版に対して、二〇一八年にはスウェーデン・ジャーナリズム大賞のスクープ賞、およびスウェーデン雑誌出版協会のジャーナリスト賞、ならびに二〇二〇年には優れた文化記者に与えられるエクスプレッセン紙のビョーン・ニルソン賞を受賞している。

＊スウェーデンのレイプ罪に関する刑法改正については、明治大学法学部・川口浩一教授にアドバイスをいただきました。厚くお礼を申し上げます。

付録　スウェーデンのレイプ罪に関する刑法改正

レイプ

時効は10年、重大犯罪の場合は15年

	ポイント	法定刑	備考	本書に登場する被害女性
一九八四年改正	暴力、脅迫を使って性交または同等の性的行為に及んだ場合	拘禁二～六年（重大犯罪は四～一〇年）	酩酊状態など意識不明の人が被害に遭ってもレイプにならない	サンナ（一九八五年） エンマ（一九九二年） ビールンド（一九九四年） モナ（一九九〇年代前半） クリスティーン（二〇〇〇年）
二〇〇五年改正	暴力と脅迫だけでなく「相手の無力状態を利用した場合」も加わった		被害者がアルコールや薬物の服用、または睡眠中や疾病の影響で意識不明状態の場合に性交されるのもレイプになる	リディア（二〇一一年）
二〇一三年改正	「無力状態」が「特に脆弱な状況」に拡大		「深刻な恐怖」を感じ、身体が動かない場合も該当する	
二〇一八年改正	同意なき性交	拘禁二～六年（重大犯罪は五～一〇年）	自発的に参加していない者に対して性交等がおこなわれた場合	

[著者] マティルダ・ヴォス・グスタヴソン Matilda Voss Gustavsson
ジャーナリスト。1987年生まれ。スウェーデン最大の日刊紙ダーゲンス・ニューヘーテルの文化部記者。2017年11月、国内外での#MeToo運動の高まりから、本書のもととなったスウェーデンの文壇における性暴力を告発する記事を執筆。このスクープにより、2018年11月にスウェーデン・ジャーナリズム大賞のスクープ賞を受賞。2020年2月には、優れた文化記者に与えられるエクスプレッセン紙のビヨーン・ニルソン賞にも選ばれている。

[訳者] 羽根由 Hane Yukari
翻訳家。大阪市立大学法学部卒業。スウェーデン・ルンド大学法学部修士課程修了。訳書に『グレタ たったひとりのストライキ』(海と月社)、『マインクラフト 革命的ゲームの真実』(KADOKAWA)、共訳書に『「人間とは何か」はすべて脳が教えてくれる』(誠文堂新光社)、『ミレニアム4』『熊と踊れ』(早川書房)、『海馬を求めて潜水を』(みすず書房)などがある。スウェーデン在住。

ノーベル文学賞が消えた日
スウェーデンの#MeToo運動、女性たちの闘い

発行日――2021年9月15日 初版第1刷

著者――マティルダ・ヴォス・グスタヴソン
訳者――羽根由
装幀――アルビレオ
発行者――下中美都
発行所――株式会社平凡社
〒101-0051 東京都千代田区神田神保町3-29
電話 03-3230-6580[編集]
03-3230-6573[営業]
振替 00180-0-29639
印刷――株式会社東京印書館
製本――大口製本印刷株式会社
DTP――平凡社制作

ISBN978-4-582-82492-6
NDC分類番号377.7 四六判(18.8cm) 総ページ344
平凡社ホームページ https://www.heibonsha.co.jp/